HUWELIJKSVOORWAARDEN

Vertaald door Paul van den Hout

Kavita Daswani

Huwelijksvoorwaarden

2004 Prometheus Amsterdam

Oorspronkelijke titel *For Matrimonial Purposes*
© 2003 Kavita Daswani
© 2004 Nederlandse vertaling Uitgeverij Prometheus en
Paul van den Hout
Omslagontwerp Mariska Cock
Omslagillustratie Image Store/Photonica
Foto auteur Heidi Gibbs
www.uitgeverijprometheus.nl
ISBN 90 446 0316 7

I

Een

Het normale religieuze huwelijk werd en wordt nog steeds gearrangeerd door de ouders van het paar, na ampel overleg en het raadplegen van voortekenen, horoscopen en gunstige lichaamskenmerken... Terwijl een echtgenoot minstens twintig jaar dient te zijn, moet een meisje liefst vlak voor haar puberteit huwen.

A.L. BASHAM, *The Wonder That Was India*

Mijn grootmoeder is twee dagen vóór haar tiende verjaardag uitgehuwelijkt. Mijn moeder heeft haar man leren kennen toen ze twintig was. Ik had dan ook steeds aangenomen dat ik, als elke generatie de acceptabele leeftijd om in het huwelijk te treden met een decennium verhoogde, zelf op mijn dertigste getrouwd zou zijn.

Op mijn drieëndertigste was ik echter nog niet in de búúrt van de huwelijkse staat gekomen. En het was deze omstandigheid die leidde tot de nodige opschudding bij iedereen, die de vreugde temperde en die tot nu toe aanzette tot onderdrukte koppelpogingen op de bruiloft van mijn tweeëntwintigjarige nichtje Nina.

Ik was op een familiebruiloft in Bombay, de stad waar ik ben geboren en het grootste deel van mijn leven heb doorgebracht. Mijn ouders en beide broers woonden er nog steeds, in hetzelfde huis dat ik als kind heb gekend, een huis dat gunstig was gelegen op niet meer dan een paar minuten van grote tempels en goede hotels. Wat goed uitkwam, gezien de hoeveelheid tijd die ze in dergelijke instellingen doorbrachten voor bruiloften zoals deze. Het was, natuurlijk, altijd iemand anders bruiloft, en nooit de mijne.

Nina was 'voor haar beurt gegaan', zoals ze het graag uitdrukten. Ze was veel jonger, en trouwde eerder dan ik. Maar ja, zoals Nina's moeder naar voren bracht, ze kon toch niet eindeloos blijven wachten?

Ik dwong mezelf tot een glimlach en een vrolijk gezicht. Niet dat ik ongelukkig was. Het was alleen dat ik het op deze snikhete meiavond warm had en me ongemakkelijk voelde, me pijnlijk bewust van de mistgrijze halve kringen van de zweetdruppels in de oksels van mijn sariblouse. Ik moest mijn armen tegen mijn lichaam houden opdat ze niet zouden opvallen op de lichtgekleurde stof. Zowel de sari als de blouse was crèmeroze, als de paarlemoerglans van de binnenkant van een oesterschelp of de strik van een klein meisje. Vijf meter stof waren rondom mijn lichaam gewikkeld en geplooid, zodat ik er – naar mijn gevoel – uitzag als een blozende loempia. Dat zei ik in elk geval tegen iedereen die me complimenteerde.

Ik had de hele avond zitten frunniken aan de bloemen in mijn haar. Het waren kunstbloemen, gekocht aan een houten kraampje op een straathoek van Bombay, perkamentachtig en zo groot als een halve vingernagel, een stuk of tien die ik in mijn opgestoken kapsel had geprikt.

Niet echt mijn idee van subtiele chic. Maar mijn kapster stond erop: 'Uw nichtje gaat trouwen! U moet er feestelijk uitzien!'

Gelukkig was subtiliteit niet aan de orde in de Jhule Lal Tempel. Nina zou in de echt worden verbonden in het gezelschap van driehonderd mensen, van wie de meesten wildvreemden voor haar waren. Ik voelde me opgelaten terwijl ik daar aan de zijlijn stond, de oudere, ongetrouwde nicht, me bewust van de blikken die de mensen op me wierpen – zeker, om te zien wat ik droeg, maar vooral om me mogelijk te betrappen op een blik van verdriet of jaloezie, nu ik de bruiloft bijwoonde van alweer een jonger nichtje. Ik sloot mijn ogen even, haalde diep adem, vond mijn centrum – zoals ik dat had geleerd op mijn cursus hatha yoga op woensdagavond. Toen raapte ik mijn glimlach op en plakte die stevig op mijn lippen.

'Nu is het jouw beurt,' zei Tante Mona, mijn moeders achternicht, die naast me stond. Ze grijnsde en ontblootte een kloof tussen haar tanden ter grootte van Oost-Timor. Die kloof stond te boek als een teken van geluk. Elke Indiase gezichtenlezer die zijn *chapati*-diner waard was, wist dat de omvang van het geluk recht evenredig was met de breedte van de spleet. 'Maak je niet ongerust, *beti*, je komt snel genoeg aan de beurt,' troostte Tante Mona me en ze gaf me een schouderklopje. 'God zal je gebeden verhoren. Het is allemaal karma. Tsk tsk.'

Ik liet me door haar troosten, zoals ik dat in de loop der jaren had geleerd, en constateerde dat het een wonder mocht heten dat mijn zelfrespect inmiddels nog niet totaal vernietigd was. Sinds ik een week geleden in Bombay was aangekomen, had ik van alles over me heen gekregen – goede raad, medeleven, bezorgdheid. Maar bovenal medelijden en troost. Door Tante Mona werden deze gevoelens nu uitgesproken met een ernst alsof bij mij de ziekte van Lou Gehrig werd gediagnosticeerd. Mijn familie dacht er nooit aan eens te informeren naar mijn interessante en onafhankelijke bestaan in New York, wat ik daar deed, wie mijn vrienden waren, of ik erin was geslaagd een kaartje te bemachtigen voor *The Producers* toen Matthew Broderick en Nathan Lane er nog in speelden. In plaats daarvan was het steeds weer: 'Waarom ben je nog niet getrouwd?'

Ik richtte mijn blik op Nina, die echt een schatje was en er beeldschoon uitzag in haar trouwjurk. Die was ook roze, maar feestelijk roze: een diepere, warmere tint, opgesmukt met dik gouddraad, een bruidsbonus. Haar glanzende, zwarte, in het midden gescheiden haar was met dezelfde stof bedekt, haar gladde, blanke voorhoofd was getooid met een boogje van rode verfvlekjes, in tweeën gesplitst door een *bindi* van een diamant in een gouden zetting. Ze hief haar handen, zwaar onder de henna, op om een lok uit haar halfgeloken ogen te strijken. Nina bad, bloosde en bezwijmde van de warmte. Naast haar bruidegom zat ze voor een helder oranje vuurtje, met hun respectievelijke ouders naast zich, diep in hun eigen gedachten verzonken, terwijl onze familiepriester, Maharaj Girdhar, duizenden woorden Sanskriet prevelde die niemand verstond behalve hijzelf.

De ceremonie was bijna achter de rug, en nu kwam mijn lievelingsmoment – als de bruidegom zijn vinger doopte in een vat *sindoor* en ermee over de scheiding van zijn bruid streek. Het gebaar leek te beduiden: 'Je bent nu de mijne, we behoren elkaar toc.' Hij bezag haar met iets wat leek op trots, gemengd met ontzag. Het was misschien nog geen liefde, maar het geluk leek oprecht, geboren uit dankbaarheid. Hij leek ook opgelucht. Hij had het klaargespeeld – de volmaakte bruid gevonden. Nu kon het plezier beginnen. Straks zouden ze hun eerste gezamenlijke nacht doorbrengen en elkaar voor het eerst kussen.

De bruidegom had Nina's hart veroverd zonder echt zijn best te doen. Ze was gevallen voor zijn uiterlijk, zijn lengte (één meter tachtig), zijn ontspannen, gemoedelijke manier van doen. Ze hadden elkaar twee keer ontmoet, en zich daarna verloofd. Dat was vijf weken geleden.

Het echtpaar stond op, gereed om elkaar de bloemenkrans om te hangen en ringen uit te wisselen. Nina neigde haar hoofd voor haar echtgenoot, die haar gretig bezag, als een archeoloog die zojuist op een zeldzaam kunstvoorwerp is gestuit en staat te popelen om het te onderzoeken. Prompt werden ze van alle kanten gelukgewenst, omhelsd en gekust door mensen die van de gelegenheid gebruikmaakten om van dichtbij te zien hoe groot het collier precies was dat Nina van haar ouders had gekregen. Iedereen wilde het juiste karaatgewicht weten van de diamant die haar bruidegom aan de slanke ringvinger van haar linkerhand had geschoven.

Het ogenblik was aangebroken waarop ik me door de menigte een weg naar het paar moest banen. En masse roken ze naar zweet, geelwortel, paanbladeren en Pantène-haarolie. Hier en daar snoof ik een vleugje Charlieparfum op dat, naar ik wist, vijftien jaar in iemands metalen Godrejdressoir had gestaan. Ik trok even een gezicht, maar toen ik bij ze was, vergaarde ik al mijn warmte en welwillendheid en omhelsde ze.

'Je ziet er prachtig uit, schat, ik ben zo blij voor je. God zegene je,' zei ik en ik kuste Nina's gladde, warme wang.

'Didi Anju,' fluisterde ze terwijl ze mijn hand beetpakte. Ik vond het lief zoals ze me altijd *didi* noemde – grote zuster. 'Ik heb voor je gebeden toen ik rond het vuur liep om mijn geloften te doen. Jij bent de volgende. Ik heb het God gevraagd, en God verhoort altijd de gebeden van een bruid.'

De pure warmte van het gebaar maakte me haast aan het huilen, maar tranen zouden zijn opgevat als een teken van verlangen en bedroefdheid, zodat ik ze onderdrukte. Ik wendde me tot de bruidegom en keek naar hem op. 'Gefeliciteerd, jongen,' zei ik en ik stak mijn armen op om hem te omhelzen. 'Pas goed op haar.'

Ik werd wat het woord 'didi' inhield, de warme, betrouwbare, ongetrouwde, oudere zuster.

Toen ik me van die taak had gekweten, keerde ik me om en laveerde tussen de groepjes pratende mensen door die de deur uit schuifelden naar een grote eetzaal beneden. Ik trof mijn ouders in een hoek en trippelde, nog steeds blootsvoets, naar ze toe. Zo meteen kwam de beproeving van het zoeken naar mijn schoenen in de berg buiten. Bruiloften in Bombay waren berucht om schoenendiefstal en ik begon me – rijkelijk laat – af te vragen of het wel zo'n goed idee was geweest om vandaag mijn schoentjes van Dolce & Gabbana aan te trekken.

'Kom, laten we naar beneden gaan om te eten,' zei mijn moeder, ondertussen werktuigelijk een losgeraakte plooi van mijn sari schikkend.

Mijn vader bette zijn bezwete voorhoofd met een zakdoek.

'Walgelijk heet,' zei hij. 'Laten we naar beneden gaan. Misschien is het daar koeler.'

De grote airconditioners zoemden en bliezen ijskoude lucht over de lange rijen die zich voor het buffet begonnen te vormen. Mijn vader stak zijn zakdoek weg en pakte een bord.

'Goed,' zei mijn moeder nu tegen mij. 'Heb je hier iemand gezien die je aanstaat? Leuke jongens?'

'Mam, daar heb ik niet echt op gelet,' antwoordde ik. 'Ik wilde de huwelijksplechtigheid volgen.'

Mijn moeder zuchtte opnieuw en keek om zich heen. Mensen met borden die waren opgetast met gekruide aubergines en *biryani* begonnen plaats te nemen op de rijen plastic stoelen die waren neergezet.

Toen viel haar oog op hem.

'Wie is hij daar?' vroeg mijn moeder en ze richtte haar vinger op een in het zwart geklede onbekende aan de andere kant van de zaal. 'Die jongen die met Maharaj Girdhar staat te praten?'

'Mam, niet wijzen! En hoe moet ik dat weten?' Ik begon prikkelbaar te worden. Het was het oude liedje, dit speuren naar beschikbare mannen op een familiebruiloft. Maar ik had het warm, ik was moe, ik had het gevoel dat mijn sari los begon te raken en ik moest ongesteld worden, zodat mijn hoofd er niet echt naar stond. Als mijn psychiater erbij was geweest, zou hij hebben gezegd dat ik een lichte aanval van jaloezie op Nina's kersverse gehuwde staat doormaakte, dat die mij het ergste deed vrezen voor mijn eigen toekomst. Omdat hij in het verleden gelijk had gehad aangaande zulke reacties, besloot ik ter plekke dat ik voortaan het geld dat ik aan hem had uitgegeven, zou reserveren voor schoenen.

Maar de Grote Officiële Mannenjacht, zoals ik die was gaan noemen, was op gang gekomen. Ik was hier nu al een paar dagen, en er waren enige jongens ter sprake gekomen. Vanavond had mijn moeder een gegadigde van vlees en bloed in het oog gekregen.

Ik draaide me om en keek naar de man. Ik werd getroffen door de diepe glans van zijn haar, alsof hij er een hele fles Vitalisolie over had geledigd. Ook had hij maar één wenkbrauw. Goed, strikt gesproken niet één, maar twee die in elkaar overgingen. Ik bedwong de opwelling om naar huis te rennen en een pincet te pakken. Hij droeg een zwart overhemd met glanzende, doorschijnende streepjes erin geweven, een wit onderhemd met korte mouwen en een zwarte broek. En witte sokken. Plus een grote, gouden hanger aan een ketting om zijn hals, een fonkelende armband en een horloge dat was bezet met diamantjes. Terwijl ik naar hem stond te kijken had ik even het gevoel dat we nog in de jaren tachtig leefden.

'Wacht hier even,' droeg mijn moeder me op en ze liep naar Nina's schoonmoeder om die te raadplegen. Ik wist hoe ze redeneerde: als de man niet van onze kant van de familie is, dan moet hij haast wel van de andere zijn.

Precies op dat moment richtte de man met één wenkbrauw zijn blik op mij. Ik kreeg een hol gevoel in mijn maag toen ik hem zich voorover zag buigen om iets te zeggen tegen Maharaj Girdhar, die zich haastte om mijn moeder te onderscheppen. De twee bleven een paar minuten zacht met elkaar praten, terwijl ik daar in mijn glanzende roze sari verlegen om me heen stond te kijken. Ik wist dat ik nu eigenlijk feestelijk met willekeurige familieleden moest gaan staan praten over niets, maar ik kon me er gewoon niet toe zetten.

Ik zag mijn twee jongere broers, omgeven door een stel snaterende meisjes, die stonden te pronken met hun geborduurde sari's en hun bengelende oorbellen en kleurige enkelbanden. Mijn broers waren de onbetwiste prins William en prins Harry van deze gemeenschap, zij het iets ouder dan de twee Britse koningskinderen. Anil was negenentwintig, en Anand twee jaar jonger, en ze waren de meest begeerde huwelijkskandidaten van Bombay. Gekleed in pakken van Indiase zijde, gladgeschoren, correct gekapt, volmaakte tanden bloot lachend en met een houding die in deze regionen vaak werd omschreven als 'ontspannen en onbekommerd', leken ze zó uit een reclamespotje voor Listermint weggelopen. Andere, jongere meisjes op de Grote Mannenjacht waren gebiologeerd door hen – evenals hun opdringerige moeders. Natuurlijk deed de omstandigheid dat de jongens op zekere dag een goed florerende juweliers- en antiekhandel zouden erven geen afbreuk aan hun gezamenlijke aantrekkelijkheid. Ik vond dat ik maar eens naar ze toe moest gaan en de jongere meisjes slijmerig aardig tegen me moest laten zijn. Het kon nooit kwaad er een paar huwbare broers op na te houden.

Maar juist toen zag ik mijn vader in zijn eentje naar buiten lopen, zodat ik besloot eerst achter hem aan te gaan.

Hij stond geleund over het metalen hek dat de tempel omgaf, en keek uit over de zee. Hij leek in een lichtelijk mismoedige stemming, misschien omdat hij stond te denken aan alle familiebruiloften die hij in deze zelfde tempel had bijgewoond – alleen al in het afgelopen jaar drie – en hoe hij op elk ervan had gebeden dat hij hier de volgende keer zou komen om zijn eigen dochter te zien huwen.

Hij haalde diep adem en sloot zijn ogen. Toen hij ze weer opendeed, zag hij mij door de drukte op zich af komen lopen, op mijn belachelijk hooggehakte schoentjes waarvan hij wist dat ik er veel te veel geld aan had uitgegeven.

'Frisse lucht,' zei hij, genietend van een zeldzaam moment van rust in wat een week vol huwelijkshectiek was geweest. 'Alles is goed. God is groot,' verzuchtte hij, nadenkend en rustig.

Ik zweeg even en zei toen: 'Het stinkt hier. Paps, dit is allesbehalve frisse lucht. U zou een grotere kans hebben om die op te snuiven op de hoek van Madison Avenue en Fifty-seventh Street. Ik zíe uw longen gewoon zwart worden. Kom mee, laten we weer naar binnen gaan,' stelde ik voor, in de hoop zijn nogal trieste gedachten over mij voor even te onderbreken, als het inderdaad dat soort overpeinzingen waren die hem bezighielden.

Toen we weer binnen in de tempelruimte waren, voegde mijn moeder zich bij ons, stralend.

'Anju, beti, hij heeft naar je gevraagd. Die jongen. Maharaj Girdhar heeft gezegd dat hij je aardig vindt en dat hij kennis wil maken met je. Wat vind je ervan?'

Enerzijds, moest ik toegeven, voelde ik me gevleid. Het gebeurde me niet elke dag dat een man van de andere kant van een bomvolle, smoorhete zaal naar me keek en meteen besloot dat hij met me wilde trouwen. De laatste keer dat dat was gebeurd, had ik met mijn vriendinnen in een ordinaire salsaclub gezeten op de hoek van Eighth Avenue en Thirtieth Street. Daar had een man in een polyester streepjespak en een zware knevel me gezegd dat hij met me wilde trouwen, vlak voordat hij had overgegeven in een plantenbak. Dat was helaas mijn laatste aanzoek geweest.

En dat was wat dit in wezen was. Hoe een oppervlakkig blijk van belangstelling het ook mocht lijken, dit was een aanzoek, geen twijfel mogelijk.

Er was echter ook nog zoiets als een eerste indruk. De laatste man met wie ik een afspraakje had gehad, had Prada gedragen. Hij was niet met goud behangen en had evenmin kauwgum gekauwd. Hij was *cool* geweest. En hij had fatsoenlijke wenkbrauwen. Er was echter absoluut geen sprake geweest van een aanzoek.

Maar op dit moment wenste mijn moeder niets te horen over een verkeerde smaak qua kleding. Dat was een volstrekt onaanvaardbaar argument om nee te zeggen.

'Wat zal ik zeggen tegen Maharaj?' vroeg ze opnieuw.

'Mam,' fluisterde ik, 'hij ziet eruit alsof hij zó is weggelopen van de lijst met Meest Gezochte Mannen van Amerika.'

'Anju, wees nu eens serieus.'

'Goed, goed. Waar komt hij vandaan?'

'Accra.'

'Bedoelt u Accra, in Ghana, West-Afrika?' riep ik uit. 'Wat heb ik in vredesnaam in Accra te zoeken?'

'Praat niet zo hard, straks horen de mensen je nog en denken ze dat je geen manieren hebt.'

Mr. Lombroso bleek een ver familielid van de bruidegom, die speciaal was overgekomen om een vrouw te vinden. Hij kwam uit een welgestelde familie die haar geld had verdiend met kruidenierswinkels, wist mijn moeder me te vertellen.

'Beti, volgens Maharaj is hij een heel góede jongen. Heel goede familie. Geld genoeg. Je kunt toch in ieder geval met hem kennismaken, niet?'

'Ik wed dat hij reuze aardig is, Mam, maar echt, ik moet er niet aan denken dat ik in Accra moet gaan wonen. Ik bedoel maar, hebben ze daar niet elke vijf minuten een militaire staatsgreep? En hij ziet er ook een beetje, nou ja, saai uit. Volgens mij hebben wij helemaal niets gemeen.'

Mijn moeder schonk me die bekende blik – die dubbele portie frustratie-met-ergernis, met een likje ongeduld erbij.

'Anju, soms denk ik dat je echt te lang in Umrika hebt gewoond.' Ze zuchtte en liep terug naar de priester, die op een antwoord stond te wachten. Ze ging hem vertellen dat ze erover na zouden denken. In Indiaas spraakgebruik betekende dat dat ze een paar dagen nodig had om me te overtuigen.

Mr. Lombroso was ondertussen naar het buffet geslopen, vergezeld van een korte, gezette vrouw, waarschijnlijk zijn moeder. Ik ging op zoek naar Namrata, Nina's achttienjarige zusje, die de taak had gekregen de geschenken vast te houden.

'Hallo, schatje, hoe gaat het?' vroeg ik.

'Ach, niets aan de hand, didi, alleen ben ik bekaf. Mijn voeten doen gemeen pijn,' antwoordde Namrata, die rondzeulde met een plastic zak van een taxfreeshop uit Singapore, gevuld met chique enveloppen, zijden beursjes en een enkel met fluweel bekleed doosje, waarin respectievelijk bankbiljetten, gouden munten en sieraden zaten.

'Hoe gaat het met jou, didi? Amuseer je je een beetje?' vroeg ze.

Namrata was, net als haar zusje, deugdelijk en goedhartig. Ze deed me denken aan Britney Spears toen die nog niet dat sireneachtige seksimago had, parmantig en populair, maar dan zonder de korte topjes en de minirokjes. Net als haar pasgetrouwde zuster kon Namrata mooi zingen − van Hindi-filmliedjes tot religieuze *bhajans*. Ze wist hoe je limoenen in het zuur moest maken en kon perfecte *papads* bakken. En met haar zachte, lichtgekleurde, gevulde gezichtje was ze de droom van elke Indiase man. Ze zag er vanavond beeldschoon uit, in een zwierige, geborduurde, lilakleurige *gagara choli*. Het was haar vuurdoop; haar moeder was voor haar al aan het omzien naar schoonzoon nummer twee. Maar Namrata was ook geestig en intelligent, geen roomsoesje als zo veel andere meisjes die hier rondliepen, zodat ik haar mijn Lombroso-dilemma voorlegde.

'Zie je die knaap daar?' vroeg ik, hem onopvallend aanwijzend. 'Hij heeft tegen Maharaj Girdhar gezegd, en die weer tegen mijn moeder, dat hij in mij geïnteresseerd is. Maar hij komt uit Accra. Wat moet ik in 's hemelsnaam in Accra?'

Namrata wierp één blik op hem, en er gleed een begrijpend glimlachje over haar knappe gezichtje.

'Je weet het toch zelf, didi? In die babyroze sari van je zie je eruit als een marshmallow. Zacht en zoet en vanbinnen alleen maar lucht. Precies zoals híj zich een vrouw wenst, denk je ook niet?'

Twee dagen later was ik met mijn moeder naar de Bhuleshwar Markt gegaan. Als er zoiets bestaan zou als een stadsvagevuur, dan was dit het. Winkeltjes schaarden zich aaneen langs een straat die eigenlijk geen straat was. De auto's moesten om de halve meter stoppen voor een dode koe, een slapende dakloze of venters met ectwaren. Die wrongen hun gammele houten karren vol met plastic emmers en roestvrijstalen vorken tussen de honderden mensen door die zich in dit stinkende, van vliegen vergeven labyrint verdrongen.

We waagden ons buiten de serene koelte van onze witte Ambassador en voegden ons tussen de naar schatting zeventien miljoen voetgangers. De enige manier om Bhuleshwar te 'doen' was te voet. In de hitte was de stank van koeienmest niet te harden, en van alle kanten drongen bezwete mensen langs me heen. Tanige mannetjes met bruine tanden van de paan joelden en floten wanneer we van tijd tot tijd bij een kraampje halt hielden om er wat te kopen. Mijn moeder verweet me dat ik een geborduurde, strakke broek droeg en een enigszins kort wit T-shirt van Martin Margiela. 'Je had een katoenen *salwaar kameez* moeten aantrekken, beti. Nu zien ze allemaal dat je uit het buitenland komt.'

Maar de aankopen waren alle verschrikkingen waard. Ik kocht zware, koperen armbanden, pakjes bindi's en beschilderde schaaltjes van aardewerk waar Indiase gezinnen een gewijde kaars in laten branden. Ik zou ze aan mijn beste vriendin Sheryl geven voor haar zolderappartement in Tribeca, waar ze het heel goed zouden doen om allerlei snuisterijen op uit te stallen. We zochten een baal wollen shawls uit en meters en meters gekleurde zijde, waarvan Marion, Erin en Kris en de andere meisjes van het werk fleurige kussenslopen of zomerse sarongs zouden maken. Ik vond sandaaltjes met ingelegd glas die ze bij Scoop voor tweehonderd dollar verkochten ('Schandalig!' krijste mijn moeder, toen ik haar dat vertelde) en die hier omgerekend vier dollar kostten. Zo zag ik maar weer eens dat er alle reden was om naar Bombay terug te keren!

We waren op tijd thuis voor de lunch, voordat de zon onverdraaglijk warm werd.

Ik was opgegroeid in dit appartement aan Warden Road, een mooie woonwijk, niet ver van zee. Het koele marmer in onze gang voelde heerlijk aan tegen mijn blote voeten. De woning besloeg de hele bovenverdieping van een gebouw van zeven woonlagen. Het waren ooit twee flats geweest met drie slaapkamers, die nu bij elkaar waren getrokken tot één grillig, maar royaal appartement met zes slaapkamers. Mijn grootvader had, toen hij met zijn jonge gezin in 1947, rond de tijd van de afscheiding van Pakistan, naar Bombay was gevlucht, de vooruitziende blik gehad om beide flats te kopen. Hij had zijn land in het oorspronkelijke thuisland van onze familie in Hyderabad Sind weten te verkopen en was de grens overgestoken in treinen die uitpuilden van de vluchtelingen, en met zijn zakken gevuld met in de loop der jaren vergaarde oude gouden munten. Geholpen door familieleden kocht hij onroerend goed, opende een juwelierszaak en bracht zijn gezin groot ver van de chaos en vijandelijkheden over de grens.

Toen we binnenkwamen, stak mijn moeder haar hand uit om de voeten aan te raken van een groot stenen beeld van Ganesh bij de ingang, iets wat ze altijd deed wanneer ze de deur uit ging en weer thuiskwam. Ik nam me altijd voor haar voorbeeld te volgen, maar meestal vergat ik het.

'Ik wil dolgraag een kop thee, Mams,' zei ik, terwijl ik de dunne boodschappentassen op de vloer van mijn slaapkamer liet neerploffen. Ik snakte opeens naar een kop gloeiend hete, sterke, met kardemom gekruide *chai* met melk zoals Starbucks die op authentieke wijze probeert te bereiden.

'*Chotu, chai laikhe ao,*' riep mijn moeder naar de kok, die bezig was met het klaarmaken van *dal* en *pulao* en *pakoda's*.

Mijn vader zat op de met wijnrode zijde beklede bank *The Times of India* te lezen. Zijn voeten rustten op een met glas en staal ingelegd salontafeltje.

'Hittegolf in New York, lees ik,' deelde hij mee, terwijl hij opkeek. 'Waarom ga je zo snel alweer weg? Ik durf te wedden dat de luchtvaartmaatschappij je boeking voor morgen kan verschuiven, misschien wel een dag of wat.'

'Pap, ik moet weer aan het werk, ik heb maar twee weken verlof genomen. De bruiloft is achter de rug, het was heel leuk, nu moet ik weer terug. Bovendien word ik liever in New York door de hitte bevangen dan hier rond te hangen. Begrijpt u wat ik bedoel?'

Ik wilde mijn ouders niet krenken. Dit was per saldo hun huis – zoals het eens het mijne was geweest. Ik wilde niet superieur overkomen – alsof ik dit allemaal ontgroeid was, alsof ik ze had verlaten voor wat ik ervoer als een bestaan dat meer de moeite waard was. Maar hoe graag ik mijn ouders ook een plezier wilde doen, ik kon hier geen dag langer blijven dan strikt nodig was.

Ik ging naast mijn vader op de bank zitten, keerde me om en keek uit het raam. In de straten van Bombay was het nooit iets anders dan een compleet gekkenhuis. De auto's zeven verdiepingen beneden ons toeterden even verwoed als vergeefs, om geen enkele andere reden dan om hun eigen claxon te horen. Voetgangers stortten zich met ware doodsverachting tussen auto's en motorfietsen – die in deze regionen eufemistisch 'scooters' werden genoemd. De mensen hadden iets fatalistisch over zich: je wordt overreden, je raakt een arm of een been kwijt, het is allemaal voorbestemd, wat doet het ertoe? Enorme reclameborden met de populaire sterren van de dag, Hrithik Roshan en Karisma Kapoor, stonden boven op gammele gebouwen. Alles in India stond, zo te zien, op het punt van instorten. Ik zag nóg een billboard aan de overkant van de straat, dat reclame maakte voor een nieuwe fitnessclub: GEOPEND VAN 05.00 TOT 23.00 UUR, trompetterde het. WORD FIT EN OOG COOL. Erop te zien was iets wat leek op twee geamputeerde borsten en een afgehakte torso. De bijdrage van de beeldende kunsten aan de reclamewereld was in mijn geboorteland niet spectaculair. Niettemin, dit was het nieuwe Bombay, een stad waarin vrouwenbladen advertenties voor condooms publiceerden, zwoele liefdesscènes voor Bollywood-producties werden opgenomen, schaars geklede *veejay*-sterretjes van MTV en acteurs met een *Baywatch*-figuur het kleine scherm beheersten, en iedereen een verhouding had.

En huwelijken nog steeds werden gearrangeerd.

Een marineblauwe Mercedes parkeerde voor de ingang van ons flatgebouw en deponeerde drie goedgeklede vrouwen – Indiase, maar duidelijk niet uit Bombay afkomstig – op het trottoir. Ze liepen naar Benzer, een chique winkel aan de overkant van de straat. Ze trokken een lelijk gezicht vanwege het kapotte plaveisel, dat bezaaid lag met koeienmest en straatvuil. Ze hadden blijkbaar vroeger ook in Bombay gewoond, maar de stad was voor hen, net als voor mij, elke keer dat ze er terugkwamen, minder vertrouwd en herkenbaar aan het worden.

Terwijl de lunch werd klaargemaakt en ik van mijn chai zat te genieten, was mijn moeder aan het bellen met haar zuster Jyoti, de moeder van Nina. Het jonggetrouwde stel was op huwelijksreis gegaan in Zuidoost-Azië en zou vandaar doorvliegen naar Londen, waar ze gingen wonen.

'Ai, Leela, ik mis Nina. Ze is het huis uit, ze is mijn dochter niet meer, ze is nu van iemand anders,' jammerde Jyoti.

'Ai, Jyoti,' troostte moeder haar, alsof er zojuist iemand was gestorven. 'Dat gebeurt ons allemaal nu eenmaal. De meisjes moeten trouwen en het huis uit. Wees dankbaar dat je dochter een goede jongen heeft gevonden, ze zal gelukkig worden, maak je geen zorgen. Kijk eens naar mij. Ik wacht nog steeds tot Anju iemand heeft gevonden. Zijn er geen andere jongens van overzee naar de bruiloft gekomen?'

'Hoe is het dan met die jongen uit Accra gegaan?'

vroeg Jyoti. 'Maharaj Girdhar heeft vandaag gebeld. Hij zegt dat de jongen erg geïnteresseerd is. Ik vind dat je het moet doorzetten.'

'Ha. We zullen zien. We zullen het er aan tafel over hebben.'

Chotu, al twintig jaar onze kok, kwam uit de keuken met een groot roestvrijstalen blad met dampende, rijkelijk gekruide schotels. Een echt Bombays maal was voor mij een van de voordelen van weer eens thuiskomen. Warme, zachte pulao, gebed in *mung* dal. In tientallen vers gemalen kruiden gemarineerde en in spinazie gedompelde stukken *paneer*. Hapklare brokjes pakoda, in mintchutney gedoopt en geserveerd met stevig witbrood. Ulrika, de godin van de New Yorkse fitnesstrainers, zou me zonder meer vermorzelen als ze me nu zag.

'Beti,' zei mijn moeder, terwijl ze wat eten op mijn vaders bord schepte. 'Die jongen uit Accra is nog steeds in de stad. Waarom maak je geen kennis met hem?'

Ze zweeg en wachtte op mijn antwoord. Dat gaf ik niet, zodat ze haar vraag herhaalde.

'Nou, wat zeg je daarop?'

Sinds de avond van de bruiloft had ik geen seconde meer aan die knaap gedacht, besefte ik schuldbewust. Ik was van plan de volgende dag terug te vliegen naar New York, nu al zeven jaar mijn thuisbasis, en naar mijn werk als modepubliciste. Hoewel ik dol was op mijn werk en dol was op de stad, werd het er daar voor mij niet gemakkelijker op. Het wemelde er van de mannen, maar geen van hen was nou echt wat mijn ouders voor me in gedachten hadden. En door de een of andere rare culturele osmose waaraan ik onbewust had blootgestaan, had ik zelf ook het gevoel dat ze het niet helemaal voor me waren. Ik verkeerde in het partycircuit, hing rond in hippe restaurants in het centrum, en maakte voor mijn werk zelfs zo nu en dan een snoepreisje naar Europa. Maar de meeste mannen die ik was tegengekomen, waren homoseksueel, of blank, en doorgaans allebei.

Mijn ouders hadden, vreemd genoeg, geen enkel bezwaar tegen homoseksualiteit. Toen ik al dertig was, had mijn moeder me voorgesteld aan een aardige Indiase jongen uit een aardige Indiase familie. Ik had het meteen doorgehad – zijn rode leren Versace-broek verried hem, evenals zijn vertederende – maar uiteindelijk desastreuze – belangstelling voor mijn collectie Manolo Blahnik. Nadat de homofiele huwelijkskandidaat met zijn moeder was vertrokken, had ik mijn bedenkingen geuit tegenover mijn moeder, die ze had weggewuifd met een simpel: 'Als ze eenmaal getrouwd zijn, veranderen ze vanzelf.'

'Dat betwijfel ik, Mam,' had ik gezegd. 'Neem Elton John.'

Sinds ik naar New York was verhuisd, werd ik ongeveer eens per jaar naar Bombay gesommeerd om 'eens rond te kijken'. Bijna al mijn neven en nichten hadden het op die manier gedaan en hun eega ontmoet op een familiebruiloft. Het leek wel een domino-effect, hoewel ik het opmerkelijk vond dat ik het enige nichtje was dat nog overeind stond, afgezien van Namrata en nog een nichtje dat pas elf was. Zelfs die zou waarschijnlijk nog vóór mij een man vinden, als ik in dit tempo doorging. Ik had ook gehoord dat minstens vijf jonge, lichtgekleurde, poezelige meisjes hun belangstelling hadden laten merken voor 'een van beide' van mijn broers. Een graai doen in de grabbelton, daar kwam het hele spelletje op neer.

Dat ik althans één blijk van belangstelling had gekregen, was op zichzelf van enorme betekenis. Bombay was per saldo één grote huwelijksmarkt. Het enige wat je als alleenstaande hoefde te doen, was aanwezig zijn, een paar telefoontjes plegen en astrologen, familiepriesters en beroepskoppelaars in de arm nemen. En vervolgens bidden dat die mensen er ook enig benul van hadden waar ze mee bezig waren. En het belangrijkste was, zoals mijn moeder niet naliet mij op het hart te drukken, dat het allemaal ging om inschikkelijkheid.

Vanuit het perspectief van mijn ouders was dit aanzoek een gewichtige zaak. Iemand had letterlijk 'naar me gevraagd', en van welke kant je het ook bekeek, dat was een hele eer. Ik had ze altijd verzekerd dat ik echt wílde trouwen. Echt. Ik wilde terugglijden in het systeem. Ik was nu al zo lang weg uit India, dat het bijna was alsof ik was vergeten door de gemeenschap waarin ik was geboren. Ik besefte dat ik, als er een aantrekkelijke, huwbare man ten tonele verscheen, zeker niet zijn eerste keuze zou zijn, omdat ik op mezelf woonde in New York, ver van de trouwlustige meute.

Ik voelde me vreemd aangetrokken tot het beproefde systeem van het gearrangeerde huwelijk – ik vond het op de een of andere manier exotisch, lovenswaardig en broos, en door me te houden aan de traditie zou ik stijgen tot de hoogste plaats op de sociale gedragsladder; een meisje trouwt met een man die haar ouders voor haar uitkiezen. Het is de ultieme daad van ouderliefde, die, zo wilde het de traditie, vele, vele zegeningen met zich mee zou brengen.

Elke keer dat ik terugvloog naar Bombay, hoopte ik heimelijk dat dit die speciale, voorbestemde reis zou worden, waarop ik 'de ware' zou vinden. Dat ik hier, in het gewoel van de trouwfeesten en onder het gekoppel en gekuip van vertwijfelde moeders, de voor mij bestemde man zou vinden.

En nu had ik tijdens mijn huidige verblijf een aanzoek gekregen.

Maar, god nog aan toe, hij woonde in Accra.

'Beti, het gaat niet om waar hij woont, maar wie hij is,' zei mijn moeder, die mijn gedachten las op die uiterst hinderlijke manier van moeders. 'Als het een aardige jongen is, dan zul je overal gelukkig zijn met hem.'

Aardige gedachte. Maar het wilde er nog niet in bij mij.

'Wat vind jij ervan?' vroeg mijn moeder aan mijn vader.

Na vijfendertig jaar huwelijk noemde mijn moeder haar man nog steeds niet bij de voornaam. Ze had me eens, toen ik nog heel jong was, verteld dat een vrouw het over haar man nooit anders mag hebben dan als 'hij'. Al het andere zou misprijzend zijn. 'Je man wordt je heer, en je dient hem te behandelen met waardigheid en respect,' had ze gezegd. Ik zal toen vijf zijn geweest.

Maar nu moest mijn vader toch met een antwoord op de proppen komen. Hij was niet meer zo betrokken bij mijn huwelijkskansen als, zeg maar, vijftien jaar geleden. Sterker nog, hij zei vaak dat hij het had 'opgegeven', wat er niet echt op was berekend mijn gekwelde en eeuwig alleenstaande drieëndertigjarige hart hoop en vertrouwen te schenken.

Ten slotte gaf mijn vader antwoord. 'We moeten het zeker in overweging nemen,' zei hij, terwijl hij een stuk bruine chapati rond een brokje paneer wikkelde. 'Je bent hier nu toch, dus je kunt je er evengoed van kwijten. Op die manier heb je het geld voor je vliegticket tenminste niet in het water gegooid.'

Na de lunch belde mijn moeder Maharaj Girdhar.

'Ja, ik bel over die jongen uit Accra,' zei ze alsof ze reageerde op een advertentie in een huis-aan-huisblad over een tweedehands Volkswagen. Ze greep potlood en papier en begon te schrijven.

'Ja... natuurlijk... mooi... o, bijna negenendertig... Heel goed... ontwikkeld... welgesteld en zo... mooi... ja, ik bespreek het met mijn man en dan bel ik terug... Nee, Anju zou eigenlijk morgen terugvliegen, maar als het iets wordt, blijft ze natuurlijk. Haar werk in New York is niet zo belangrijk, hè? Ze moet de jongen eerst ontmoeten, niet?' zei ze op verzoenende toon, eropuit niets te zeggen wat het misnoegen kon wekken van de priester die, blijkbaar, de sleutel tot mijn toekomstige geluk in handen hield.

Ze hing op en wendde zich weer tot ons.

'Goed, dit zijn de bijzonderheden. Hij is bijna negenendertig, wat een goede leeftijd is. Eén meter drieënzeventig, wat een redelijke lengte is, oké, niet zo erg lang, maar jij, jij bent ook niet zo lang, en misschien moest je eens minder hoge hakken gaan dragen,' las ze op, haar aantekeningen raadplegend.

'Enige zoon, één getrouwde zuster, ze hebben hun eigen bedrijf, een paar winkels en zelfs een fabriek. Rijk. Aardige ouders. Hij heeft ook in Amerika gestudeerd. Hij moet zo nu en dan op reis, naar diverse landen. Je zult wel met hem mee mogen dan.'

Ze zweeg, tevreden over wat ze beschouwde als een redelijk overtuigend verkooppraatje. 'Zo te horen heeft hij alles. Wat wil je nog meer?' vroeg ze kalm.

'Nou ja, bijvoorbeeld dat ik een prettig leven heb in New York,' begon ik. 'En het zal best een heel fatsoenlijke jongen zijn, maar ik denk niet dat Accra mijn woonplaats is.'

'Beti, wil je dan eeuwig ongetrouwd blijven?' wierp mijn moeder tegen. 'Stel je voor, je komt iemand tegen, je trouwt met hem en je woont met hem in een stad waar je niets op tegen hebt, New York, of Londen, of Singapore, en dan gebeurt er iets, en dan moet hij naar een minder leuke stad verhuizen, misschien wel naar Accra. Bedoel je dat je dan niet met hem mee zou gaan? Daar gaat het om in het huwelijk. Offervaardigheid en inschikkelijkheid.'

'Jawel, Mams, dat begrijp ik, maar ik bén nog niet met hem getrouwd, dus die offervaardigheid is nog niet aan de orde. Ik kan nog kiezen. Begrijpt u wat ik bedoel?'

Ik keek naar mijn moeders langzaam grijzende haar, elegant weggekapt uit haar gladde, rimpelloze gezicht, waarvan haar vorstelijke, hooghartige neus het pronkstuk was. Ze droeg een polyester kaftan, van dezelfde snit als die jaren zeventig-achtige Gucci-*djellaba*'s, alleen was deze vervaardigd door de huiskleermaker. Het was mijn moeders lievelingsdracht voor in huis.

'Anju, je kunt niet alles hebben in het leven. Je kunt niet te kieskeurig zijn. Heeft Maharaj niet al jaren geleden tegen je gezegd dat je moet leren water bij de wijn te doen? Waar vind je een jongen die aan al je wensen voldoet? Nergens, beti. Je bent al bijna vierendertig. Nog even, en niemand vraagt meer naar je. Je moet heel goed nadenken.'

Ik zát heel goed na te denken. Ik zat te denken aan elke ochtend wakker worden met Matt Lauer, aan de manicurebehandelingen met paraffine en de zuurstofmaskers bij Bliss, en aan winkelen op zaterdagmiddag bij NoLIta. Aan de party's en benefietfeestjes. Aan gespannen afwachten of Paris Hilton en Aerin Lauder zouden komen opdagen, en wat de fabuleuze voormalige Miller-girls zouden dragen. En aan het uitproberen van alle verschillende cocktails en het passen van elk nieuw designerschoentje, en aan het giechelen met mijn vriendinnen, terwijl ik luisterde naar de verhalen over de mannen uit hun leven. Het had me een aantal jaren gekost, maar het was een leven waarmee ik inmiddels vergroeid was en waarin ik me heel goed thuis voelde. En, zoals zo veel vrouwen in mijn situatie, wilde ik een man die daar naadloos in paste. Ik wilde dat hij hetzelfde leven zou leiden als ik, dezelfde dingen leuk zou vinden, en daarnaar uitzag. En tegelijkertijd wilde ik dat hij zou zijn uitgekozen door mijn ouders en goedgekeurd door de rest van de familie. Dat was toch niet te veel gevraagd?

Maar ik wist ook dat een vrouw in de ogen van mijn gemeenschap pas iets voorstelde als ze was getrouwd. Ze was altijd te gast in het huis van haar ouders, zij waren haar tijdelijke verzorgers. Wanneer de juiste man op het toneel verscheen, waar hij ook woonde of wat hij ook deed, die jonge, alleenstaande vrouw zou haar leven plooien rond het zijne. Wat zij wilde, kwam er niet op aan, het kwam erop aan wat híj wilde, voor hen allebei. Ik herinnerde me, in dat verband, die keer dat mijn moeder volkomen perplex was geweest toen ze naar een Amerikaanse televisiefilm zat te kijken waarin een vrouw wegliep bij haar doodgoeie man, omdat ze, zoals ze zei, 'zichzelf wilde vinden'.

'Wat een waanzin,' had Mams gezegd. 'Hij slaat haar niet, hij doet helemaal niets verkeerds. En zij wil bij hem weg, waarvoor? Stom mens.'

Mijn moeder kon het domweg niet bevatten, maar hoe zou ze ook? Haar hele leven had gedraaid om offervaardigheid en inschikkelijkheid, dezelfde deugden die ze er elke dag bij mij inhamerde. Mijn ouders hadden elkaar één keer ontmoet, waren vijf uur later verloofd en twee weken later getrouwd. Samen hadden ze een bestaan opgebouwd waaraan ze elkaar hadden leren wennen. Maar ze waren allebei twintig geweest toen ze elkaar hadden leren kennen, en het woord 'alternatief' had niet bestaan voor hen. Zoals mijn moeder niet naliet mij onder ogen te brengen was zij, toen ze zo oud was als ik nu, al dertien jaar getrouwd en had ze alle drie haar kinderen al op de wereld gezet.

Ja, ik wilde zielsgraag trouwen. Ik associeerde het met liefde en overgave en geborgenheid – plus alle party's en nieuwe sari's en een dure uitzet van mooie jurken. Maar een familiebruiloft in Bombay is heel iets anders dan een heel leven in Accra.

'Mams, ik heb al heel lang geleden besloten dat het alleen maar een van de G8 zou worden. U weet wel, ontwikkelde landen, of niets. En dan hebben we nog de kwestie van verenigbaarheid. We zien er niet eens úit alsof we bij elkaar passen.'

Mijn vader kwam tussenbeide.

'Wat? Is hij je te klein?'

'Néé!' zei ik met nadruk. 'Weet u, er moet zoiets als een vonk overspringen tussen twee mensen, u weet wel, een gevoel van verbondenheid. Dat is er – of het is er niet.'

'*Aarey*, ik snap niet waarover je het hebt,' zei mijn moeder.

'Mams, ik wil alleen maar gelukkig worden.'

'Beti,' antwoordde ze. 'Ik wil niet dat je gelukkig wordt. Ik wil dat je trouwt.'

Twee

*Het wordt zeer ongepast gevonden als een jonge man of
vrouw zelf het initiatief neemt tot zijn of haar huwelijk.
Met de huidige verbreiding van het onderwijs krijgen de
jongen en het meisje de kans om elkaar te leren kennen,
anders dan in de dagen van weleer, toen de pasgehuwden
elkaar na het huwelijk leerden kennen.*

DHARAM VIR SINGH,
Hinduism, An Introduction

Er scheen niets anders op te zitten dan Delta Airlines te
bellen en mijn vlucht uit te stellen. Mijn moeder had me
gesmeekt nog een paar dagen in Bombay te blijven en
me weten te overtuigen met haar argument dat de bruiloft nog maar net achter de rug was, dat er nog het nodige bezoek zou komen en dat we op de een of andere
manier van onze brede familiekring aan de weet zouden
komen of er nog interessante, geschikte jongens rond-
fladderden. Uiteraard bleef mijn moeders suggestie toen
niet uit: 'Beti, als je toch nog hier bent, waarom zou je
niet kennismaken met die jongen uit Accra? Je moet niet
alleen kijken naar hoe hij zich kleedt, beti, een vrouw
kan altijd haar mans kleding veranderen,' had ze betoogd.
'En dan nog? Wat is er tegen op witte sokken?'
Maharaj Girdhar liet er geen gras over groeien en re-

gelde een ontmoeting voor de volgende avond in de Sea Lounge van het Taj Mahal Hotel. Aan hem zou het niet liggen. Als hier iets uit voortkwam, zou hij een koppelaarshonorarium van vijfentwintigduizend roepies ontvangen – ongeveer de prijs van een handtasje van Louis Vuitton, en voor hem in ieder geval meer dan genoeg om een half jaar van te leven. Hij had Nina's huwelijk geregeld, dus hij vond dat hij zo'n beetje bij de familie op de loonlijst stond. Anders dan het geval was bij huwelijksbemiddelingsbureaus werkte hij op een basis van *no cure, no pay*; hij zou geen *paise* krijgen voor het louter regelen van de ontmoeting. Dat was een oninteressante metafoor voor het huwelijksspel volgens Indiase regels. De jackpot is een huwelijk, en er zijn geen troostprijzen. Het is alles of niets.

Ik was overrompeld door de snelle ontwikkelingen. Hoe ik mijn hersens ook pijnigde, ik kon gewoon geen afdoende reden vinden om nee te zeggen – de vlieger van 'zijn uiterlijk staat me niet aan' ging domweg niet meer op. Op instructies van mijn ouders had ik mijn chef, Marion, een e-mail gestuurd, met de mededeling dat ik dysenterie had opgelopen en dat de dokter me het reizen afried. Marion stuurde me een e-mail terug om me te verzekeren dat het in orde was en alles onder controle. Ze had blijkbaar ook door dat ik een smoesje had opgehangen, want ze voegde er een PS aan toe: 'Heb je al een man gevonden?'

De volgende avond om zes uur liepen mijn ouders en Anil – de oudste van mijn twee broers – voor me uit de brede, royale, met rood tapijt beklede trap op die van de lobby van het Taj Mahal naar de Sea Lounge voerde. Dit was een van mijn geliefkoosde plekjes in Bombay: in de afgelopen week had ik hier, terwijl de rest van mijn familie druk bezig was geweest met de voorbereidingen voor de bruiloft, een paar keer mijn toevlucht gezocht met het laatste nummer van *Vanity Fair* en een glas vers kokosnootsap, zo nu en dan door de open ramen een blik werpend op de Poort van India en de zee erachter. Neutraal terrein, licht en koel, niet verbazingwekkend dat het een populair trefpunt was voor dit soort afspraken.

Tante Jyoti had gewild dat ik me aan onze nationale kledij zou houden, gewoon een eenvoudige salwaar kameez. 'Dat is beter, Anju, je zult er meer Indiaas, minder zelfstándig in uitzien.'

Maar ik zei dat ik me meer op mijn gemak zou voelen, en daardoor een meer ontspannen indruk zou maken, in een zijden BCBG-jurk. Hij was heel zedig, zodat ik er geen gevoelens mee zou kwetsen, maar tegelijkertijd ook heel vrouwelijk, zodat mijn moeder, toen ze me er eenmaal in zag, me verrukt had opgenomen. Ze wilde dat ik wat mooie sieraden zou dragen – genoeg om de familie uit Accra duidelijk te maken dat we bemiddeld waren, maar ook weer niet zoveel dat de man in kwestie het idee zou krijgen dat ik het een of andere luxepoppetje was dat hem handen vol geld zou gaan kosten. Het was een delicaat evenwicht.

Ze waren al aanwezig en zaten met Maharaj Girdhar aan een hoektafel. In de ruime, geriefelijke lounge – met knusse aquamarijnkleurige stoelen en natuurlijke verlichting – hing het geroezemoes van opgewekte conversatie.

De bruidegom in spe heette Puran. Naast hem zat zijn moeder, de vrouw die ik op Nina's bruiloft naast hem aan het buffet had gezien. Verder zat er een treurig kijkende man aan tafel – de vader, schatte ik. Puran zat nog steeds kauwgum te kauwen, en ik hoopte vurig dat het niet nog steeds dezelfde plak was. Ik probeerde mijn blik af te wenden van zijn wenkbrauw, die borstelig en onverzorgd was en me deed denken aan twee fretjes die neus aan neus lagen. Maar er was nóg iets... hij droeg hetzelfde halfdoorschijnende zwarte hemd en dezelfde zwarte broek als op de bruiloft. Toen ik dichterbij kwam zag ik dat er bloempjes gebosseleerd waren langs zijn broekspijpen. Iemand, dacht ik, moest die man een kledingadviseur aanraden.

Ze stonden op toen we op hen afliepen en er volgde een verlegen handen schudden en voorstellen over en weer, terwijl ik zenuwachtig glimlachte, van plan om me vriendelijk en lief op te stellen en geen spelbreekster te zijn, maar er in mijn ziel zo van overtuigd dat dit op niets zou uitlopen.

'Anju, waarom ga je niet daar zitten,' vroeg mijn moeder met enige nadruk en ze wees op een lege stoel aan de andere kant van de beoogde bruidegom. Goed dat ik lage schoentjes had aangetrokken, want Puran bleek kleiner dan ik me hem herinnerde. Er werd wat te drinken besteld en geconverseerd ('Wat is het hier heet in deze tijd, het wordt steeds erger in Bombay,' deelde Purans vader mee) en beide moeders complimenteerden elkaar met hun sari. Ik zei niets. Ik had dit al zo vaak meegemaakt dat ik precies wist wat er van me werd verwacht. Dat was ongeveer het volgende:

1. Wacht tot de man iets tegen jou zegt.

2. Glimlach.

3. Laat zo weinig mogelijk los. (Of, zoals mijn moeders goeroe me jaren geleden had gezegd: 'Laat niet merken dat je enige mening of intelligentie hebt. Mannen vinden dat niet prettig. Als je eenmaal getrouwd bent, kun je zeggen wat je wilt, maar voor die tijd moet je je stil houden.' Het kwam rechtstreeks uit *De Regels*. En het had tot nu toe niets opgeleverd.)

'En, bevalt Bombay?' vroeg Purans moeder aan mij. Ik glimlachte en knikte.

'Maar je houdt natuurlijk ook van New York?' vroeg de vader. 'Wat voor werk doe je daar?'

'Ik, eh, werk op een kantoor; een soort reclamebureau,' antwoordde ik, want ik wist dat ik mijn leven niet te opwindend moest voorstellen. Puran had nog steeds geen woord gezegd, niet tegen mij, noch tegen iemand anders aan tafel, verdiept als hij was in de taak van het met een rietje doorroeren van zijn mangosap. Ik had een *lassi* besteld, maar zou op dat moment een tasje van Fendi hebben overgehad voor een Cosmopolitan. Ik grijnsde inwendig toen ik me voorstelde wat voor gezicht mijn potentiële schoonfamilie zou trekken als ik een dubbele wodka zou bestellen.

'Dus, Puran,' begon mijn vader op de toon van een welwillende personeelschef bij een sollicitatiegesprek. 'Ik begrijp dat je in Accra een aantal winkels hebt?'

Puran liet eindelijk iets van zich horen, met een stem die een iets hoger heliumgehalte had dan ik had verwacht. 'Inderdaad. Kruidenierswaren, levensmiddelen en zo,' zei hij zonder verdere toelichting.

'En, hoe gaan de zaken?'

'Op en neer. We hebben vorig jaar wat rellen gehad waarbij onze winkels zijn geplunderd.'

Dat klonk niet bemoedigend. Mededelingen over anarchie op de stoep van je huis vielen niet zo goed bij een kennismakingsgesprek. Ik vroeg mijn broer met mijn ogen om morele steun, en Anil zond me een knipoog en een glimlach. 'Gewoon doen alsof het een spel is,' leek hij me te zeggen. Een ongemakkelijke stilte daalde over de tafel neer, terwijl Purans moeder me monsterde om zich ervan te vergewissen of ik als schoondochter in aanmerking kwam.

Als we dertig jaar eerder hadden geleefd, zou ik er uiteraard heel anders hebben uitgezien. Toen mijn moeder voor het eerst met mijn vader kennismaakte, had ze een sari van blauwe zijde gedragen, met jasmijnbloesempjes in haar lange, gevlochten haar. Ze had niet één keer opgekeken. En de woorden 'New York' waren beslist niet in het gesprek voorgekomen. Mijn vader zegt dat hij met haar wilde trouwen zodra ze de kamer binnen was gekomen. Het was in feite heel erg romantisch.

Purans moeder wilde, zoals de meeste Indiase moeders van zonen die een zogeheten 'goede partij' vormden, dat de hare zou trouwen met een onbedorven en gedwee meisje uit een rijke familie. In dat geval zou de bruidsschat royaal zijn, maar het meisje zelf inschikkelijk en bescheiden. Het was een ideaal. Purans moeder was niet blij met de Amerika-factor in mijn leven, maar was bereid om haar ogen daarvoor te sluiten bij de gedachte aan de feesten die mijn familie voor me zou geven om het heugelijke feit te vieren dat ze me eindelijk aan de man hadden gebracht. En de beelden van koffers met zilverwerk en zijden stoffen, van roodfluwelen doosjes met sieraden en gouden munten die haar in de aanloop naar het huwelijk zouden worden gezonden... ach, wat betekende daarmee vergeleken een zelfstandig trekje in een schoondochter – een trekje dat in de loop van het huwelijk heus wel zou kunnen worden onderdrukt?

'Puran, waarom ga je niet een eindje wandelen met Anju?' opperde zijn moeder, soepeltjes overgaand tot de volgende stap in de procedure. Ik bad in stilte dat hij niet op haar suggestie zou ingaan. Dat zou betekenen dat hij geen belangstelling had, dat hij had besloten dat hij mij niet geschikt vond en dat ik met mijn familie naar huis kon gaan en vervolgens terugvliegen naar New York, zonder ooit nog aan Accra te hoeven denken.

Maar Puran zette gehoorzaam zijn glas mangosap neer en stond op, zich naar mij wendend in de verwachting dat ik zijn voorbeeld zou volgen. Er zat niets anders voor me op dan ook op te staan; een weigering zou verschrikkelijk pijnlijk zijn voor mijn ouders, en ze zouden het me hun leven lang blijven verwijten. Ik troostte mezelf dat het zou blijven bij een ommetje door het hotel: niks aan de hand, dat speelde ik wel klaar. Ik repeteerde snel bij mezelf alle dingen die ik niet mocht zeggen: mijn moeder had een beetje gesmokkeld met mijn leeftijd, zodat ik nu pas dertig was. En geen woord over het reizen dat inherent was aan mijn werk als publiciteitsmedewerker voor modeontwerpers – mannen wilden liever niet horen dat hun aanstaande in Parijs voor Michael Kors exclusieve interviews organiseerde. Zeg niets zolang je niets wordt gevraagd, en als je per se iets over je werk moet zeggen, maak er dan zo min mogelijk ophef over. Elke andere gedragslijn zou de hele onderneming van meet af aan torpederen, en dan zouden mijn ouders de zoveelste 'afwijzing' te verwerken krijgen. En mijn trots stond me niet toe te worden afgewezen door iemand met wie ik onder geen beding wenste te trouwen. Nooit. Zelfs niet onder de meest benarde en wanhopige omstandigheden.

'Hoe laat sta je 's ochtends op?' vroeg hij, toen we de lounge door liepen en via de openslaande deuren de veranda betraden.

'Pardon?'

'Hoe laat sta je 's morgens op?'

'Eh, tja, hier, nu ik op vakantie ben, nogal laat, rond een uur of tien, je weet hoe het gaat met een familiebruiloft als je elke avond uitgaat. Maar in New York meestal niet later dan zeven uur. Ik probeer voor mijn werk nog even naar de fitnessclub te gaan en...'

Ik besefte dat ik al te veel had losgelaten over mijn leven en hield ijlings mijn mond. Ik mocht niet ambitieus of geslaagd overkomen, dus klampte ik me vast aan het beeld dat mijn nichtje Namrata had gebruikt: marshmallow. Vanavond zou ik even een marshmallow zijn.

'Want in Accra staat iedereen vroeg op bij ons,' verduidelijkte hij. 'Er is zoveel te doen. Dus het komt goed uit dat je matineus bent. Dan zul je je gemakkelijker aanpassen.'

Veel energie werd nu besteed aan het weerhouden van de woorden die me op de lippen lagen. Het schaap dacht dat de zaak beklonken was. In zijn ogen was ik al zijn vrouw.

'We hebben thuis drie dienstmeisjes, plus een kok, maar ze hebben toezicht nodig. Dat is een taak voor de vrouw des huizes. Al het werk begint vroeg in de ochtend. Ze kunnen nog steeds niet omgaan met de stofzuiger. Kun jij omgaan met een stofzuiger?'

Ik zuchtte. Zover was ik dus gezonken. Ik bevond me in een van de mooiste hotels van Bombay. Het was een zwoele avond. Ik droeg een BCBG-creatie. Ik glimlachte aanvallig en beminnelijk. Kortom, ik was in wezen een droom van een aanstaande voor elke man. En naast me liep een slecht geklede, Wrigley's kauwende man die alleen met me wilde trouwen omdat hij versterking behoefde voor zijn huishoudelijke staf.

'Ik heb van mijn moeder gehoord dat je werk in Umrika te maken heeft met mode,' ging hij verder. 'Wat vind je van deze broek?'

Hij bleef staan, lichtte één been op als een hond die wilde plassen en wees op de gebosseleerde bloempjes. 'Dat is de laatste mode,' verklaarde hij trots.

Vanaf dat moment ging veel van wat hij zei volkomen

langs me heen, moet ik bekennen. Toen ik me weer op het gesprek concentreerde, zei hij: '...en zondags ga ik met mijn moeder naar de markt... we hebben drie dienstmeisjes en een kok, maar ze hebben toezicht nodig, zodat we beter zelf onze groenten kunnen inkopen... je kunt de Afrikanen niet vertrouwen, je geeft ze geld om aubergines te kopen en ze kopen er sigaretten voor en zeggen dat het geld gestolen is. Belachelijk! Mijn moeder gaat soms liever niet naar de markt, weet je, ze wordt inmiddels al wat ouder, dus dat is iets wat jij natuurlijk zult moeten doen. En dan hebben ze maandags om de vier weken een picknick met al hun vrienden, en daar breng ik ze altijd heen. Houd je van picknicks? Maar soms is het te warm, dus dan moeten we het bij iemand thuis doen, en dan spelen we bingo. Houd je van bingo?'

'Jawel, als ik geen tae-bo aan het doen ben,' antwoordde ik. Puran keek me alleen maar een tikje bevreemd aan en neuzelde toen verder over zijn leven in Accra – dat hij meestal thuis kwam voor het middageten, maar dat er op de dagen dat hij dat niet deed, een *tiffin* voor hem naar zijn kantoor moest worden gestuurd. Zijn vader was nu min of meer gepensioneerd, zodat hij het bedrijf alleen leidde en dat kon wel eens inspannend zijn, zodat het tijd werd dat hij een vrouw vond. Hij had iemand nodig om voor naar huis toe te komen en die hem een whisky-soda kon inschenken – al mocht zij niet met hem meedrinken, want hij vond het heel slecht als een vrouw alcohol dronk.

'En ik word graag gemasseerd, kun jij iemand een massage geven?'

En hij ging maar dóór, zonder één keer te vragen wat ik voor leven wilde leiden. Ook al had hij dat wel gedaan, dan zou ik nog niet met hem hebben willen trou-

wen, maar dan zou hij in ieder geval niet zo zijn overgekomen als iets uit de oertijd. Ik verwachtte niet van hem
dat hij de diepten van mijn zielenroerselen zou peilen,
maar een vleugje beleefde belangstelling zou aardig zijn
geweest. In ieder geval had ik me niet, zoals ik al zo vaak
had gedaan, in de waan laten brengen dat dit de ware kon
zijn. Hoe dan ook, bedacht ik, het was altijd een smeuïg
verhaal voor de meisjes wanneer ik eindelijk weer thuis
was. En zij vonden dat zíj wel eens te hoog gespannen
verwachtingen hadden van een afspraakje!

'We moesten maar eens terug, vind je ook niet?' zei ik
tegen hem, toen we aan ons vijftiende rondje rond de
lobby van het Taj Mahal bezig waren. Hij trok een blij
gezicht, tevreden dat hij misschien na jaren van dit soort
kennismakingsgesprekken dan toch de juiste kandidate
had gevonden.

'Mijn god!' verzuchtte ik tegenover mijn ouders zodra
we weer veilig in onze auto zaten. 'Wat was dat? Wíe was
dat? Hoe haalden jullie 't in jullie hoofd?'

'Dat betekent dus dat je hem niet aardig vond, Anju?'
vroeg mijn moeder onschuldig.

'Aardig vinden? Aardig? Wat viel er aardig te vinden?'

'Zó kwaad leek hij me nu ook weer niet,' zei mijn vader. 'En ze zijn geïnteresseerd.'

Anil, die voorin naast de chauffeur zat, grijnsde en liet
eindelijk iets van zich horen.

'Ja, ze hadden het al over een huwelijksdatum toen jullie aan jullie romantische wandelingetje begonnen,' zei hij.
'Ze willen dat het gebeurt voordat ze naar Accra terugvliegen, over een week of wat, denk ik dus. Je kunt beter

je spulletjes gaan verzamelen, didi, je gaat trouwen!' zei hij.

'Mam!' smeekte ik. 'Toe nou!'

'Als je geen belangstelling hebt, heb je geen belangstelling,' zei ze berustend. 'Ik zal het ze wel zeggen, wanneer ze morgen bellen. Natuurlijk zullen ze Maharaj Girdhar zeggen dat je veeleisend bent, en dan zal hij ons niet meer bellen als er zich andere gegadigden voordoen, want hij zal denken dat je het te hoog in je bol hebt gekregen, maar wat doen we eraan? Jij zegt nee, dus moeten wij ook nee zeggen.'

'Ja, maar, Mam, u kent me. Dacht u echt dat ik voor zo iemand zou vallen? Echt?'

'Maar, beti, denk eens aan je leeftijd! Je bent geen twee-entwintig meer. Je zult geen aanzoeken meer krijgen zoals Nina en Namrata. Er zijn niet zo veel ongetrouwde mannen meer in omloop die ouder zijn dan jij. Misschien is hij niet volmaakt, maar hij is wel ongeveer van jouw leeftijd. Middelbaar.'

⟡

Zoals we allemaal hadden verwacht, kwam het telefoontje de volgende dag. Maharaj Girdhar belde ons met de mededeling: 'De familie van de man zegt ja'. Het was een triomfantelijke uitspraak – hij had ongetwijfeld al besloten hoe hij zijn vindersloon zou uitgeven. Maar, meer dan dat, hij vond zichzelf briljant en slim dat hij eindelijk iemand had weten te vinden voor mij, die eigenzinnige vrouw die bij haar familie in Bombay was weggegaan en nu alleen in Umrika woonde. Dat zou ongetwijfeld zijn status verhogen binnen de religieus-sociale kringen waar hij tussendoor glibberde.

Het was de zware taak van mijn moeder hem uit de

droom te helpen. 'Het spijt me, Maharaj, maar hij is het niet voor ons,' zei ze zacht.

'Maar waarom?' protesteerde de priester, met een klank van afschuw in zijn stem, alsof ik zojuist de hand van George Clooney had geweigerd. 'Het is zo'n goede man, alle omstandigheden zijn zo goed. Zo veel meisjes waren in hem geïnteresseerd. Luister, zij hebben uw dochter gekozen. Hoe kunt u nee zeggen?'

'Het spijt me, Mam,' zei ik toen ze had opgehangen. 'Maar u weet dat het nooit iets had kunnen worden.'

'Anju, kindje,' verzuchtte ze, 'ik weet echt niet wat je zoekt.'

❀

Laat die middag zond Tante Jyoti me een tube crème. Op de bruiloft had iemand haar erop gewezen dat ik 'een knap gezicht had, maar een beetje een donkere teint'. Een blanke huid hebben was een even belangrijk criterium als dat al je ledematen nog intact waren. Doorgaans kon mijn huidskleur worden vergeleken met die van 'chai met melk'. Maar misschien had ik mijn parasol niet zo consequent gebruikt – ik moest toegeven dat mijn huid nu meer de kleur had van een dubbele espresso. Een blanke huid was een teken van breekbaarheid, dociliteit en schoonheid. Een meisje kon scheel zijn met vooruitstekende tanden en een verkeerd geopereerde neus, als ze maar een blanke huid had, werd ze beschouwd als een schoonheid in de orde van grootte van Catherine Zeta Jones.

Dus ging ik met mijn tantes reuzentube Promise of Fairness op de rand van mijn bed zitten. Er stonden geen ingrediënten op vermeld, maar ik had ergens gelezen dat was aangetoond dat het middel een hoog kwikgehalte bevatte. Ik belde mijn tante om haar hiervan op de hoogte te stellen en haar te zeggen dat ik, als ik het gebruikte, waarschijnlijk een afschuwelijke huidziekte als melanose zou oplopen.

Tante Jyoti was het snel met me eens. 'Nee, doe het dan maar niet,' zei ze. 'Als er iets misgaat met je gezicht, wie wil er dan nog met je trouwen?'

Bij het vallen van de avond werd ik bevangen door een lichte neerslachtigheid. Het was opnieuw smoorheet, en ik lag op mijn bed te luisteren naar een cd van Toni Braxton op zijn best. Ik voelde een vreemde mengeling van weemoed, verwarring en droefheid. Nog geen datum vastgesteld voor mijn terugkeer naar New York, en niet veel te doen hier in de rust na Nina's bruisende bruiloft. Het kwam neer op veel lamlendig wachten en hopen – althans voorzover het mijn moeder betrof – dat de telefoon zou overgaan voor een volgend aanzoek.

Dus stak ik de straat over naar het internetcafé in onze buurt – in feite een stel computers en een koffiemachine die bij elkaar waren gezet in een oude garage. Ik liep langs drie vijftienjarige jongens die porno aan het downloaden waren en zette me voor een Acer om mijn e-mail door te nemen. Er waren vijfendertig boodschappen, voornamelijk van mijn vrienden in New York die me inlichtten over hún vakantieplannen. Sheryl ging naar de Amazone. Marion dacht over de piramiden. Erin wilde in de buurt van de Hamptons blijven.

'Maar jij, schat, beleeft een onvergelijkelijke ervaring!' schreef Sheryl. 'Een heuse, vérstrekkende, onversaagde queeste om een man te vinden. Wat dapper van je! Je bent een moderne Indiana Jones!'

Toen ik een uur later weer thuis was, ging de telefoon. Het was Rita Mehta, een beroepskoppelaarster die mijn moeder een paar dagen eerder had opgebeld. Ik luisterde terwijl mijn 'gegevens' werden opgesomd: leeftijd – negenentwintig, een verdere verjonging; lengte (één meter tweeënzestig), bouw (gemiddeld), huidskleur (medium). Tot zover klonk het niet echt als de beschrijving van een sprankelende, levenslustige vrouw. Geen woord over mijn voorkeuren, liefhebberijen, interesses. Alleen hoe groot, hoe oud, hoe slank, hoe blank.

'Is ze erg Umrikaans?' vroeg de vrouw toen mijn moeder onwillig had opgebiecht dat ik 'een tijdlang in New York had gewerkt, op een kantoor'.

'Ik bedoel, kan ze zich aanpassen?' verduidelijkte Rita.

'Het is een *voortreffelijk* meisje,' zei mijn moeder. 'Intelligent, maar een huiselijk type.' Daarmee wilde mijn moeder benadrukken dat ik een meisje van het zachte, dociele thuisblijvertype was, die haar eigen verlangens en behoeften ondergeschikt zou maken aan een vreedzaam huishouden. En mijn moeder zat er niet ver naast. Ik was er tamelijk zeker van dat mijn club-in, club-uit, vliegtuig-in, vliegtuig-uit-dagen voorbij zouden zijn zodra ik een bruidegom had gevonden.

'Ze woont nu een tijdje in Umrika, maar in haar hart is ze een Indiase,' ging mijn moeder verder. 'We zijn op zoek naar een goede man, zonder slechte gewoonten' – een bedekte verwijzing naar sigaretten, overmatig drinken, smijten met geld en achter de vrouwen aan gaan, en een voorwaarde die in wezen iedereen uitsloot van mijn vriendenkring in New York.

Ze begon weer te krabbelen in een rood aantekenboekje met het opschrift 'Huwelijkskandidaten'. Omdat ik naast haar zat, kon ik lezen wat ze opschreef: 'Dubai

– 36 – eigen kledingwinkels – goede opleiding.' Lalit-en-nog-wat. De naam van een vader, een moeder.

Rita zei: 'Het is een heel goede jongen. Ik heb alles grondig nagetrokken. Hij is op het ogenblik niet in Bombay, maar als zich een interessante kandidate voordoet, is hij bereid hierheen te vliegen.'

Deze keer raadpleegde mijn moeder me niet eens. Binnen het uur had ze een vriendin aan de telefoon die in Dubai had gewoond.

'Kun je wat informatie voor me inwinnen, erachter komen of het een geschikte jongen is. Met het oog op een mogelijk huwelijk,' verklaarde ze.

Arme jongen, dacht ik. Hij heeft het vandaag waarschijnlijk prima naar zijn zin met wat dan ook waarmee ze zich in de Verenigde Arabische Emiraten plegen te amuseren. Weinig kon hij bevroeden dat mijn familie voordat de dag voorbij was, genoeg over hem zou weten om hem er bij *Wie van de Drie?* feilloos uit te pikken.

Het bleek dat Lalit zes maanden in de bak had gezeten voor het vervalsen van cheques. Mijn vader zei kortaf: 'Hou ermee op. We willen geen misdadiger als schoonzoon.' Mijn moeder vond dat hij te overhaast handelde. 'Nou en. Als hij nou nog iemand had vermoord. En bovendien, als hij eenmaal getrouwd is, verandert hij wel.'

❧

Er verstreek nóg een week. Het was zondagochtend, en ik ging met mijn ouders de pagina's met contactadvertenties van de *Times of India* zitten doorbladeren. Mijn vader omcirkelde met zijn pen een paar interessante vooruitzichten: 'Indiase man van overzee (Sindhi) midden dertig zoekt Indiase vrouw overzee van zelfde kaste. Moet minimaal 1,60 m zijn, slank, lichte gelaatskleur, goed karakter.'

Mijn moeder belde het nummer onder aan de advertentie. 'Eh, ja, goedemorgen, ik bel over de kennismakingsadvertentie.'

Een vluchtig schuldgevoel overviel me. Ik was al drieendertig en kon nog niet eens mijn eigen levenspartner vinden, en mijn moeder zat in de schemering van haar leven haar zondagochtenden te besteden aan telefoontjes met de familie van wildvreemde mannen.

'Ja, ze is hier op het ogenblik. Wij wonen hier, maar zij werkt tijdelijk in New York, op een kantoor... Ja, ze heeft de gevraagde lengte... Hoe oud is de jongen? Ha, vijfendertig, heel mooi. En waar woont hij?' En er volgde nog een spervuur van vragen aan de vrouw aan de andere kant, de zuster van de man in kwestie.

'Ho, mooi, ja,' zei ze en ze begon te schrijven. Opeens hield ze daarmee op en zei snel: 'Ha, oké-oké, dank u. Ik praat met mijn dochter en dan bel ik u terug,' waarna ze ophing.

'En?' vroeg mijn vader, van zijn krant opkijkend.

'Hij woont in Indonesië,' zei mijn moeder. 'Hij heeft een video-kopieerbedrijfje, je weet wel, de mensen gaan erheen met hun bandjes, en hij heeft een boel videorecorders en hij maakt er een kopie van.' Ze wierp een blik op mij. 'Ik dacht niet dat je belangstelling zou hebben.'

Maar toen kwam er iets veelbelovends. Een mogelijke gegadigde uit Spanje. Madrid, nog wel. Mmm, dacht ik. Romantisch en kosmopolitisch. De stad van Loewe en het Guggenheim Bilbao en een statige koning en koningin, en *tapas* en sangria. En in elk geval een stad waarin een elektrische generator niet wordt beschouwd als een normaal huishoudelijk apparaat.

Hij was bankier, zevenendertig, goedaardig, lang, volgens de advertentie. 'In Bombay van 2 tot 15 juni.'

'Dat is nu,' riep mijn moeder enthousiast. Ze greep de telefoon weer, en kreeg deze keer een heel prettig klinkende vrouw aan de lijn, klaarblijkelijk de moeder van de potentiële kandidaat. Hij had op Yale gestudeerd, en was door een headhuntersbureau geselecteerd voor het opzetten van een nieuwe Amerikaanse bank in Spanje. Hij had een zuster die in Californië aan een universiteit studeerde, dus blijkbaar waren het redelijk liberale mensen. Hij had, net als ik, een paar weken vakantie genomen om in Bombay naar een huwelijkspartner om te zien. Er werd besloten dat er, voordat er verder iets zou worden ondernomen, foto's zouden worden uitgewisseld. 'Zoek er snel een op waarop je er niet al te oud uitziet,' droeg mijn moeder me op.

Alsof ik met een kromme rug en over een stok gebogen naar de andere kamer schuifelde! Voor een Indiase was ik niet alleen maar een ongetrouwde, al wat oudere vrouw, maar een regelrechte matrone. Die wetenschap maakte me aan het lachen – alleen omdat ik er in het verleden vaak genoeg om had gehuild.

Me nu nog aan de man brengen, in dit hopeloos late stadium, zou een wonder vergen.

En een uitgekookte marketingstrategie.

En een flatterende foto.

Een paar uur later verscheen er een chauffeur die een envelop kwam afleveren met een foto van de bankier uit Spanje en de mijne kwam ophalen. Ik trok de kleurenafdruk aarzelend te voorschijn. Het was een foto die was genomen op een caféterras. 'Barcelona, juli 2000' stond met een vulpen op de achterkant geschreven. Hij droeg een polohemd van Ralph Lauren op een blauwe spijkerbroek. Hij glimlachte en zijn middelvinger rustte op de rand van zijn espressokopje; de zon glansde in zijn zwarte haar en een deel van zijn gezicht was licht overschaduwd. En het was een prettig gezicht. Open, vriendelijk, intelligent. Hij leek me aardig, op de een of andere manier, niet een van die bekrompen sukkels die op zoek waren naar een hulp in de huishouding of een tweede moeder.

'Hij bevalt je wel, hè?' vroeg mijn moeder toen ze een voldaan glimlachje om mijn mond zag verschijnen.

'Tja, het lijkt me een aardige man, Mam.'

Plotseling was het een situatie met heel veel mogelijkheden geworden. De mogelijkheid dat mijn vader eindelijk niet meer zou klagen over mijn 'geld verkwisten aan vliegtickets', dat mijn moeders vriendinnen tijdens hun kaartmiddagjes geen meewarige opmerkingen meer zouden maken over die arme, eeuwig ongetrouwde Anju. En, bovenal, de mogelijkheid dat ik iemand zou kunnen vinden voor mezelf, ook al was ik niet de ideale Indiase vrouw – iemand met de talenten van Martha Stewart en het lichaam van Claudia Schiffer, vegetariër en geheelonthoudster, met een voortdurende glimlach, vroom, lief en inschikkelijk. Dat er ondanks dat alles misschien iemand was die me toch wilde. Zoals het meer positieve deel van de familie tegen me placht te zeggen: 'Beti, de man die voor jou is bestemd, is al geboren. Hij leeft ergens op aarde. We moeten hem alleen maar zien te vinden.'

De zon ging onder, en er woei een zacht windje door de open ramen naar binnen. Mijn vader zat te slapen in zijn leunstoel, mijn moeder ging een dutje doen in de slaapkamer, en de jongens waren ergens heen. Ik zat *dokhlas* te eten – sponzige griesmeelsnacks, geserveerd met een koele muntchutney – en te kijken naar een montage van de modeshow van Tommy Hilfiger op CNN. Ik herinnerde me dat ik erbij was geweest, ergens achteraan, wat de plaats is voor publiciteitsmensen, me ervan vergewissend dat de *Vogues*, de *Elles* en de *In-Styles* allemaal een plaats naar tevredenheid hadden. Alle diva's op de eerste rij keken verveeld en opgeblazen, alsof ze de wereld met hun loutere komst een geweldige eer bewezen. En allemaal hoopten ze vurig dat zíj het zouden zijn die een plaats zouden krijgen naast de ster van de avond op deze modeshow, het lefgozertje Samuel Jackson, misschien, of de magere, mooie, melancholieke Gwyneth Paltrow.

Dat was mijn leven geweest – modeshows en cocktailparty's en kunnen zeggen dat ik met Angelina Jolie in één kamer had gestaan. Het was amusant en frivool, maar ook niet méér dan dat. Een paar dagen geleden had ik wat zitten lezen in mijn dagboek van het vorige jaar: 'Jup! Ik heb het laatste tasje van Kate Spade weten te bemachtigen in de uitverkoop van Barneys!' of 'Waarom heb ik vijftienhonderd dollar verkwist aan Patagonië als ik helemaal niet van wandelen houd?' of 'Uitgeput van krachtyoga, en niet opgeknapt van drie glazen frambozensap met wodka na afloop.'

Geen aantekeningen over diepere beroeringen, behalve die enkele keer dat ik misschien naar een meditatiecursus was geweest en thuis was gekomen met het heilige voornemen om mijn leven te veranderen, in contact te komen met het universum, innerlijke vrede te vinden. Maar toen kwam *The West Wing* op de televisie, en had ik alles weer vergeten. Mijn leven was een bestaan geworden dat van de buitenkant werd geleefd. En als ik dieper probeerde te graven, stuitte ik alleen maar op verborgen neurosen en kinderachtige jaloezietjes en meer malfunctioneren dan ik aankon. Dus nam ik maar een Cosmopolitan, kocht ik nog een paar schoenen, of noem maar op. Het was in wezen een autodestructieve manier van leven, een bestaan dat, als ik mijn greep erop verloor, zou opgaan in het stof en verdwijnen zonder een spoor na te laten.

Ik had behoefte aan verandering. En misschien zou de verandering beginnen met een huwelijk.

Ik zond een schietgebedje omhoog dat die man uit Madrid, die er zo aardig uitzag, zou opbellen. Ik had zijn stem nog niet eens gehoord, en wist ook niets van hem behalve wat uiterlijke kenmerken. Maar hij leek me dichter in de buurt van 'de ware' te komen dan iedereen die ik in lange tijd had ontmoet. Net als de argeloze debutante die de speech waarmee ze haar oscar in ontvangst zal nemen, al heeft geschreven, moest ik die man nog ontmoeten, maar had ik de kinderen al een naam gegeven.

Mijn ouders ontwaakten eindelijk uit hun namiddagslaapje. 'Hebben ze gebeld?' vroeg mijn moeder me, en ik schudde mijn hoofd. Ze wisten allemaal dat het met elk uur dat verstreek, onwaarschijnlijker werd dat de telefoon zou overgaan. Toen besefte ik dat, hoe aardig ik hem er ook vond uitzien, hij mij er misschien niet zo aardig vond uitzien. Zou dat kunnen? Ik had hem mijn meest aantrekkelijke foto gezonden, genomen op een zonnige middag in Central Park. Ik droeg een zomers, roze topje en een witte broek en wist op een subtiele manier iets van dat marshmallowachtige over te brengen, voor het geval dat. Op de foto leek mijn licht geverfde, zwarte haar glanzend en vol onder de zon, en leek mijn gezicht een ontspannen geluk uit te stralen. En mijn huid zag er ook niet al te donker op uit. Hoe zou iemand me op die foto niet leuk kunnen vinden?

Ik probeerde me onledig te houden met van alles, hoewel ik elke keer dat de telefoon ging, stopte met wat ik aan het doen was en bad dat dit hét telefoontje zou zijn.

Het kwam niet.

In de namiddag van de volgende dag kwam Tante Jyoti een kop thee drinken; ze installeerde zich op de bank en ging er eens goed voor zitten: er zou minstens drie uur lang aan één stuk door worden gekletst en geroddeld.

'Ik heb gehoord dat de ouders van die jongen uit Madrid inlichtingen hebben ingewonnen over jou,' zei ze met het samenzweerderige van iemand die strikt geheime informatie van het Pentagon heeft weten te bemachtigen.

'O ja, we hebben gisteren met ze gesproken,' kwam mijn moeder verbaasd tussenbeide. Ze had dit stil willen houden tot zich 'iets voordeed', zo hevig geneerde ze zich voor de eindeloze reeks mislukte kennismakingen die ik met me meesleepte. Maar Bombay was een dorp zodra het op huwelijkszaken aankwam, en nieuws over koppelpogingen en aanzoeken ging altijd als een lopend vuurtje rond. Ik begon me te voelen als zo'n script dat in de studio's van Hollywood van hand tot hand gaat bij agenten en producers: iedereen werpt er even een blik op alvorens het door te geven, ad infinitum.

'We hebben foto's uitgewisseld,' zei mijn moeder, die kennelijk had besloten dat ze haar zuster evengoed alles kon vertellen. 'Die van hem beviel ons. Maar we hebben niets van hen gehoord. Misschien stond die foto van Anju hun niet aan. Nou ja, niets aan te doen – die dingen gebeuren nu eenmaal.' Om mijnentwille deed mijn moeder alsof het haar allemaal niets kon schelen, maar ik wist dat ze hevig ontgoocheld was. Eindelijk was er dan iemand op het toneel verschenen in wie haar dochter geïnteresseerd had geleken, en nu hadden zíj geen belangstelling. 'Karma,' kon ik haar horen denken. Daar komt het allemaal op neer.

'Nee, het gaat niet om hoe ze eruitziet,' zei Tante Jyoti. 'Ze hebben inlichtingen ingewonnen en gehoord dat ze al een tijd op zichzelf in New York woont, dat ze het zelfstandige type was. De jongen zegt dat je zulke meisjes niet kunt vormen. Hij wilde een ouderwetser type. Wat doe je eraan? Je moet ermee leren leven.' Mijn moeder en mijn tante keken me met medelijden en liefde aan, alsof ik een dwarslaesie had.

'Dat is te gek voor woorden,' riep ik uit. 'Ik bedoel, die jongen is toch zelf in Amerika gaan studeren? Zijn eigen zuster studeert er toch ook. Wat is dat allemaal voor hypocriet gedoe?'

'Anju, beti,' begon mijn tante. 'Daar gaat het niet om. Jongens vinden dat ze dat zelf kunnen doen, hun zusters misschien ook, maar als het erop aankomt, willen ze niet met zo'n meisje trouwen. Hij vindt het geen prettige gedachte dat je al zo lang op jezelf woont, zonder je ouders. Hij denkt dat je inmiddels natuurlijk veel te zelfstandig bent geworden. Ik heb je jaren geleden al gezegd dat zoiets zou gebeuren. Zie je nu wel? Daarom zal ik mijn dochters nooit zo het huis uit laten gaan,' zei ze met een afkeurende blik op zowel mij als mijn moeder, waarna ze trots verhaalde hoe haar ene dochter op haar tweeëntwintigste was uitgekozen, en de andere binnenkort ook wel een passende man zou vinden.

Tot mijn verbazing nam mijn moeder het voor me op.

'Jyoti, de mannen zouden tegenwoordig wat minder bekrompen moeten zijn, moderner. Als hij mijn dochter niet wil, dan weet hij niet wat hij afwijst. We vinden wel een betere. Laat hem maar trouwen met zo'n doetje dat haar mond niet eens mag opendoen zonder om toestemming te vragen.'

'Bravo, Mam,' jubelde ik en ik glimlachte in de wetenschap dat mijn moeder me niets verweet – althans niet openlijk. Op dat moment ging de telefoon. Het was Sheryl, uit New York.

'Hoe gaat het daar allemaal? Al getrouwd? Moet ik tickets bestellen, een jurk kopen? Zorg je dat ik naast een leuke vent kom te zitten?' Dat was haar normale manier van praten, ademloos, gejaagd en geestdriftig.

'De een of andere knaap uit Spanje leek even interessant, maar hij bleek een dooie mus, omdat hij bang was dat ik te zelfstandig zou zijn. Ik! Ik kan niet eens een man vinden zonder de hulp van mijn ouders. Wat je zelfstandig noemt!'

'Luister,' zei Sheryl. 'Hij wil waarschijnlijk een dociel meisje van twaalf. Dat is zijn voorrecht, namelijk. Het is net als wanneer hij naar Henri Bendel gaat, een mooie trui ziet liggen, maar die ligt er al een tijdje, afgeprijsd, in de uitverkoop. Dus hij bekijkt hem even, legt hem weer neer en loopt door om iets anders uit te zoeken. Iets wat net is binnengekomen. Het is niet persoonlijk. Hij wil gewoon die ene trui niet.'

Echt iets voor Sheryl om alles terug te brengen tot de proporties van de aanschaf van een kledingstuk.

'Trouwens,' ging ze verder. 'Als je denkt dat jij in de problemen zit. Ik heb gisteren een *blind date* gehad. Met die jongen was niks mis, maar toen hij me thuisbracht, wilde hij mee naar boven om naar de wc te gaan. Toen hij weg was, moest ik zelf naar het toilet en zag ik dat hij de hele vloer had ondergeplast, rond de pot gesproeid. Hoe groot schat jij de kans dat ik nog eens uit wil met iemand die niet eens recht kan pissen?'

'Ik weet het niet, Sheryl. Maar ik vind mijn eigen dilemma toch veel prangender dan het jouwe. Ik ben afgewezen door een man die me niet eens heeft gezíen. Nou jij weer!'

Drie

'Ik begrijp het niet,' zei mijn vader, terwijl hij zijn krant
neerlegde en mijn moeder aankeek. 'Er mankeert niets
aan Anju. Ze is een reuze aardig meisje, heel aantrekkelijk. Ik begrijp niet hoe ze er niet in slaagt een goede jongen te vinden.'

Mijn moeder zat te kijken naar een komedie op Zee
TV, een Hindi-versie van *The Brady Bunch*, maar richtte
haar aandacht nu op mijn vader.

'Het is Gods wil. We hebben ons best gedaan, en nu is
het in Zijn hand.'

Ik zat in mijn slaapkamer in een vergeefse poging om
mezelf te verstrooien zo'n beetje te lezen in een oude
Wodehouse die ik ergens had gevonden. Ik kon alleen
maar denken aan mijn leven in New York. De gratis con-
certen in Central Park zouden binnenkort beginnen,
evenals over een paar weken de modeshows voor heren-
kleding in Seventh en Sixth Street. Ik had die ochtend
Marion gebeld en gevraagd om een onbepaald verlof.
Vanuit het perspectief van mijn werk bezien, was het

dwaasheid. Maar ik had werkelijk het gevoel dat ik in feite geen andere keuze had, als ik mijn mannenjacht wilde doorzetten.

'Ik moet mijn ouders laten zien dat ik het echt pro-béér,' had ik mijn chef gezegd. Zeker, ik was huilerig, gespannen, verveeld, wanhopig – een fatale combinatie, waarmee ik elke man gegarandeerd op een afstand hield. En ja, ik wilde terug naar mijn flatje op de hoek van Fifty-seventh Street en Columbus Avenue, naar mijn etentjes in de openlucht met mijn vriendinnen, naar het schrijven van een pakkend persbericht over een nieuwe collectie damestasjes, naar mijn *Sex and the City*-bestaan, zonder de seks.

Ik hield van mijn leven daar.

Maar ik hield nog meer van mijn ouders.

'Luister, Marion, ik weet niet hoe lang het gaat duren, maar ik vind dat ik het eerlijk moet proberen. Toen ik uit New York wegging voor die bruiloft van mijn nichtje had ik er geen idee van dat ik hier langer dan twee weken zou blijven, maar dat is nu eenmaal gebeurd en dus zal ik door de zure appel heen moeten bijten.'

'En weet je zeker dat je het eens bent met wat je doet?' had Marion met een bezorgde stem gevraagd. Gelukkig voor mij was mijn chef het meevoelende type, volslagen anders dan je zou kunnen verwachten van een *doyenne* van de modepubliciteitswereld. Ze was iemand die ge-loofde in reïncarnatie, maar zich had ontwikkeld tot een pr-freak die haar meeste tijd besteedde aan het counselen van de zes neurotische vrouwen en één hyperneuro-tische, homofiele man die op haar publiciteitsbureau werkten. Ze gaf ons kamillethee en vegetarische koekjes wanneer we onze dag niet hadden, vanwege ons haar of anderszins.

'Marion, ik vind het fantastisch dat je zo veel begrip kunt opbrengen. Er zijn niet veel werkgevers die hun mensen verlof geven om een man te vinden.'

Ze schoot in de lach. 'Lieverd, ik ben helemaal niet zo altruïstisch. Ik wil gewoon dolgraag eens een Indiase bruiloft meemaken. Dus schiet nou maar een beetje op. En, trouwens, zo'n aardige baas ben ik nou ook weer niet. Ik geef je verlof, zeker, maar onbetaald. Het is hier ook weer geen charitatieve instelling.'

In augustus werd ik vierendertig. Mijn eigen omgeving had me al afgeschreven. Zoals zij het zagen, zou ik er altijd zijn, nog steeds ongetrouwd. Er waren meisjes met wie elke jongen wilde trouwen, maar helaas was ik niet een van hen. Marion had me gezegd dat het beter was op je vijfendertigste gescheiden te zijn dan nooit getrouwd. Dat ene mislukte huwelijk bewees volgens haar in ieder geval de bereidheid tot het aangaan van een echtverbintenis, zij het niet het vermogen om die in stand te houden.

'Wat bedoel je?' had ik tijdens onze eerste echte gezamenlijke lunch gevraagd aan Sheryl, mijn eerste echte vriendin in New York. Sheryl had me gevraagd wat me maakte tot 'wie ik was'. We waren allebei zevenentwintig.

'Precies wat ik zeg. Wat maakt je tot wie je bent? Wat definieert je? Wat is jouw bijdrage aan de wereld. Hoe zie je jezelf?'

Dat waren typische vragen voor Sheryl. Ze deed in de vrije tijd die haar werk als beursanaliste haar liet, aan kickboksen en kabbala, zat op een operakoor en volgde een cursus bergbeklimmen. Ze zag het leven als één groot laboratoriumexperiment dat elk moment kon ontploffen, maar dat maakte het juist zo spannend.

'Er is niets wat mij "definieert", Sheryl. Ik ben een doorsnee Indiaas meisje. Ik ben er alleen maar in geslaagd in Amerika terecht te komen omdat mijn vader dacht dat ik hier meer in contact zou komen met jongens. Nou ja, misschien maakt dat me tot wie ik ben. Dat is waar het altijd om is gegaan, waar het nog steeds om gaat. Trouwen. Weet je, vanaf dat ik zeven was of zo, heeft mijn Tante Jyoti erop gestaan dat mijn moeder mijn gezicht inwreef met een huismiddeltje, een papje van kikkererwtenbloem en citroensap. Je krijgt er een blanke huid van, moet je weten.'

Sheryl kneep haar ogen samen.

'Juist, wat is er dan misgegaan?' vroeg ze, mijn bruine huidskleur in zich opnemend.

'O, ik ben ermee opgehouden het te gebruiken. Het was zo'n gedoe, het rook akelig en het prikte. Volgens mijn tante krijg ik daardoor zo weinig aanzoeken. Ze zegt dat niemand een vrouw wil met zo'n donkere huid als de mijne.

Je weet hoe kleine meisjes dromen van wat ze later willen worden,' ging ik verder. 'Ik vertelde mijn moeder altijd waarvan ik droomde. Ik wilde sociaal werk gaan doen of manicure worden, ik kon nooit besluiten. Ik zag het allebei als een manier om mensen te helpen. Maar mijn moeder zei alleen maar: "Eerst trouwen, dan kun je doen wat je wilt." Ik denk dat ik toen twaalf was.

Maar ik was de enige niet. We waren met een heel stel meisjes, nichtjes en vriendinnetjes en dochters van buren, allemaal van dezelfde leeftijd, en we gingen naar verjaardagen en aten sandwiches met jam en we hadden het over niets anders dan het soort mannen met wie we zouden trouwen. Mijn boezemvriendinnetje, Indu, had zelfs een naam voor de man van haar dromen. Suresh. Dat vond ze een mooie naam. Ze zei dat hij zijn haar zou dragen in een middenscheiding en dat hij langer zou zijn dan zij, en dat ze op haar bruiloft een heleboel diamanten zou krijgen, en ook een groot huis en een dure auto. Zo zag zij haar leven.'

'En, heeft ze het gekregen?'

'Reken maar. Op haar zeventiende. Een aanzoek via haar tante. Ze hebben zich verloofd nadat ze een uur met elkaar hadden gepraat in de lobby van het Presidential Hotel, geflankeerd door hun beider ouderpaar. Hij had alles wat Indu zich had voorgesteld, alleen heet hij Sanjay. Ze hebben twee zoontjes, een tweeling, en ze rijdt door Bombay achter in een Mercedes met airconditioning.'

'Dus ze leefden nog lang en gelukkig?' vroeg Sheryl.

'Niet echt. Volgens mij laat hij haar voornamelijk links liggen.'

Ik speelde met mijn dunne gouden armbanden en zweeg een tijdje, terugdenkend aan mijn vroegere vriendinnetje Indu en aan hoe anders ons leven nu was. Zelfs zij, wist ik, had nu kritiek op mij.

'Zodra Indu getrouwd was, begon iedereen uit te kijken naar een man voor mij. We waren even oud. Mijn moeder had me alles geleerd wat ik moest weten om een goede echtgenote te zijn, en ik moest echt iets meebrengen om mijn donkere huid mee te compenseren. Dus heb ik geleerd hoe je perfecte Indiase thee bereidt, met precies de juiste hoeveelheid gecondenseerde melk en *elaichi*. Ik kon met mijn ogen dicht de tientallen potjes met kruiden in onze keukenkast uit elkaar houden. Ik kon *samosa's* maken, moeiteloos. En alle Indiase *bhaji's*, zelfs de ingewikkelde, waren een makkie voor me. Ze gingen met me op bezoek bij mensen en zeiden: "Kijk eens hoe groot onze dochter al is, ze kan alles, koken, noem maar op, en het is zo'n verstandig en slim meisje." In dat opzicht zullen ze wel vrij trots op me zijn.'

'En nu woon je hier. Totaal ergens anders,' merkte Sheryl op. 'Wie had dat ooit kunnen denken?'

Als je bedacht waar ik vandaan kwam, en welke omstandigheden me hier hadden gebracht, was dat een heel goede vraag.

II

Vier

De vader die zijn dochter niet op het juiste moment ten huwelijk geeft, valt te laken.

W.M. THEODORE DE BARY,
Sources of the Indian Tradition

Toen ik net in de twintig was, had ik er nooit één moment over gepiekerd het huis uit te gaan voordat ik iemands vrouw was geworden. In mijn eentje en op eigen benen de wereld in te gaan was iets wat ondenkbaar was, me in onherroepelijke schande zou dompelen en voorgoed het lot zou bezegelen van mijn ouders' pogingen om een echtgenoot voor me te vinden.

Maar lang voordat ik daar anders over was gaan denken, was mijn moeder al begonnen ons het traditionele pad op te leiden.

Twee dagen na mijn eenentwintigste verjaardag had mijn moeder Udhay, de meest befaamde astroloog in Bombay, opgebeld. Zijn krotwoning in Colaba – geflankeerd door een verkoper van verfomfaaide boeketreeksromans en een handelaar in met vliegen bezaaide, slappe bladgroenten – was een regelmatig aanlegpunt voor inwoners van Bombay en bij hen logerende familieleden. Ze raadpleegden hem voor advies over het al dan niet beleggen in een nieuw aandeel, verhuizen, het tijdstip voor het ondergaan van vaatchirurgie, het accepteren van een huwelijksaanzoek.

'Hij is érrrg goed,' had Tante Jyoti mijn moeder een week eerder verzekerd. 'Weet je nog toen we al die problemen hadden met onze flat in Mysore om de huurders eruit te krijgen? Hij heeft ons gezegd op welke dag we de advocaat moesten aanwijzen en de procedure moesten beginnen. Geloof me, Leela, binnen een paar weken was het probleem opgelost. Ik heb ook érrrg goede dingen over hem gehoord van mijn vriendinnen. *Bas,* je moet hem beslist Anju's *chhati* laten zien. Je hebt haar horoscoop toch nog wel? Heus, Leela, ze is nu eenentwintig, ze is afgestudeerd, maar er komen nog steeds geen jongens om haar hand vragen. Hij zal je op de dág af vertellen wanneer het zal gebeuren. Dat zal je geruststellen, niet?'

Gelukkig zei Udhay dat hij tegen een hogere beloning bereid was bij ons thuis te komen, daar mijn moeder er weinig voor voelde door een van haar kennissen in de buurt van zijn blauw geverfde krotwoning te worden opgemerkt. Iémand zou haar vast en zeker zien, en binnen precies vijfenveertig seconden zou de hele society van Bombay gonzen van het gerucht dat er iets aan de hand moest zijn in onze familie.

'Ha, ha, geen probleem, iek kom naar u toe,' zei Udhay toen mijn moeder hem op een avond belde. 'Maar stuurt u auto met chauffeur.'

Hij zag eruit als een ontwikkeld man. Geen *dhoti* om zijn bruine spillebenen, en geen *tilok* op zijn voorhoofd. Integendeel, hij had kunnen doorgaan voor een middelhoge ambtenaar, gekleed als hij was in een polyester overhemd en broek, zijn zonverbrande voeten gestoken in sjofele *chappals* en met onder zijn arm een bruine leren tas die eruitzag alsof hij met moeite de Tweede Wereld-oorlog had overleefd.

'Goed, wat iez de probleem?' vroeg hij toen hij een-maal gezeten was, een kop chai op het tafeltje naast zich.

'Mijn dochter,' zei mijn moeder, naar mij wijzend, net als ik voor de gelegenheid passend gekleed in een sim-pele katoenen salwaar kameez.

'Ze is net eenentwintig geworden, en mijn man en ik maken ons grote zorgen, aangezien we niet worden be-naderd door jongens. Misschien is er sprake van een *gre-chari*?' vroeg mijn moeder. Dat is een zwarte, kosmische wolk die boven het hoofd heet te hangen van zwaar be-zochte zielen, wier beklagenswaardig lot het is bankroet te gaan, een arm of een been te verliezen of nog een jaar ongetrouwd te blijven.

'Ha, ha, maakt u ziech geen zorgen, wij zullen zien wat iez de probleem,' antwoordde Udhay, die zijn hand in zijn afgedragen tas stak en er de Hindi-almanak, een bloc-note, een potlood en een rekenmachientje uit te voor-schijn haalde.

'Hebt u haar horoscoop hier?' vroeg hij.

Mijn moeder overhandigde hem een vel gelamineerd papier vol ingewikkelde tekeningen en met hier en daar de namen van planeten in Hindi erop. Udhay raadpleeg-de zijn almanak, noteerde getallen en toetste, binnens-monds mompelend, getallen in op zijn Casio-handcalcu-lator.

Ik zat op mijn klamme handen met mijn moeder naast me; we waren allebei stil maar gespannen, en het enige geluid in de kamer was het slaperige zoemen van de air-conditioner achter ons.

Al mijn vriendinnen hadden hun horoscoop al moe-ten laten lezen – of hun moeders hadden dat heimelijk laten doen – dus ik wist dat er niets anders op zat dan het uit te zitten. Nadat ik mijn bachelor bedrijfskunde aan het Jai Hind College in het naburige Churchgate had behaald, had ik een behoorlijk leuke tijd gehad – voorzover dat althans mogelijk was voor een jonge vrouw in Bombay met een avondklok en lichtelijk neurotische ouders. Maar nu moest ik echt werk gaan maken van een huwelijk, en dit was de eerste stap. Dus trok ik de zachte *dupatta* die van mijn schouders gleed, omhoog en speurde op Udhays gezicht naar een teken van wat me te wachten stond. Ik wist uit wat mijn vriendinnen me over hun ervaringen hadden verteld, dat wat hij het komende halfuur zou zeggen, de toon zou zetten voor de rest van de dag, zo niet de komende weken. Als het nieuws goed was – dat ik binnen het jaar kon en zou trouwen, met een goede partij en zo – dan zou mijn moeder in zo'n uitbundige stemming zijn, dat mijn broers na school minstens een uur langer dan normaal met hun vrienden op straat mochten blijven rondhangen.

Ik had de laatste maanden gemerkt dat mijn moeders aangeboren joie de vivre langzaam begon af te nemen onder de druk van haar bezorgdheid om mij. Ze had echt niets om zich door te laten terneerdrukken: mijn vaders bedrijf floreerde, en ze kon wanneer ze maar wilde naar India Emporium gaan om Banarasi-zijde te kopen of sari's van Franse chiffon. Of drie middagen per week met haar vriendinnen rummy spelen en pakoda's eten. Of al die religieuze bijeenkomsten, doopfeestjes of andere partijtjes bezoeken waarop ze kon pronken met een nieuw, fonkelend sieraad dat mijn vader voor haar had gemaakt of kon pochen over hoe goed haar zoons het deden op school.

Maar steeds kwam ze van die evenementen thuis met een lichte knik in haar met parels uit de Zuidzee omhangen zwanenhals onder dat fraaie hoofd, om mij, of wie er ook maar thuis was, te vertellen dat ze net had gehoord dat Shanta's zoon was verloofd, of Mira's nichtje of Renu's kleinzoon. Mijn moeder keek toe terwijl alle vrouwen met wie ze was opgegroeid, en alle verre verwanten die ze na haar huwelijk had verworven, opgetogen melding maakten van alweer een verloving, alweer een huwelijk, alweer een kleinkind dat op komst was. Daar zat ze, met haar schaaltje pakoda's en de kaarten die haar waren gedeeld, en wist een glimlach te voorschijn te toveren en een felicitatie uit te spreken, zich steeds weer afvragend waarom zij – wat de huwelijkskansen van haar eigen dochter betrof – zo'n slechte hand had gekregen.

'Nog een kop thee?' vroeg ik Udhay, terwijl ik opstond om naar de keuken te gaan, in de ijdele hoop dat ik door een goede indruk te maken de loop van het lot gunstig kon beïnvloeden.

'*Nahin, bas* – genoeg,' antwoordde de sterrenwichelaar. Hij keek op en zei: 'Iek denkt iek heb begrepen wat hier de probleem iez.'

Ik hoorde hoe mijn moeder haar adem zacht inzoog, zichzelf opmakend voor het beste nieuws, of stalend voor het slechtste. Er waren twee woorden die haar dood zouden zijn als ze die te horen kreeg. '*Anura yoga*' – dat de mogelijkheid van een huwelijk niet bestaat.

'Uw dochter heeft *rahu* in haar zevende huis,' zei hij, en hij zweeg even. 'De tijd is op het ogenblik niet gunstig voor een huwelijk. Ze moet wachten.'

'Hoe lang?' vroeg mijn moeder. Ze beet op haar lip en werd langzaam bleek, alsof ze werd verbannen naar Alcatraz.

'Nog een aantal jaren,' zei Udhay met een bedroefde klank in zijn stem. Hij was niet graag de brenger van slecht nieuws. Dat betekende vaak dat de envelop met inhoud na afloop van de sessie dunner was dan als hij met een heugelijker tijding had kunnen komen.

'Járen? Járen?' Mijn moeder was duidelijk verdoofd door die voorspelling. 'Maanden, oké, misschien, maar járen? Lieve god, nee!'

'Was zij twintig minuten eerder geboren, geen enkel probleem,' zei Udhay, en ze keken me allebei aan alsof het mijn schuld was dat ik een ietsje te vroeg uit mijn moeders schoot was gegleden.

'Maar op exacte moment van haar geboorte, de planeten zij staan niet gunstig. Daarom de weg naar het huwelijk hij iez bezaaid met problemen. U hebt een paar aanzoeken gekregen, nahin? Allemaal verkeerd. Miesschien er iez iets miez met de jongen. Miesschien met zijn ouders. Miesschien hij bevalt uw dochter niet. Er iez íets wat een obstakel vormt. Het kliekt domweg niet. Maar op een dag de weg hij iez vrij, de planeten, zij staan anders en, bas, uw dochter iez getrouwd.'

Hij zweeg en nam nog een slokje van zijn lauw geworden thee.

'Maar pas na haar zesentwintigste.'

'Ai, ai,' jammerde mijn moeder en ze zeeg ineen op de bank. 'Zesentwintig. Zo oud? Wie wil er nog met haar trouwen als ze zesentwintig is?' Ze keerde zich naar mij en keek me aan terwijl ik gedachteloos een papieren zakdoekje dat ik in mijn klamme handen had zitten ronddraaien, in snippers scheurde. Ik had een potje kunnen gaan janken, niet om wat de astroloog had gezegd, maar omdat ik nu wist hoe diep ik mijn moeder had teleurgesteld. En het was niet eens mijn schuld. We hadden gehoord wat de wichelaar had gezegd. Het waren de planeten.

'Het spijt me,' zei Udhay. 'U moet geduld hebben. Maar, ha, maakt u geen zorgen, want soms, met juiste gebeden, de wonderen, zij gebeuren.'

※

'En, wat heeft de astroloog gezegd?' vroeg mijn vader die avond terwijl hij voor de televisie op het begin van het journaal zat te wachten en een eerste slok van zijn whisky-soda nam.

'Er gebeurt voorlopig niets,' antwoordde mijn moeder. 'Hij zei dat we nog een paar jaar moeten wachten.' Ze deed alsof het allemaal goed was afgelopen – een kwestie van de natuur haar loop te laten gaan en zo – maar ik wist natuurlijk hoe ze zich in werkelijkheid voelde.

Toen Udhay die middag was weggegaan, was mijn moeder naar haar slaapkamer gegaan en had ze op de zijden beddensprei zacht liggen huilen. Ik was naar mijn eigen kamer gegaan en had hetzelfde gedaan. Toen we allebei een uur later weer te voorschijn waren gekomen, met ogen die weer droog en wit en helder waren, waren de jongens thuisgekomen uit school, had de televisie aangestaan, de telefoon gerinkeld, had de kok gevraagd wat hij voor het avondeten moest klaarmaken, en hadden we allebei onze combinatie van onbehagen en teleurstelling laten overstemmen door de drukte en de besognes van het alledaagse leven.

Mijn vader bleek er niet echt op gespitst de details te horen als de uitslag niet gunstig was. Hij richtte zijn aandacht weer op de beelden van een spoorwegramp in Bihar.

※

Een paar weken later ging ik aan het werk in een van de winkels van mijn vader. Ik koos die in het Oberoi Hotel, omdat ik daar tenminste rust en airconditioning om me heen had. Plus, zoals mijn moeder naar voren had gebracht: 'NRI's – *nonresident Indians*, Indiërs die in het buitenland woonden – verbleven vaak in het Oberoi, of ze winkelden er, en ze hadden vaak ongetrouwde zonen en neven. In zo'n omgeving, had ze gezegd, zou ik in zeer passende omstandigheden in aanraking kunnen komen met de juiste mensen. Mijn moeder was domweg niet klein te krijgen. Udhay, de sterrenwichelaar, had haar dan wel zijn mening gegeven, maar ook een astroloog kon het mis hebben. Ze had verhalen gehoord over misrekeningen, en, nou ja, wie weet was mijn geboortehoroscoop niet accuraat. Een moeder moest doorzetten.

Uiteindelijk deed het er weinig toe wat mijn moeders motivatie was – ik voelde me prettig in mijn pas gekozen beroep. Na een week opleiding in het hoofdkwartier van mijn vader aan Hughes Road, de grootste van zijn vijf winkels, kreeg ik om te beginnen de verantwoordelijkheid voor de afdeling gouden arm- en enkelbanden in de boetiek in het Oberoi Hotel. Iedere ochtend om tien uur, nadat Chotu me een omelet met kaas en gehakte peterselie had bereid, ging ik naar de boetiek op de eerste verdieping van de winkelgalerij van het hotel. Gekleed in een sari van bedrukte zijde of een geborduurde salwaar kameez, posteerde ik me achter de lange, glazen vitrine met glanzende gouden banden. Wanneer ik binnenkwam, stond de rest van het bedienend personeel onveranderlijk op – ik was per saldo de dochter van de *seth* – en de portier-bewaker salueerde altijd zoals een militair. Ik voelde me er opgelaten onder, want ik verdiende het niet. Dit was mijn 'vakantiebaantje', zeiden mijn vrienden om mij te plagen. Ik deed dat werk alleen maar om de dagen door te komen tot ik zou trouwen.

Meestal was er weinig te doen, en ik wist dat mijn vader me een plezier had willen doen door me iets om handen te geven en me duizend roepie per maand te betalen als *karchi,* zakgeld. Ik had het geld niet eens nodig, omdat mijn ouders sowieso altijd voor alles betaalden, zoals van ouders van ongetrouwde meisjes werd verwacht.

Maar soms werd het 's middags druk met groepjes vrouwen die kwamen 'rondkijken' zoals ze het noemden – misschien op zoek naar een paar gouden *choora's* die ze iemand cadeau wilden doen. Op zulke momenten fladderde de *chai-wallah* – elke zichzelf respecterende winkel in India heeft zijn eigen theeschenker – door de winkel om bestellingen op te nemen voor thee met melk en koffie, Bisleri-mineraalwater, kokosnootsap of zuurzoete Limca-citroengazeuse.

En in het trouwseizoen, dat in december zijn hoogtepunt bereikte, repte ik me van de ene vitrine naar de andere, en hielp bij het showen en verkopen van kandelaberachtige oorbellen van diamant, colliers van gekweekte parels, armbanden met kleine saffiertjes.

'Je bent toch de dochter van Gul en Leela, nahin?' werd me vaak gevraagd door de vrouwen, van wie de meeste er pafferig en verveeld uitzagen, met een slechte smaak voor sieraden.

'Inderdaad,' antwoordde ik dan liefjes. 'Wilt u misschien nog een kop thee?'

Maar mijn lievelingsuurtjes waren wanneer het stil was in de winkel en ik op mijn met zwart fluweel beklede krukje achter de gouden banden kon zitten en ze kunstzinnig kon herschikken. Eerst de dunne, fijne, daarna, meer naar achteren, de zwaardere. Eén rij van massief goud, een tweede van goud met zilver, een derde van banden met stenen of email. De prijskaartjes met hun onontcijferbare codes onder elk paar weggestopt, zodat het oog niet door een piepklein wit kaartje werd afgeleid van de kloeke schoonheid van de glanzende cirkels. Symmetrie. Orde. Daar hield ik van. Ik poetste de vitrine vanbinnen en vanbuiten en veegde de tientallen vingerafdrukken weg die waren achtergelaten door rondneuzende, lastige klanten. En dan leunde ik achterover en keek naar mijn werk, alles prachtig georganiseerd, een sieraad op zich. In mijn wereld van weldaad en weelde, met zijn auto's en bedienden en kleren, was dit het enige wat echt van mij was.

'Je wérkt, hè?' vroeg Indu, mijn boezemvriendin op school, toen we een paar dagen nadat ik in de boetiek was begonnen, samen lunchten.

'Ja, gewoon om iets te doen te hebben. Daar is toch niets tegen?'

Ik speelde met de plastic eetstokjes en roerde toen verstrooid in mijn glas gekoelde *nimbu pani*, terwijl we wachtten op onze Mantsjoerijse groenten en gekruide aardappelloempia's. Ik keek eens naar Indu, mijn vriendin sinds we allebei acht waren. Jaren geleden had het een onwaarschijnlijke band geleken. Op school was ik het Chronisch Linkse Meisje, het wicht dat altijd over haar eigen veters struikelde. Ik durfde in de klas nauwelijks mijn hand op te steken, zelfs al dacht ik dat ik het antwoord wist, omdat ik er niet tegen kon om te worden uitgelachen als ik het verkeerd had – of, nog veel erger, dat de leraar me zou negeren. Ik werd nooit gekozen voor een van de twee meisjescricketteams, zodat ik, met een gezicht dat vuurrood was van verlegenheid, door de leraar aan een van beide moest worden toegewezen. Ik was toen een dik propje, en donker. Door mijn allergieën had ik een chronische loopneus, zodat mijn moeder een zakdoek aan mijn uniform moest spelden, als een trotse banier voor mijn kwaal. Op mijn rapporten stond altijd: 'Intelligente, maar stille leerling', 'Te introvert', 'Moet meer leren participeren'. Ik begreep daar nooit iets van. Volgens mij deed ik gewoon wat men mij had geleerd.

Dat was misschien waardoor ik mezelf was gaan zien als een muurbloempje, een meisje dat ze moesten zien te slijten aan een aardige, maar zeker niet geweldige man, die me misschien wilde hebben omdat mijn vader geld had en juwelier was. Zelfs als jong meisje bladerde ik de pagina's met huwelijksadvertenties van de *Times of India* door en las de annonces die mijn ouders op een gegeven moment zouden gaan aankruisen: 'Man met één arm zoekt echtgenote. Geen eisen.' Of: 'Tweemaal gescheiden vader van vijf zoekt vrouw, huiselijk type. Alle reacties welkom.' Of de man die als zijn adres gaf: 'Barak drie, bij het benzinestation.' Het soort plekken waar vrouwen van laag allooi belandden.

Nee, dan Indu. Een van nature blanke huid, altijd glimlachend, glanzend haar dat was opgestoken met fonkelende spelden die haar 'overzeese oom' haar placht te sturen, het populairste meisje van de klas, dat uiteindelijk aanvoerster zou zijn geworden van de cheerleaders, als ze die hadden gehad op Indiase nonnenscholen. Ieders lieveling, in een fraaie, uitgebalanceerde verpakking. Iedereen wist dat Indu 'lang-slank-blank' zou worden, het type meisje waar iedereen in de rubriek 'Bruid gezocht' om vroeg.

Ik had me nogal onbeduidend gevoeld tot de dag waarop Indu mijn leven binnen kwam zweven. Ik had in mijn eentje op een stenen bank op het schoolplein mijn lunch zitten verorberen die bestond uit chutneysandwiches en een thermosfles met sinaasappelsap. Indu kwam naar me toe lopen en pakte me bij mijn hand en trok me mee naar de hinkelbaan en liet me eigenlijk sindsdien nooit meer helemaal gaan. Zelfs toen we op ons zeventiende uit elkaar dreven – toen ik naar de universiteit ging, en Indu trouwde – waren we zoals iedereen ons noemde: 'boezemvriendinnen'.

Vandaag bestudeerde ik tijdens de lunch mijn vriendin met haar nog steeds blanke huid en glanzende haar. Ze was nu niet meer zo slank, na recent te zijn bevallen van een tweeling, maar nog steeds stralend in de mondaine entourage van het restaurant Chow Chow Maharaja. Niettemin leek ze niet zo vaak meer te glimlachen.

'Hoe gaat het met Sanjay?' informeerde ik naar haar man.

'Ha, goed, druk, almaar op reis.' Het restantje van haar glimlach vervluchtigde meteen.

'Mooie oorbellen,' merkte ik op met een blik op de driekaraats hartvormige diamantjes die in haar volmaakte, witte oorlelletjes fonkelden.

'Dank je.' De glimlach keerde terug. 'Van hem, na de geboorte van de tweeling. Ik weet wel dat we ze in de winkel van je vader hadden moeten kopen, maar hij heeft deze meegebracht van een zakenreis in België. Mooi, hè?' Zoals zelfs onder jonge vrouwen betamelijk wordt gevonden, noemde Hindu nooit de voornaam van haar man wanneer ze over hem sprak. Het was altijd 'hij', een woordje dat op bijna eerbiedige fluistertoon over haar lippen kwam.

'En,' ging Indu verder, en ze bracht het gesprek op mij. 'Hoe staat het met de mannen? Nog iets goeds in de aanbieding?'

We zagen elkaar elke week, spraken elkaar vrijwel dagelijks, en ze stelde altijd dezelfde vraag. Ze had per saldo niets anders om naar te informeren, omdat mijn baantje haar niet bijzonder interesseerde. Behalve Bina, wier man haar al na twee maanden huwelijk had verlaten, was ik de enige die nog niet was getrouwd.

'Eerlijk gezegd, Indu, helemaal niets in de aanbieding. Udhay – je weet wel, die sterrenwichelaar die iedereen raadpleegt – nou, die is vorige week bij ons geweest en heeft mijn chhati gelezen en toen zei hij dat het nog wel even zou duren. Slechte planeten.'

'Ja, zelfs ik ben vóór mijn huwelijk bij Udhay geweest,' zei Indu. 'Alles wat hij zei, is uitgekomen.'

Mijn hart zonk in mijn schoenen.

'Hij voorspelde me dat ik voor mijn achttiende verloofd zou zijn, dat het een gearrangeerd huwelijk zou zijn, dat mijn man iets te maken zou hebben met de staalproductie, dat hij maar een paar jaar ouder zou zijn dan ik, en knap en zo. En het is allemaal gebeurd,' zei ze, dik in haar nopjes.

Ik keek naar de slanke, blanke vingers van mijn vriendin, met de glanzend roze nagels, verbazingwekkend gaaf gezien het feit dat ze twee kleine zoontjes had. (Het zal er wel mee te maken hebben gehad dat het voeden, verschonen en wassen allemaal aan anderen werd overgelaten.) Toen viel mijn oog op Indu's verlovingsring, die ze, traditioneel, nog steeds boven haar trouwring droeg. Een peervormige steen, zo groot als een kleine kakkerlak, gemonteerd op een gouden ring waarin ronde diamantjes waren gezet. Ik keek altijd graag naar de ringen van andere meisjes en stelde me dan het ogenblik voor waarop hij door de man in kwestie aan hun vinger werd geschoven; ik vroeg me af wat ze allebei dan dachten, hoe ze zich voelden, of ze het gezicht dat ze voor zich zagen, liefhadden. Ik hunkerde naar twee van zulke ringen aan mijn eigen iets donkerder en dikkere vinger. Ik kon mezelf, met de complimenten aan mijn vader, aan duizenden van zulke sieraden helpen. Maar ik wilde dat een man mijn rechterhand teder zou opheffen, mij liefdevol en verlangend zou aankijken, en die ringen zacht aan mijn vinger zou schuiven.

'Vertel me eens, Indu, toen jij Sanjay voor het eerst zag, wist je toen dat hij de ware was?'

Hoe goed we ook bevriend waren, die vraag had ik nog nooit gesteld. Wanneer je zeventienjarige boezemvriendin zich verlooft, kun je alleen maar met haar mee dwepen en praten over de uitzet en de feestjes.

'Natuurlijk,' zei ze, een beetje verdedigend. 'Hoe kon het ook anders? Hij was de eerste jongen die mijn ouders aan me presenteerden. En hij was precies zoals Udhay had gezegd dat hij zou zijn. Natuurlijk.'

'Hield je meteen van hem?'

'Ja, meteen. Zo knap, zo lang, zo aardig, en met die geschenken en zo. En kun je je onze bruiloft nog herinneren?' Indu zweefde een beetje weg. 'Meer dan achthonderd gasten in de balzaal van het Taj Crystal Hotel. Zijn ouders hebben me alles gegeven. Ze waren als de dood, namelijk, dat hij ervandoor zou gaan met die stewardess van Indian Airlines, *chori*, en toen hij ja zei tegen mij waren ze dolblij.'

'Maar je was toen zo jong en zo mooi,' bracht ik naar voren. 'Je had toch ook nog wat kunnen wachten?'

'Wachten op wat?' Een nevel van irritatie kwam opzetten achter haar ogen. 'Om een oude vrijster te worden, zoals jij? Ik zal je één ding vertellen. Hoe langer je wacht, des te moeilijker wordt het. Nu ben je een werkende vrouw geworden. Het doet er niet toe dat je voor het bedrijf van je vader werkt, mannen vinden het niet prettig. Je kunt er beter mee ophouden en naar meer *satsangs* gaan met je moeder. Luister nou, het trouwseizoen gaat beginnen. Heel wat mannen zullen naar Bombay komen. Hun moeders zullen je chai zien serveren in de winkel. Dat is helemaal verkeerd. Doet er niet toe wat Udhay heeft gezegd, je moet het blijven proberen. Maar hoe kun je aandacht besteden aan dat soort zaken, wanneer je de hele dag bezig bent met mensen goud en zilver te verkopen?'

Ik had in huilen kunnen uitbarsten. In al de jaren van onze vriendschap was Indu nooit zo tegen me uitgevaren. Meestal had ze geen enkele mening over wat dan ook. Ze was zelfs op een aangename manier een beetje een leeghoofdje. Ik had haar nooit boos gezien.

Om haar blik te ontwijken keek ik naar de restjes groenten en de schalen met koude rijst die tussen ons in stonden. Want ik had mijn vriendin net betrapt op dezelfde blik die ik had gezien op het gezicht van mijn ouders, op dat van Udhay, op dat van alle mensen die in de winkel werkten, en ook op dat van de trouwe klanten die elke dag kwamen, zelfs op dat van de stokoude portier die iedere ochtend voor me opstond en salueerde.

Die blik had van alles kunnen uitdrukken.

Maar ik wist zeker dat het medelijden was.

Vijf

Het hindoeïsme is geen voorstander van occultisme voor zelfzuchtige doeleinden en ontraadt iedereen het bedrijven van occulte praktijken.

ED VISWANATHAN, *Am I a Hindu?*

'Wat moeten we met haar aan?' vroeg mijn moeder op klagende toon, terwijl ze met haar dupatta over haar hoofd aan de voeten van haar goeroe zat.

Swami Upananda zat met gekruiste benen in een leunstoel en torende boven zijn discipel uit, zijn ogen gesloten onder het struikgewas van zijn wenkbrauwen.

Hij was diep in meditatie en raadpleegde de god die volgens zijn zeggen in hem woonde, Hem de vragen voorleggend die zijn volgelingen hem kwamen stellen. De binnenkant van zijn brede, zwarte neusgaten was begroeid met grijze haren, waarvan ook toefjes ontsproten aan zijn flaporen. Hij schoor zijn hoofd iedere dag kaal – een daad waarmee hij, naar hij geloofde, boette voor de zonden die hij in al zijn vorige levens had begaan. Zijn bruine, afhangende, tachtig jaar oude wangen waren bezaaid met kleine wratjes, als chocoladeflikjes. Zijn lippen begonnen langzaam uiteen te wijken, terwijl hij zijn ogen nog steeds gesloten hield, en druppeltjes speeksel verzamelden zich bij de mondhoeken.

Mijn moeder keek de woonkamer rond – de stapel vergeelde, knisperende, stoffige Marathische kranten in een hoek, de slaapbank ertegenover. Achter haar zaten nog een stuk of tien mensen te wachten op hun beurt voor een gesprek met hun swami, hun nek rekkend en hun oren spitsend om te horen wat er werd gezegd tegen iedereen die voor hen was.

Mijn moeder was nu even vertrouwd met deze woonkamer als met haar eigen, zó vaak had ze de tocht hierheen al ondernomen, een uur rijden naar de buitenwijken van Bombay. Ze was hier in het verleden al gekomen, niet alleen voor mij, maar ook toen Anand bronchitis had gehad en toen Anils rapportcijfers opeens waren gekelderd. Swami Upananda had wat gezegend voedsel meegegeven dat de zieke broeder moest eten, en had voor de luie een mantra opgeschreven die hij moest opdreunen. Het had altijd effect gehad, hoewel mijn moeder nooit echt rekening had willen houden met de mogelijkheid dat Anands ziekte misschien was overgegaan dankzij de regelmatige, door de huisarts voorgeschreven medicatie, en dat Anils rapporten er veel beter uit waren gaan zien omdat hij geen mantra's meer wilde opdreunen.

Maar vandaag had mijn moeder twintig minuten aan één stuk tegen haar Swami gesproken over de dochter die geen acceptabele huwelijksproposities kreeg, dat ze er zeker van was dat er een vloek over het gezin was neergedaald, dat al haar kennissen erover kletsten en dat haar familie met haar te doen had, en dat ze er, eerlijk gezegd, schoon genoeg van had, en dat er toch íets moest zijn wat hij kon doen. Hij had mensen van kanker genezen en van blindheid, zei men. Hij was speciaal bedreven in het uitdrijven van kwade geesten – de geesten die argeloze mensen besprongen die 's nachts onder de fluisterende oude bomen door liepen, iets wat ons met de paplepel was ingegeven om nooit te doen.

Swami Upananda, ogen dicht, was nu in trance. Hij zou straks weer volledig tot bewustzijn komen en een orakel van het Goddelijke Licht binnen in zich met zich meebrengen.

Mijn vader, die ook met gekruiste benen op de grond zat, hoorde een zachte ademtocht door de neusgaten van de heilige man ruisen.

'Hij slaapt,' fluisterde mijn vader mijn moeder in het oor. 'Jij vertelt hem je levensverhaal en, bas, hij valt in slaap.'

Mijn moeder stak haar hand uit en gaf een rukje aan het gewaad van de goeroe – ze was niet voor niets dat hele eind door de middagdrukte van het verkeer komen rijden – en hij schrok wakker.

'Ha, Leela-*behen*,' zei hij, haar aansprekend als een zuster. 'Dochter blijft ongetrouwd. Errug jammer. Ik heb de goden om raad gevraagd, en ze zeggen dat ja, er rust een vloek op jullie, een vreselijke grechari, langgeleden over jullie afgeroepen door een familielid, nu overleden.'

Ze had het geweten. Het móest iets zijn wat iemand anders had gedaan. Ze waren voorbeeldige, huwelijksgerichte ouders geweest en hadden een voorbeeldige, huwelijksgerichte dochter opgevoed – zij het dat ze een paar pondjes zou kunnen kwijtraken, haar wenkbrauwen vaker moest laten epileren en eindelijk eens die tube met Promise of Fairness zou moeten gaan gebruiken.

'Je zult geen problemen hebben met je zoons, die zullen snel trouwen,' zei de swami. Dat was bepaald geen nieuws. 'Blanke-lange-knappe jongens, goed milieu, wanneer hun tijd komt, zullen er meisjes genoeg zijn.'

'Maar wie heeft die vloek over ons afgeroepen, Swamiji?' vroeg mijn moeder. 'En waarom? Waarom over mijn dochter?'

'Hmmmmm.' De heilige man sloot zijn ogen even; hij zocht naar een antwoord, maar leek enigszins afgeleid door het binnendrijven van de geur en het geknisper van de pakoda's die in de keuken naast de woonkamer werden gebakken.

'Een nicht van je man, langgeleden. Ze wilde met hem trouwen, namelijk. En, bas, toen hij met jou trouwde, is ze heel kwaad geworden. Ze is als maagd in haar graf neergedaald. En ze heeft een vloek over jou afgeroepen dat je eerstgeborene nooit zou trouwen.'

'Ha!' hijgde mijn moeder en ze liet zich voorover vallen. '*Nooit trouwen! Ze zal nooit trouwen!* Maar, Swamiji, daar moet toch iets aan te doen zijn, nahin?'

'Natuurlijk, Leela-behen. Wanneer God en ik bij de hand zijn, welke vloek is daartegen bestand? Wanneer je voldoende bidt en de goden mild stemt, hoe zouden ze dan niet naar je kunnen luisteren? Er is meer dan genoeg aan te doen.'

Mijn moeder pakte een pen en een stukje papier uit haar tas, terwijl mijn vader haar tot haast maande. Hij hoopte op tijd weer thuis te zijn voor de halve finales van de Wereldcup Worstelen op de televisie.

'Beti, ik ben vandaag bij Swamiji geweest, en alles komt in orde,' vertelde mijn moeder me die avond. 'Je moet weten, er hangt een grechari boven ons, maar die kan worden verjaagd, je hoeft maar een paar dingetjes te doen, heel makkelijk. Heb je trek, beti?'

Ik had een goede dag achter de rug in de winkel, eenentwintig paar armbanden verkocht, een record voor mij. Ze waren allemaal gekocht door één vrouw, een wat onbehouwen en autoritair mens, wier zoon op het punt stond te trouwen en die allemaal eendere geschenken wilde hebben voor al haar familieleden, zodat er geen onderlinge naijver zou ontstaan. Ik was trots op mezelf, na al het gesjacher. Ik wist dat de andere verkoopsters onder de indruk waren van de manier waarop ik het had afgehandeld, en mijn vader zou inmiddels wel hebben gehoord van mijn triomf.

'Ha, Ma. Ik rammel, vandaag geen tijd gehad om te lunchen, het is zo druk geweest.' Ik gaf haar de metalen tiffin waarin een van de bedienden me mijn lunch bracht op de dagen dat ik tussen de middag niet thuis wilde komen eten. 'Misschien kan Chotu dit opwarmen, dan eet ik dat nu als voorafje tot Paps thuiskomt en we echt aan tafel gaan, nahin?'

Een paar minuten later, omgekleed in mijn vrijetijds salwaar kameez, zat ik voor de televisie te kijken naar de herhaling van die dag van *The Bold and the Beautiful*, mijn favoriete Amerikaanse soap. Ik doopte een opgewarmde chapati in okracurry en wachtte af met wie Ridge vandaag zou gaan slapen.

Mijn moeder kwam naast me zitten.

'Swamiji heeft me een korte mantra voor je meegegeven en heeft een eenvoudige vasten voorgesteld,' zei mijn moeder. Ze leek bijzonder weinig belangstelling te hebben voor Ridges liefdesleven, niet zo verwonderlijk misschien, gezien haar geobsedeerdheid met het mijne.

'Ogenblikje, Ma, het is bijna afgelopen.'

Toen de aftiteling begon en het vertrouwde herkenningsmelodietje weerklonk, schakelde ik het toestel uit, zette mijn bord neer, likte de restjes curry van mijn vingers en richtte mijn aandacht op mijn moeder.

'Je kunt hier maandag mee beginnen,' zei ze. 'Maandag is de dag van Shiva, de beste dag om te beginnen met bidden of met *puja's*. Hier, Swamiji heeft me dit voor je meegegeven.' Mijn moeder deed haar hand open, en ik zag een lichtgroene *mala*, een rozenkrans. 'Hij telt honderdenéén kralen. Bij elke kraal moet je de mantra opzeggen, en elf keer rondgaan, iedere ochtend na je toilet. Begrepen?'

Ik maakte een snelle hoofdrekensom en becijferde dat ik de rest van mijn twintiger jaren zoet zou zijn met het opzeggen van die mantra, waardoor de noodzaak van een man of enig sociaal leven volkomen irrelevant zou worden.

'Je moet meer bidden, beti. Swamiji zegt dat je niet genoeg bidt,' ging mijn moeder verder.

'En hoe zou hij dat kunnen weten?' vroeg ik. 'Komt hij hier iedere dag over de vloer om te zien hoeveel tijd elk van ons in de *mandir* doorbrengt? Hoe weet hij wanneer ik wel of niet bid?'

'Dat weet hij gewoon, beti. Hij weet alles. Hij is een meester. Doe nu die mala gewoon elke dag en begin op maandag met vasten, dan komt alles in orde.'

Ik kende de procedure, al had ik hem zelf niet doorgemaakt. De meeste van mijn vriendinnen hadden, zodra ze de huwbare leeftijd hadden bereikt, elke week op maandag gevast. Iedereen behalve Indu natuurlijk, wier bruiloft een benijdenswaardig onbekommerde en dus niet door vasten geplaagde aangelegenheid was geweest.

Het was niet zo'n hard gelag: van zonsopgang tot zonsondergang alleen maar fruit en melk. Daarna kon het vasten worden afgebroken met een strikt vegetarisch maal, dat op zich zo Gargantuesk was dat de meisjes op den duur door het vasten allemaal juist aankwamen. Ik had ze wel gezien, vroeger, op diverse partijen en bijeenkomsten, rustig in een hoekje met hun perfect gewelfde wenkbrauwen en gelakte nagels en geforceerde glimlachjes en 'Ja, tante, dank u, tante' knikkende hoofdjes. En alle tantes en moeders glommen van voldoening: 'Moet je mijn Lata/Gita/Nina/Nita zien, zo'n braaf meisje, ze vast zodat Shiva tevreden is en haar een goede jongen zal bezorgen.'

Ik had toen geweten dat het slechts een kwestie van tijd zou zijn voordat van mij verlangd zou worden één maaltijd per week op te geven – twee als je het ontbijt meerekent – plus alle hapjes tussendoor waarop ik mezelf als regel trakteerde. Maar pas toen Swami Upananda het voorstelde, vond mijn moeder dat de tijd ervoor was gekomen.

'Best, Ma, wat u maar wilt,' zei ik. Ik was niet in de stemming om ertegen in te gaan, en bovendien stelde het niet veel voor – één dag in de week, en als ik mijn moeder er nu blij mee maakte...

Dat dacht ik, althans.

Mijn moeder werd een vrouw, bezeten van de Demon van de Mannenjacht. In de maanden die erop volgden, namen mijn vader en zij mij mee op vier pelgrimages door India en bezochten ze met mij elke swami/heilige/goeroe/heler/sterrenwichelaar die ze konden optrommelen. We maakten een autotocht van zes uur om in Shirdi te komen, vlogen naar Puttaparthi, trokken te voet naar Vaishnudevi, en spoorden naar Rishikesh en Haridwar.

Overal boog ik mijn hoofd aan de voeten van levende heiligen of voor marmeren beelden van hen. Ik at enorme hoeveelheden *prasad,* zong *bahjans* met mijn valse stem, keek toe hoe mijn ouders schenkingen aan tempels overhandigden om zegeningen te kopen.

Het enige wat ik wilde, was mijn armbanden verkopen en daarna 's avonds thuiskomen om te zien hoe de diverse leden van de familie Forrester met elkaar in en uit bed klauterden. Ik wilde met mijn vrienden, ook al waren ze inmiddels allemaal getrouwd, de stad in: naar de film in bioscoop Eros, en daarna ijs eten in Yankee Doodle, waar de straffe wind soms het romige bolletje met pistache-ijs uit het knapperige hoorntje blies, als een mosgroene amarant, zodat iedereen de slappe lach kreeg. Op zulke momenten deed het er niet toe dat ik ongetrouwd was, ik hoorde nog steeds bij een groep.

Maar nu waren de momenten waarop ik me enigermate vrij voelde en redelijk opgewekt, schaars geworden. Ik mocht niet geloven dat ik een leuk en acceptabel leven leidde, ik moest streven naar iets waarover ik, naar ik wist, niet zo heel veel te zeggen had. Er waren tijden dat ik in mijn kamer lag te huilen om een opmerking van mijn moeder over een ander meisje. 'Wat doet het ertoe of ze dik/saai/stom is. Ze is tenminste getrouwd.' De druk die de society op mijn moeder uitoefende, legde ze op mijn schouders. Ik nam het haar niet kwalijk − ze was ook maar een mens, en ze wist niet hoe het anders moest. De zorgen die ik van haar gezicht aflas, betroffen mij, wist ik. De droefheid in haar ogen − allemaal om mij. Het enige wat ik wilde, was haar vreugde meedelen en wat vrede schenken. En de enige manier waarop ik dat kon doen was door haar een schoonzoon te bezorgen. Anders was haar leven inhoudsloos. En het mijne ook.

Mijn vriendinnen hielden overigens vol dat bidden inderdaad de meest verbazingwekkende vruchten kon afwerpen.

'Mijn moeder heeft voor mij hetzelfde gedaan, alleen zijn we wat eerder begonnen,' zei Lata, een jeugdvriendin van me, toen ik op een zondagmiddag bij haar met vier echtparen en Lata's jongere broer Scrabble was komen spelen. 'Heus, íets zal op een gegeven moment effect hebben. Misschien geeft een van de *sants* die je bezoekt je op een gegeven moment precies de goede mantra. Wij horen voortdurend van zulke wonderen,' zei Lata. En terwijl ze me dat verzekerde, zag ik dat haar man met zijn vingers wat dood vel tussen zijn tenen had weggewreven, voordat hij met diezelfde vingers dokhlas ronddeelde.

Ik miste veel van dat soort bijeenkomsten doordat mijn moeder me van de ene wonderwrochter naar de andere meezeulde. Je had Sai Baba's *ashram* in de heuvels boven Bangalore, waar we om vier uur 's ochtends onze van kakkerlakken vergeven kamer moesten verlaten om een kwartier later op tijd te zijn voor *darshan*. We zaten achteraan in een menigte van tweeduizend mensen die zich daar allemaal, net als wij, hadden verzameld om te worden gezegend, en wachtten tot de *avatar* – God op aarde – uit zijn met goud beslagen paleis te voorschijn zou komen. Men zei dat al zijn vermogens scholen in de kroezige krans haar die zijn glimlachende gezicht omgaf, en terwijl hij rondliep, vielen rozenblaadjes en heilige as van zijn handen – goddelijke manifestaties, zei iedereen. Sai Baba stak de brede cirkel rond zijn binnenplaats over, terwijl zijn assistenten de gezeten menigte op een afstand hielden en hij zelf zo nu en dan een brief uit iemands uitgestoken hand plukte. Men zei dat als hij die las, de erin vervatte gebeden zouden worden verhoord. Mijn moeder had de hare in haar tas gestopt, voor het geval ze erin zou slagen ergens voor in de menigte terecht te komen. Tot nu toe was haar dat, ondanks royale schenkingen, nooit gelukt.

Een maand later vergezelde ik mijn moeder en Tante Jyoti naar de Balajitempel, een ruig, grillig bouwsel hoog in de heuvels boven Madras. Vanaf de dageraad hadden zich er lange rijen gevormd van duizenden mensen die er de vervulling van hun gebeden kwamen zoeken. Hier werd een ander systeem toegepast – hier geen brieven en strooien met mysterieuze as. Nee, hier gaven de volgelingen hun hartenwens aan door uit een stapel miniatuurmodelletjes er één te kiezen en dat te deponeren in een open mand aan de voet van een beeld van de god Balaji. Er waren huisjes bij en autootjes en baby's. Ik had gehoord dat er zelfs een paar bij waren van een *green card*, de permanente verblijfsvergunning voor Amerika. Mijn moeder vroeg de man achter de balie om een houten poppetje van een man, zo eentje als ze boven op een bruiloftstaart prikken. De ironie wilde dat het mannetje niet glimlachte en slecht gekleed was – net als het type huwelijkskandidaten dat zich de laatste tijd voor mij had gemeld. Het was dus in elk geval een waarheidsgetrouwe afbeelding.

Nadat we drie uur lang in de onafzienbare rij hadden staan wachten op onze beurt, deden we er twaalf seconden over om het houten poppetje in de rieten mand te laten vallen en een kort gebed te prevelen, onze donkere hoofden eendrachtig gebogen.

Er werd al snel besloten dat vasten op maandag alléén onvoldoende effectief was. Binnen drie maanden was ik gedwongen tot een wekelijks ritueel op donderdag. Vervolgens plakte ik er een speciale, rigoureuze vasten op vrijdag aan vast, ter ere van de grote godin Santoshi Ma, het alter ego van Laxmi, de grande dame aller godinnen. Het was een vasten van zestien weken, heel wat strenger en gecompliceerder dan de andere, en het betekende min of meer het einde van mijn Scrabble-middagen en bioscoopbezoekjes.

Bovendien moest ik de huwelijksbevorderende parafernalia dragen: de zwarte draad om mijn rechterpols die me door één goeroe was opgelegd, de zilveren talisman rond mijn nek die me door een ander was gegeven. Dan was er de vierkaraats koraal met de kleur van een in de zon gerijpte sinaasappel, gemonteerd op een matgouden ring, die ik aan de ringvinger van mijn linkerhand diende te dragen. En een lichtgele saffier in een zilveren zetting, die ik aan mijn linker wijsvinger moest dragen. Die laatste twee waren een suggestie van weer een andere astroloog die had georakeld dat die stenen de planetaire energie rondom mij in goede banen zouden helpen leiden.

Terwijl ik zo klingelend rondliep, bedacht ik dat het maar goed was dat mijn vader juwelier was.

Onder invloed van al die vroomheid en pelgrimstochten veranderde ik. Ik begon een zalig gevoel van volkomen schuldeloosheid te krijgen. Mijn ouders beschouwden me als hun goedwillende, oprechte dochter, die het zou opnemen tegen het karmische kwaad en zegevierend uit de strijd zou terugkeren, met naast zich in haar zegekar een goede man, als beloning voor al haar vasten, bidden en smeken om hulp van de goden. Ik voelde me lauw, passief en onbeduidend. Ik had me een fatalistische instelling aangemeten – wat kome, dat komt, maar in de tussentijd moeten we doen wat er van ons wordt verlangd. En net als mijn moeder begon ik me blind te staren op trouwen, in plaats van op het plukken van de dag en het genieten van het leven zoals het zich aan me voordeed.

Elke ochtend zag ik mijn moeder haar rituele gebeden opzeggen in ons huistempeltje, waar ze de beeldjes van Ganesh, Laxmi en Shiva waste met melk en rozenwater en hulde in doeken waarin gaten waren geknipt voor het hoofd, als miniatuur poncho's. Dan zong ze de *aarti*: '*Om jai jagdish hare*' – 'Ere zij god'. Daarna liep ik er binnen en snoof diep de geur op van wierook en van de gesmolten *ghee* waarmee de heilige vlam was aangestoken. En, net als mijn moeder, bad ik om een beslissing.

Zes

*Discriminatie tussen de seksen begint in India bij de ge-
boorte, of zelfs nog daarvóór. Zij begint voordat de baby
is geboren, in de moederschoot. Geen van de conventionele
zegeningen waaronder een zwangere vrouw wordt bedolven, rept van dochters.*

VRINDA NABAR, *Caste as Woman*

Drie jaren verstreken. En nog steeds zonk ik elke dag
van tien uur 's ochtends tot zes uur 's avonds weg in de
geborgenheid van mijn airconditioned, zwartfluwelen
wereld. Naar mijn werk gaan in mijn vaders juweliers-
winkel was het enige bewijs dat ik überhaupt bestond.
Daarbuiten was ik louter een solitaire astrologische ano-
malie.

Zelfs mijn vriendinnen, ook Indu, waren zich meer en
meer van mij gaan distantiëren, geheel in beslag genomen
als ze waren door hun getrouwde leven en zich uitbrei-
dende vriendenkring van echtparen. De jonge echtgeno-
tes begonnen er allemaal hetzelfde uit te zien, lieten zich
meeslepen door de laatste rage – de ene maand donker-
blond geverfde lokken in het haar, de volgende gekleurde contactlenzen –, alles met het doel om stukjes van hun
echte zelf te camoufleren. De meesten van hun echtgenoten zagen er elke keer dat ik ze zag weer dikker uit en

vertoonden steeds minder gelijkenis met de zwierige jongens met wie hun vrouwen waren getrouwd.

Om mijn groeiende eenzaamheid nog schrijnender te maken, waren de brieven begonnen binnen te komen. Anand was als eerste van de hele clan naar het buitenland gegaan, voor wat de rest van de familie en onze omgeving omschreef als 'voortgezette studie': de Universiteit van Los Angeles in het zonnige, sprankelende Californië. Hij was daar een technische opleiding gaan volgen en had zich uitstekend weten aan te passen. Afgezien van de telefoontjes, die aanleiding waren tot veel opwinding en ongeruste vragen van het thuisfront ('Anand, *beta*, is alles goed met je? Eet je wel verstandig? Gedraag je je fatsoenlijk?' informeerde mijn moeder indringend), schreef hij regelmatig en zijn brieven waren vol avonturen: zijn uitstapjes met zijn beste vriend Pawan, die uit Delhi kwam. De tweedehands BMW die hij net had gekocht. De zaterdagmiddagen aan het strand van Venice. Die heerlijk klinkende frambozendrank van Jamba Juice. ('Alsof dat zoiets bijzonders is,' zei mijn moeder. 'Als ik het zo lees, is het net lassi.') In zijn epistels en over die blikkerige langeafstandslijn sloeg hij altijd een energieke, vrije, uitgelaten toon aan. Het enige wat mijn moeder natuurlijk wilde horen, was hoe oud die Pawan was en, toen ze had gehoord dat hij nog pas negentien was, of hij misschien ook oudere broers had? Neven, dan?

Met elke brief voelde ik me neerslachtiger worden. Anil, mijn oudste broer, was tot zijn volle tevredenheid opgenomen in het familiebedrijf. Op zijn tweeëntwintigste hing hij het rijkeluiszoontje uit, samen met wat onze ouders 'andere jongelui' noemden. Hij was het centrale, onmisbare radertje in een soepele pretmachine van vrienden en bekenden, van wie sommige van lieverlee ook een paar begonnen te vormen. Om de haverklap belden er meisjes op – Manju, Priya, Pinky en Veena – die met kirrende stem aan mijn moeder vroegen: 'Dag, tante, is Anil misschien thuis?' Ze belden onder het mom van vriendschap, al wist iedereen dat ze allemaal met hem wilden trouwen. Hun moeders belden ook wel, en die onthielden zich niet altijd van een subtiele toespeling. Het enige wat Anil deed, was erom lachen, een hoge borst opzetten en het spelletje meespelen. Hij was jong en had geen enkele haast.

Wat mij een steeds geïsoleerder gevoel gaf.

'Mama, belt er nooit eens iemand op om naar mij te vragen?' vroeg ik mijn moeder op een dag, toen ze een telefoontje had gehad van tante Barkha, die wilde weten of Anil misschien 'zover' was.

'Nee,' zei mijn moeder, die zich niet geroepen voelde om mijn gevoelens te sparen. 'Bas, je loopt hier al zo lang rond, iedereen kent je. Niet als die andere jonge meisjes die pas komen kijken. Dat zijn de meisjes die iedereen wil, *nah*?'

'Hè, Ma,' fluisterde ik en ik glipte weer weg naar mijn kamer.

Maar ik kon exact het moment bepalen waarop mijn moeders vertwijfeling haar hoogtepunt had bereikt. We liepen een keer samen over de Colaba Causeway. Het was zaterdag, inmiddels een van de weinige dagen in de week waarop ik niet vastte – toen ze bleef staan voor een smerige, half afgebroken muur, waarop een gescheurd aanplakbiljet zat dat de diensten aanbeval van ene Parmeshwar Dutta, een huwelijksmakelaar in Andheri, wiens krachtigste verkoopargument luidde: 'Op elk potje past een deksel! Iedereen kan een huwelijkspartner vinden. Geef ons het onmogelijke, en wij maken het mogelijk!' Toen ik mijn moeder het telefoonnummer dat eronder stond op de rug van haar hand zag schrijven, wist ik dat het tijd werd om weg te wezen. Mijn situatie mocht benard zijn, maar niet zo benard dat ik van plan was een man te gaan zoeken met behulp van een oud aanplakbiljet op een straathoek.

Zeven

Een knappe jongen met een lichte huidskleur geniet over het algemeen de voorkeur, zeker als het meisje mooi is. De jongen moet 'aardig' zijn, goed opgevoed en niet iemand van wie verwacht kan worden dat hij zijn vrouw zal slaan.

OSCAR LEWIS, *Village Life in Northern India*

Mijn broer Anil was veruit de meest gezochte vrijgezel van Bombay geworden. Natuurlijk was hij altijd al een beetje een stralende ster geweest. Maar nu hij langzamerhand tegen de vierentwintig liep, kwam er gaandeweg meer op het spel te staan. Waar er tot dan toe vluchtige aandacht aan hem werd besteed, hielden al die tantes en hun dochters hem scherp in de gaten. Hij was het. Hij was de jongen die iedereen wilde hebben. Ik had natuurlijk blij voor hem moeten zijn, maar, al kon hij daar zelf helemaal niets aan doen, terwijl zijn ster rijzende was, was de mijne dalende.

Elke keer dat er een van die telefoontjes kwam, probeerde hij de kamer uit te gaan. Hij schoof weg van zijn plek op de bank, zo dicht mogelijk bij de televisie, naar voren, zodra hij mijn moeders stem hoorde veranderen – héél licht, maar heel duidelijk – wanneer ze de hoorn opnam.

'O, hallooo,' zei ze. 'Hoe gáát het met je? En met je mán?' Dan wisten we dat het een van haar kaartvriendinnen was, die met de huwbare dochters en nichtjes, die Anil beschouwden als een jongen voor wie de tijd om te trouwen was aangebroken. Haar stem veranderde omdat ze instinctief wist, zodra ze de hoorn tegen haar met juwelen behangen oor had gedrukt, dat het deze keer niet ging om een uitnodiging voor alwéér een cocktailparty of bruiloft. Het was haar speciale stem, warm en overlopend van evenveel trots als nederigheid. De mensen waren haar van heinde en verre aan het bellen de laatste tijd. Gisteren nog had haar vriendin Lata haar uit Londen een foto gestuurd van een echt volbloedmeisje, lang en blond en slank en rijk. Het meisje zat in een kring, op een kiekje dat kennelijk tijdens een dameslunch was genomen. Maar een helroze plakkertje met een met de pen aangebracht pijltje erop wees naar de kandidate. Er stonden ook nog details bij gekrabbeld: 'Negentien, vegetariër, volgelinge van Sai Baba; één meter vijfenzestig; huiselijk type.'

'Perfect voor Anil,' had Lata in een begeleidend briefje geschreven. 'Ik weet zeker dat hij mijn nichtje heel erg aardig zal vinden.'

Maar terwijl mijn moeder de aandacht gaande hield, hief ze tegelijkertijd figuurlijk ook haar handen op om iedereen af te weren en ze 'Ho, stop!' toe te roepen. Haar zoon zou nog niet meteen trouwen, want ze had ook nog een dochter die ouder was dan hij en ongetrouwd, nog steeds 'thuis', en die kwam eerst. De tactiek was beleefd blijven en bereidwillig en openstaan voor alle mogelijkheden, want je wist maar nooit wanneer de planeten op hun mysterieuze baan een gunstiger positie zouden gaan innemen, zodat mijn ongetrouwde staat uit hun donkere schaduw zou treden en ik in het huwelijk zou treden. Meteen daarna, had ze besloten, zou het Anils beurt zijn.

Of misschien, zo redeneerde ze, zou een van de moeders of tantes erdoor op het idee komen om een kandidaat voor mij op te trommelen, om op die manier een wit voetje te halen bij onze familie.

'Natuurlijk, dat begrijp ik,' zei Tante Jyoti tijdens een van hun tweeëndertig dagelijkse gesprekken. 'Natuurlijk begrijp ik dat je je dochter eerst getrouwd wilt zien. Welke moeder wil dat niet? Maar Anil is zó'n fantastische jongen. En hij heeft er zó de leeftijd voor. Ik merk het. Hij is nu, hoe oud? Drieëntwintig. Een uitstekende leeftijd voor een jongen om te trouwen. Kijk eens naar Gopi's zoon, Vikram. Pas eenentwintig, en hij is al verloofd. Maar wat een beeldig meisje heeft hij. Dus als je aanbiedingen krijgt voor Anil van zulke goede meisjes, moet je het overwegen, Leela. Die meisjes zijn zó weg, en straks staat hij met lege handen. Wil je dat hij net zo wordt als je dochter? Alleen en ongetrouwd?'

Ik kon merken dat mijn moeder haar best wilde doen om mijn goede naam te verdedigen, maar vandaag kon ze de kracht niet opbrengen om zich te verzetten tegen haar zusters machtspositie binnen de familie inzake huwelijkskwesties. Haar twee eigen dochters, Nina en Namrata, waren nog teenagers, maar iedereen wist dat er, zodra ze over de huwelijksdrempel heen konden stappen, legio jongens op hen zouden staan te wachten. Het waren góede meisjes.

Eerlijk gezegd wilde ik niet dat mijn broer eerder zou trouwen dan ik. Ik wilde niet de oudere, ongetrouwde zuster zijn, die naar buiten glimlachte en inwendig huilde, en die eenzaam in haar bed lag in het kleine slaapkamertje dat het dichtst bij de voordeur lag, terwijl mijn broer en zijn bruid prinsheerlijk in hun suite in elkaars armen rustten.

'Laten we afwachten,' zei mijn moeder rustig. 'Die arme Anju. Ik kan haar niet zomaar afschrijven. Ik hoop en bid dat ze snel een beetje geluk heeft. En het is beter dat we op haar wachten. Als mijn jongens eenmaal gaan trouwen, denkt iedereen dat ik wat haar betreft de moed heb opgegeven en dan komt er helemaal niemand meer naar haar vragen.'

'Ja,' zei haar zuster. 'Maar is er dan nu iemand die naar haar vraagt? Ha? Wanneer heb je voor het laatst een blijk van belangstelling voor haar ontvangen? Dat zal toch al gauw een paar jaar geleden zijn, niet? Luister, Leela, soms wanneer er iemand in een gezin trouwt, opent dat de deur voor het lot. Het is alsof opeens alle hindernissen, pats-boem, wegvallen. Ik mag dan jonger zijn dan jij, Leela, en mijn dochters mogen dan nog niet aan een huwelijk toe zijn, maar dit soort dingen weet ik. Luister naar me. Zorg dat Anil trouwt.'

Toen ik de omgang met mijn in de echt verbonden vrienden moe was geworden, ging ik Anil vergezellen op zijn uitstapjes, gewoon voor de verandering. Hij hing met zijn vriendenkring rond in Shamiana, het café van het Oberoi Hotel. We keuvelden over ditjes en datjes en speelden met de diverse glazen lassi en nimbu pani en de schaaltjes met *chaat* en *bhel puri* op tafel.

'Wat is de nieuwste film, *yaar*?' vroeg Vikram, die verloofd was en binnenkort zou trouwen. Zijn schuchtere verloofde, Mira, eigenhandig en met zorg voor hem gekozen door zijn moeder, zat bedeesd naast hem.

'Iedereen zegt dat *Die Hard* steengoed is,' antwoordde Janak, Anils beste vriend van school. 'Zullen we die proberen te halen?'

'Ik zit hier heel lekker,' zei Lavina, die deel uitmaakte van de groep; ze legde haar kin op haar zachte, twintig lentes tellende handen met de bescheiden roze gelakte nagels en keek naar Anil van onder haar lange wimpers. Het was overduidelijk dat ze hem aantrekkelijk vond, maar dat was niet iets waarover ze kon praten met de andere meisjes aan tafel, want die hadden allemaal ook een oogje op hem.

Janak leunde achterover in zijn stoel en glimlachte sereen. Hij was over het algemeen niet zo in tel bij de meisjes, waarschijnlijk omdat hij een beetje dik was. Dat had ze overigens geen zier kunnen schelen, als hij over hetzelfde banksaldo had beschikt als de andere jongens aan tafel. Maar dat was ook niet het geval.

Ik moest echter toegeven dat Lavina knap was. En ze leek me aardig en oprecht, anders dan de rest van de meisjes, die zelfs op een informeel etentje verschenen als betrof het de verkiezing van Miss-World-in-avondjurk. Jezus, waarom draagt Mamta glittertjes in haar haar?

✦

Anil en ik kwamen die avond even na elven thuis, nadat we uiteindelijk toch naar *Die Hard* waren gegaan. We trokken allebei bij de voordeur onze schoenen uit, en ik werd er door hem aan herinnerd even de voeten van de marmeren Ganesh in de gang aan te raken, iets wat hij zelf nooit naliet. We hoorden het zachte brommen van de televisie in de woonkamer, het ritselen van kranten en de stemmen van onze ouders.

'Hallo, Mam, Paps,' zei hij.

'En, hebben jullie je geamuseerd?' vroeg onze moeder. 'Willen jullie nog een glas warme *pista*-melk voor het slapengaan?'

'Nahin, dank u,' antwoordde Anil, terwijl we allebei op de bank neerzegen. 'Ik heb vanavond een heleboel gegeten en in de bioscoop nog een Thums Up genomen, dus ik zit helemaal vol.' Hij strekte zijn lange, magere, in spijkerbroek gestoken benen. We probeerden allebei een van die gesprekken te omzeilen.

'En, wie waren er allemaal?' vroeg onze moeder. 'Met wie hebben jullie zoal gegeten?'

'Och, het gewone stel,' antwoordde Anil achteloos. 'Janak, Mamta, Shalu en Pooja, Vikram en Mira. En Lavina.'

'Hè? Lavina ook. Haar moeder heeft me vandaag gebeld.'

Anil reageerde daar niet op.

'En?' ging ze verder. 'Is er nog nieuws over de bruiloft van Vikram en Mira? Dat zal een grootse gebeurtenis worden, niet?' Ze draaide zich om naar mijn vader, die zat te dommelen in zijn stoel. 'Ik heb gehoord dat Mira al overal in de beste boetieks in Bombay en Delhi aan het rondkijken is naar een toilet voor elk van haar party's. En ze huren een filmproducent in, moet je nagaan, een filmproducent, om alle festiviteiten te organiseren! Dat is pas klasse! Iemand heeft me verteld dat ze een themafeest willen geven in zwart-wit en ook nog een gekostumeerd bal. Leuk, hè? Die moeders boffen toch maar dat ze zulke partijen kunnen organiseren. En de bruiloft wordt gehouden in de Turf Club, buiten, op het gazon, onder een zee van licht en met wel honderd kraampjes met eten. Ze is zo mooooi, hè, die Mira? Ze zal er vast beeeeldig uitzien!'

'Ja, Ma,' zei Anil rustig. 'Maar daar hebben we het echt niet de hele avond over gehad.'

'O ja! Ik hoor dat Mira's ouders wel zes verschillende sets juwelen voor haar willen kopen, één voor elk verschillend toilet. Zuidzeeparels de ene dag, de volgende smaragd. Ik weet zeker dat ze ook naar onze winkel toe komen, nietwaar?' vroeg ze met nóg een blik op mijn vader, die inmiddels zat te snurken.

'En ik wed dat ze Vikram een mooie bruidsschat geven, hij is zo'n goeie partij. Iedereen zegt dat er minstens een driekaraatsring voor hem zal zijn en een duur horloge, Cartier-Bartier. Niet dat hij daarom verlegen zit, hè? Vikrams familie is ook steenrijk. Die zullen zich evenmin onbetuigd laten,' meende mijn moeder, en ze leunde eindelijk achterover.

'Beta, is Lavina niets voor jou?' vroeg ze toen opeens aan mijn broer, plompverloren; de woorden waren over haar lippen getuimeld voordat ze haar vraag voor zich had kunnen houden. 'Haar moeder heeft me vandaag gebeld. Jullie zijn toch bevriend, niet? Je mag haar toch?'

Ik had er evengoed niet bij kunnen zijn, zo weinig deed ik ertoe in het gesprek.

'Het is een beste meid, Mam,' antwoordde Anil. 'Maar ik ben nog jong, dus laten we nog even wachten, goed? Bovendien...' Hij wierp een blik op mij en zweeg toen. Ik wist niet zeker of hij mij had aangegrepen als handig excuus om zich niet meteen in een huwelijk te hoeven storten, dan wel of hij echt bezorgd was om mijn gemoedstoestand.

'Ai, wanneer gaat er eindelijk iets gebeuren voor jou?' jammerde mijn moeder met droge ogen en ze schudde langzaam haar hoofd, zodat een lok van haar gelakte haar over haar ene oog viel. Ze plukte zenuwachtig aan de knopen van haar kaftan van roze katoen. 'Beta –' Ze richtte haar blik weer op Anil. 'Ik weet niet hoe lang we nog kunnen wachten. Je ziet het zelf, zelfs je vrienden raken nu getrouwd. Jij bent in ieder geval nog jong, jij kunt een goed, knap meisje vinden. Maar als je nog veel langer wacht, ben jij zelfs te oud, dan zijn alle goede meisjes getrouwd, en heb jij het nakijken. Ik moet er niet aan denken dat die arme Anju straks ongetrouwd jouw bruiloft moet bijwonen. Dan zal ik mijn tranen niet kunnen inhouden. Dus we moeten allemaal ons uiterste best doen. Nietwaar?'

De echtverbintenis tussen Vikram en Mira was hét onderwerp van gesprek in heel Bombay, al was het maar vanwege de kapitalen die zouden worden gespendeerd aan de bruiloft, die was vastgesteld op een jaar na nu. Zodoende zou iedereen genoeg tijd hebben voor het organiseren van een *shaadi* die alle andere shaadi's in de schaduw zou stellen. Smaragd en satijn, geïmporteerd amusement en per jet overgevlogen verse bloemen – het zou een spektakelstuk worden, georganiseerd en geregisseerd door een topproducent van Bollywood met een lucratieve en waanzinnige schnabbel. Dit moest per slot van rekening een sprookjeshuwelijk worden.

In romantisch opzicht, echter, bleek dit niet een van die ontmoetingen die in de sterren geschreven stonden. De verloving was zelfs een buitengewoon zakelijke aangelegenheid. Vikram kende Mira en haar familie al jaren, ze waren van tijd tot tijd allebei in gezelschap van een groep vrienden uitgegaan en hadden elkaar beter leren kennen op die argeloze en oppervlakkige manier van

jongens en meisjes onder elkaar. Voorzover matches werken, had het niet perfecter gekund. Het was 'deels liefde,
deels afspraak', plaagde iedereen. Maar verstandelijk bezien was het ideaal. Beide families hadden zich geen betere huwelijkskandidaat voor hun zoon of dochter kunnen wensen.

'Ik denk dat het tussen ons gewoon heeft geklikt, yaar,'
had Vikram ons een paar dagen na de bekendmaking van
de verloving verteld. 'Lief meisje. Knap, toch? En rustig,
doet nooit moeilijk. Haar ouders en mijn ouders zijn met
elkaar bevriend, de moeders spelen elke week kaart. Ze is
net twintig geworden, heeft haar diploma, en haar ouders
wisten dat de tijd gekomen was. Ik werkte bij mijn vader,
een vaste baan, dus toen het voorstel kwam, had ik geen
enkele reden om nee te zeggen. Ik bedoel,' voegde hij er
ijlings aan toe, 'ik wilde ja zeggen. Ja, ik wilde ja zeggen.'

We zaten met ons allen aan tafel in Vikrams huis in
Juhu, bij de zee, waar het open land en de zilte lucht het
leven een lomer tempo opleggen dan in de rest van Bombay. Vikram had zich nooit zorgen hoeven te maken over
het vinden van een meisje. Vanaf zijn zeventiende hadden
de vriendinnen van zijn moeder – al die dames die hij liefjes 'tante' had genoemd – kuise jonge meisjes voor hem
in gedachten gehouden. En waarom ook niet? Stinkend
rijke familie – een fortuin verdiend met staal, scheepvaart
en supermarkten – en ja, hij was een knappe jongen. Misschien een tikje klein, maar niettemin heel aantrekkelijk.

'Uiteindelijk was het dus gewoon een soort caféarran-
gement, hè?' vroeg ik aan Vikram, terwijl we het laatste
van onze *kulfi falooda* uit onze koppen van echt zilver
dronken. 'Jij bent met Mira en jullie beider ouders bij
Shamiana gaan zitten, en toen hebben jullie gezamenlijk
besloten dat het tijd werd dat jullie je eens gingen verlo-

ven. Het was dus niet zo dat je, nou ja, echt voor haar bent gevallen, of zo?'

'Kom nou,' zei Vikram en hij zette zijn kop met een klap neer op de glazen tafel. 'Wat bedoel je, "voor haar gevallen"? Ze is lief en ze heeft een mooi figuur. Mijn ouders zijn blij. Ze past in ons gezin. Waarom zou ik nee zeggen?'

Ik was erbij geweest toen dit zeer benijde paar hun verloving bezegelde. Er vond een kleine plechtigheid plaats in een kamer met een hoog plafond en een rood tapijt, die in Vikrams huis dienstdeed als familietempel. Er waren alleen directe familieleden en goede vrienden aanwezig – niet meer dan honderdtwintig mensen. Vikram en Mira hingen elkaar een bloemenkrans om en schoven een 'onofficiële' ring aan elkaars vinger. (Een tijdelijk symbool 'tot de officiële verloving', die een week voor het huwelijk zou plaatsvinden. Ik had de logica daarvan nooit begrepen.)

Later kropen Mira's vriendinnen met haar in een hoekje bij elkaar.

'Je hebt zó geboft, Mira,' dweepten ze.

'Vikram is vrrrcselijk aardig! Laat je ring eens zien! Wauw! Minstens vierkaraats en wat een prachtige kleur diamant! En het is nog pas de *kachi misri*. Wacht maar tot de echte misri!'

Mamta en Pooja, Shalu en Lavina zaten allemaal opgewonden door elkaar heen te kirren. Mira was trots. Ze was de eerste uit hun kleine vriendinnenkring die zich verloofde. Ze had een precedent geschapen. Vikram was rijk en knap, zij het klein, maar zij ging door voor petite, dus dat kwam eigenlijk heel goed uit. Ze had het er goed van afgebracht. En nu kon ze gaan winkelen en sari's kopen en sieraden, en allerlei feestjes organiseren.

Het was de bruiloft waar het om ging.

Het huwelijk kwam, eerlijk gezegd, pas op de tweede plaats.

$$\diamondsuit$$

'Ik wil naar Amerika,' zei ik de volgende ochtend tegen mijn vader.

'Umrika? Ha, goed, heel veel mensen daar die je kunt opzoeken en bij wie je kunt logeren. Een heel goed idee. Heleboel jongens ook daar, niet? Misschien kun je een maandje gaan, of zo. Ga naar New Jersey en logeer bij Oom Lal. Hij zal je met alle plezier ontvangen.'

'Eigenlijk, Pap, zou ik daar willen gaan studeren. Zoals Anand.'

Anil en mijn ouders legden allemaal hun bestek neer. Ze dachten duidelijk dat ik was bezeten door een van die geesten die 's nachts op straat op je loeren. 'Ben je gek geworden? Wat een krankzinnig idee,' brieste mijn vader. Hij was over het algemeen een gemoedelijke man, die zich alleen maar opwond wanneer zijn eer, integriteit, reputatie of intelligentie in het geding waren.

'Paps,' pleitte ik, en ik ging op mijn klamme handen zitten en beet op mijn onderlip, zoals altijd wanneer ik gespannen was. 'Denk er even over na. Wat ik wil zeggen, ik doe hier toch eigenlijk niets. Niet nuttigs of bruikbaars. Al mijn vriendinnen zijn getrouwd. Ik voel me eenzaam en overdag ga ik naar de winkel en doe daar werk dat iedereen kan, en niemand neemt me daar serieus, omdat ik alleen maar uw dochter ben.'

'Wat bedoel je?' vroeg mijn moeder, en een blik van ongeloof overschaduwde haar ogen. 'Je werkt daar heel plezierig in Paps winkel, je spreekt er allerlei mensen. Je gaat met mij naar feestjes en uit winkelen. Je hebt je vriendinnen, zoals Indu. Je vindt heus wel een jongen, ja, ja. Wat bedoel je dat je hier eigenlijk niets doet?'

Geen woord van wat ik had gezegd, was tot haar doorgedrongen.

Anil nam eindelijk het woord.

'Mams, Paps. Anand is naar Amerika gegaan om zijn studie voort te zetten, dus u kunt Anju hetzelfde niet weigeren. En de dingen zijn veranderd, meisjes worden zelfstandiger. Kijk eens naar Priya, de dochter van Oom Lachu en Tante Rekha, die zit ook in Zwitserland op de hotelschool. We moeten ons opener opstellen.'

Ik zond mijn broer een dankbare blik – voor een verwende Indiase knul was hij opmerkelijk modern.

'Maar, beti,' zei mijn moeder, kalmer nu, in de hoop dat ik door rede wel weer bij zinnen kon worden gebracht. 'Je hebt toch al je bachelor bedrijfskunde. En wat zullen de mensen zeggen? Dat Gul en Leela's dochter, nog steeds ongetrouwd, in haar eentje naar Umrika gaat? Hoe denk je op die manier een jongen te vinden, als je weer gaat studeren? En als je straks weer terugkomt, afgestudeerd en al, wie wil je dan nog hebben?'

Ik had in huilen kunnen uitbarsten, maar dat kon ik me niet veroorloven. Want als ik eenmaal begon, was er geen houden meer aan. Mijn tranen zouden de tranen zijn van een meisje dat als jongetje geboren had moeten worden.

Dat had ik altijd geweten, al had ik er nooit over gesproken.

Dat was altijd het punt geweest waar het om had gedraaid. Toen mijn ouders pas getrouwd waren, moesten ze natuurlijk een mannelijke erfgenaam produceren. Dat kon toch niet anders? Ze waren jong, knap en rijk-inwording, twee van de lievelingen van hun gemeenschap, en de enige wens die voor hen nog in vervulling moest gaan, was de geboorte van een zoon.

Mijn moeder had het geweten zodra haar was verteld dat ze in verwachting was. Ze had geweten dat het een zoon zou worden en het aan iedereen verteld. Ze zou hem Avinash noemen – zo'n fiere naam! En al hun vrienden zouden een fles Johnnie Walker Black Label krijgen en een kilo verse pistachenoten en een doos Quality Street-chocolaatjes, uit Engeland geïmporteerd. Het zou een groot feest worden, een perfecte finale, en tegelijkertijd het begin van haar jonge gezin. De weeën konden haar niet snel genoeg beginnen.

En toen floepte ik naar buiten, met een piepklein spleetje in plaats van het wormvormig aanhangsel waar ze zo naar had uitgekeken. O god, ze had een dochter gebaard als eerstgeborene. Het ondenkbare was geschied. Haar schoonfamilie zou het haar nooit vergeven.

Je merkt het gemakkelijk wanneer je een teleurstelling bent. Ik was de troostprijs. Hetzelfde gold voor zo veel meisjes, behalve wanneer ze geboren waren als er al een zoon was gekomen. Hoe onze ouders ons ook op het hart drukten dat het niet zo was, we waren allemaal aangespoeld wrakhout.

Vroeg trouwen en goed trouwen zou voor mij de manier zijn geweest om het goed te maken tegenover mijn ouders. En zelfs dat speelde ik niet klaar. Nee, ik was de te donkere, te mollige, die met het turbulente innerlijke leven. Er moest iets beters zijn op de wereld voor mij, een leven waarin ik me niet zo'n mislukkeling voelde, mensen die iets in me zagen wat niemand hier in Bombay zag.

'Alstublieft, Paps,' smeekte ik, en ik zag maar af van de zinnen die ik had voorbereid, de antwoorden op de vragen die mijn vader ongetwijfeld zou gaan stellen. 'Laat me het proberen,' fluisterde ik.

'Over mijn lijk,' snauwde mijn vader, wiens woede weer oplaaide. 'Ik sta het niet toe.'

Acht

De vrouw die streeft naar een steeds hogere opleiding en naar een hogere sociale status, kan een storende factor worden voor de gevestigde familieorde en aanleiding geven tot spanningen tussen haarzelf en haar voornaamste rolaanbieders.

S.K. TANDON, *State of Women in India*

Vier maanden later, op een koele vrijdagmiddag, landde mijn Air-India-toestel op JFK. Tijdens de hele vlucht had ik mezelf in mijn stoel aan het middenpad van de Maharadjaklasse in mijn arm zitten knijpen om mezelf ervan te overtuigen dat ik het echt had klaargespeeld.

Er was een moment gekomen, een paar maanden eerder, waarop mijn vader zijn rol van chronisch onredelijke en terminaal conservatieve ouder had afgelegd en het land der berusting was binnengegaan. Dat was gebeurd na een telefoongesprek met zijn broer Lal, die in New Jersey woonde, in het stadje Fort Lee. Iets over een vruchtbare gemeenschap van jonge Indische mannen in die regionen.

'Stuur haar maar, Gul,' had Oom Lal gezegd. 'Geen zorgen. Vinita en ik zullen wel op haar passen. Ze kan bij ons logeren. Ze kan studeren, en ze krijgt meteen kansen genoeg om goede jongens tegen te komen, hè?'

Slechts matig overtuigd en nog minder gerustgesteld, lieten mijn ouders de teugels vieren. Ik vulde een aantal formulieren in en werd toegelaten tot een School voor Voortgezette Beroepsopleidingen aan NYU, de Universiteit van New York, wat ik heel duur vond klinken.

Ik had besloten dat ik daar colleges zou volgen in moderne wereldstudies en nieuwe bedrijfs- en marketingtrends.

'Moet u zien, Ma!' had ik opgetogen uitgeroepen toen de brochures eindelijk waren aangekomen. 'Ze hebben er zelfs een cafetaria voor buitenlandse studenten. Speciaal voor ons!'

Ik zou een semester te laat aan mijn opleiding beginnen, maar beschikte over voldoende credits als werkneemster in mijn vaders bedrijf, wat ik op het inschrijvingsformulier van NYU had opgevoerd als 'ervaring met marketing- en beeldmanagement'. Ik had niet al te veel nadruk gelegd op de familieconnectie, en de secretaris van de inschrijvingscommissie bracht die overigens ook niet ter sprake. Met een studentenvisum in mijn pas waarvan het stempel nog nauwelijks droog was, en een koffer vol winterkleren, voor de aanschaf waarvan ik naar Delhi was gevlogen, was ik op weg.

Niettemin had ik hét schandaal binnen onze gemeenschap ontketend, en ik voelde me even vies als wanneer ik poedelnaakt had gepaald dans op een begrafenis. En ook al hadden mijn ouders zich in principe bij mijn beslissing neergelegd, mijn moeders gezicht was getekend door schaamte.

'Ik weet het, ik weet het, maar wat moet ik dan?' liet ze zich op een avond moedeloos ontvallen tegenover Tante Jyoti, terwijl ik mijn koffers aan het pakken was. 'Die meisjes van tegenwoordig, je houdt ze niet meer in de hand.'

Van mijn tante viel natuurlijk geen steun te verwachten.

'Je weet wat de mensen zullen gaan zeggen, Leela,' zei ze. 'Meisjes die naar Umrika gaan, worden te vrij, te verwend. Ze kunnen zich later niet meer aanpassen. En dan willen de jongens ze niet meer. Je moet haar meer in de hand houden. Hier kun je haar in ieder geval nog in de gaten houden. Maar daar? Hoe moet jij weten wat ze daar allemaal uitspookt?'

Mijn ouders waren één keer korte tijd in de vs geweest, maar waren toen amper buiten Fort Lee gekomen, met uitzondering van de obligate bezoekjes aan het Empire State Building en het Vrijheidsbeeld. Zodoende was hun visie op Amerika – en zijn cultuur en inwoners – voornamelijk gevormd door hun wekelijkse doses *Dynasty*. ('Geen schaamtegevoel,' placht mijn moeder verontwaardigd uit te roepen, als ze Fallon elke week weer met een ander in bed zag kruipen. 'Moet je zien, ze misdraagt zich zelfs met haar chauffeur. *Besharam!* Anju, dit is niets voor jou. Naar je kamer!')

Aangezien Oom Lal en Tante Vinita verhinderd waren om me die dag van het vliegveld af te halen, had Anand ervoor gezorgd dat een vriend van hem me zou oppikken. Zodra ik hem had gezien, wist ik dat hij het was – hij had dat air over zich van een pas vrijgelaten Indiase man die later het familiebedrijf in Delhi moet gaan overnemen, maar nu volop genoot van de culturele bandeloosheid van Amerika.

'Ik hoor dat je ouders nogal laaiend zijn geworden,' zei Vijay, terwijl hij mijn bagagewagentje van me overnam.

'Nou, mijn ouders zouden ook laaiend worden als mijn zusje zoiets deed.' Ik moest glimlachen om zijn accent – niet Indiaas en niet Amerikaans, niet hier en niet daar. Net als Vijay zelf.

'Op het laatst viel het wel mee,' vertelde ik hem. 'Maar ik weet dat ze het nog steeds geen prettig idee vinden. Het is prima voor jullie jongens, hè? Maar zodra een meisje zoiets wil, wordt het een compleet drama.'

'Nou,' zei Vijay terwijl hij mijn bagage in zijn Saab laadde. 'Je broer heeft me iets verteld over de achtergrond. Als je denkt dat je tot nu toe moeite hebt gehad met het vinden van een man, wacht dan maar tot je weer terug bent, jongedame.'

Terwijl we naar Fort Lee reden, vertelde Vijay over zijn leven in New York, als student in zijn laatste jaar aan Fordham. Hoe interessant het ook was, ik had last van een jetlag en kon mijn ogen slechts met moeite openhouden, totdat ik na verloop van tijd in slaap viel. Toen ik wakker werd, merkte ik tot mijn diepe ontzetting dat ik mijn jasje had zitten onderkwijlen. We waren ook juist stil blijven staan voor mijn nieuwe, tijdelijke huis.

Het was hier rustig, voorstedelijk, groen en schoon. Elk huis aan de straat had zijn eigen uitrit, zijn eigen tuin. Sommige gazons lagen bezaaid met speelgoed en driewielertjes, op andere stonden barbecues en ligstoelen. Het was het Amerika dat ik kende van sommige tv-programma's, het genre waarin grote, blanke mannen met een honkbalpetje bier drinken en pret maken, terwijl hun blonde vrouwen in mooie jurken in de keuken aardappelsalade staan klaar te maken.

'Mooi zo, je bent er dus,' zei Oom Lal, die ons bij de deur begroette en me een stevige klap op mijn rug gaf. 'Umrika zal een nieuwe ervaring voor je zijn!' Ik had mijn vaders jongere broer altijd gemogen. Hij was een opgeruimde man, die niet erg geneigd was tot sombere of verdrietige buien. Het leek wel alsof hij de geest van optimisme elke dag in zijn aderen spoot.

Tante Vinita, echter, was een ander verhaal. Zij en mijn moeder waren weliswaar schoonzusters, maar hadden het nooit goed met elkaar kunnen vinden. Ze was moeilijk, niet echt goedlachs en snel in haar wiek geschoten. Volgens mijn familie kwam dat waarschijnlijk doordat ze nooit kinderen had gekregen. Het welkom dat ze me nu bereidde, was even warm als de havermoutpap van gisteren. Haar ivoorblanke gezicht, dat zwaar onder de rouge zat, stond vermoeid en afgetobd; als ze had geglimlacht, zou haar make-up misschien gebarsten en op de grond gegleden zijn.

Ik wist dat ze het betreurde dat ze er nu een verantwoordelijkheid bij kreeg, en dat ze het belachelijk vond dat ik, die toch allang getrouwd had moeten zijn, me ging storten in het losbandige studentenleven op een universiteit.

Vijay laadde de bagage uit de auto en hielp alles naar binnen zeulen, buiten het bereik van de koude windvlagen die waren opgestoken.

'Kom, ga zitten, je zult wel moe zijn,' zei mijn oom, en hij duwde me in de hoek van een bank met bloemetjespatroon. Vijay stond er in de hal een beetje verloren bij.

'Ik moet weer eens terug naar de stad,' zei hij tegen ons. 'Leuk om jullie beiden ontmoet te hebben. Anju, tot ziens, als je iets nodig hebt, je belt maar. Je hebt mijn nummer, hè?'

Ik knikte, bedankte hem bedeesd en zag hem met enigszins lede ogen vertrekken, want ik zag op tegen het alleenzijn met mijn familieleden. Toen draaide ik me om en keek hen aan, zoals ze daar op de bank tegenover me zaten. Het rook in de kamer naar vanille, en de ruimte voelde warm en mollig aan, net als mijn oom. Op een tafel met een groenmarmeren blad voor me stonden schaaltjes met koekjes en een pot met naar kardemom geurende thee. Ik voelde me thuis, schonk mezelf een kop thee in, nam een paar koekjes en leunde achterover op de bank. Het was nog geen vijf uur in de namiddag, maar buiten was het al aan het schemeren. Afgezien van de trage neusademhaling van mijn tante was het doodstil.

Opeens voelde ik me verloren. Dit was een leuk avontuur geweest – de vlucht en de ontmoeting met Vijay, en het luisteren naar zijn verhalen, maar nu wilde ik alleen nog maar rechtsomkeert maken naar huis.

'*Kao, kao,*' zei mijn oom, en hij schoof een schotel Deense boterkoekjes naar me toe. 'Of misschien iets anders. Een sandwich? Cocah-colah?'

Ik vond het opmerkelijk dat de vriend van mijn broer hier pas drie jaar was en sprak als een halve Amerikaan, terwijl mijn oom en tante, die al dertig jaar in dit land woonden, nog steeds een accent hadden alsof ze net van de boot uit Ahmedabad waren gestapt. Ik vroeg me af hoe mijn eigen accent zou klinken wanneer ik over een jaar weer naar India terugging.

'Ik hoor dat je je vader goed hebt geholpen in de winkel,' zei mijn oom hartelijk. 'Je kunt mij hier ook helpen, goed? Alleen als je tijd hebt, natuurlijk, als je niet hoeft te studeren of zo. Zelfde branche, familiebedrijf, je weet het wel.'

Ik knikte en glimlachte, te moe om een woord uit te kunnen brengen.

'Waarom ga je boven niet wat rusten?' opperde mijn

tante, die vrijwel voor het eerst sinds mijn komst haar mond opendeed. 'Ik zal je je kamer wijzen.'

Ik stond op en liep achter haar aan de trap met roze loper op en een gang door met witte deuren met knoppen van glimmend koper, tot we bij de laatste waren gekomen.

❧

Twee uur later werd ik met een schok wakker. Het was donker, en even wist ik niet meer waar ik was. Maar de vanillegeur, die in het hele huis hing, bracht het me weer in herinnering.

Ik stond op, knipte de lamp naast me aan en keek eens goed om me heen. Overal plooitjes en franjes, alles was gebloemd en roze. Ingelijste foto's van tuin- en riviertafereeltjes, liefelijk maar nietszeggend, hingen aan het behang met reliëfpatroon. Het meubilair bestond uit niet meer dan het smalle bed waarop ik juist had liggen rusten, een kaptafel en een taboeretje met een roze lap erover die tot op de vloerbedekking afhing. De kamer van een tienermeisje. Wat ik, tot op grote hoogte, nog steeds was.

Ik ontdekte de badkamer achter de deur naast de mijne en waste mijn gezicht. Toen liep ik naar beneden, haast op mijn tenen, alsof ik me op verboden terrein bevond. Ik ging af op het geluid van de televisie – die troostende, ritmische Hindi *filmi*-muziek die me praktisch elke ochtend van mijn leven in Bombay had begroet, en die ik nog lang nadat ik was gaan slapen onder de gesloten deur van mijn slaapkamer had horen doorsijpelen.

'Hallo, hallo, een beetje opgeknapt? Kom bij ons zitten,' zei mijn oom, die uit zijn stoel was opgesprongen zodra hij me had zien binnenkomen. Hij en zijn vrouw hadden hun eerste honger zitten stillen met een pakje Frito-Lays, een kuipje roomkaas en een bieslookdipsausje, tot het tijd was om te gaan eten.

'Trek?' vroeg hij, terwijl mijn tante strak naar het tv-scherm bleef kijken. Daar stond een wulpse zwartharige vrouw te jammeren nadat ze had gehoord dat haar man, commissaris van de politie, de liefde van haar leven, was omgekomen bij een auto-ongeluk. Ik kende die film. Hij ís helemaal niet dood, had ik mijn tante willen toeroepen. Het loopt allemaal goed af!

'Ach, een beetje,' antwoordde ik. 'Maar ik heb geen haast, zodra het eten klaar is.'

'Komende zondag is er een bijeenkomst in de tempel hier in de buurt,' deelde mijn oom mij mee om het gesprek gaande te houden, terwijl mijn tante het restje dipsaus oplepelde, zwelgend in de ellende die zich op het scherm vóór haar afspeelde.

'We zullen erheen gaan. Er is een lunch. Er zullen heel wat jongelui uit de buurt komen. Dan kun je vrienden maken, niet? Misschien wil je daarna wel wat winkelen. Ben je wel eens in een *mall* geweest, beti? Dat is een groot winkelcentrum, je kunt er alles krijgen. Daarna eten we dan een pizza en gaan we weer naar huis.'

'Lijkt me heel leuk, Oom.'

Na een door mijn tante zelf bereide maaltijd van puri en *channa masala* en nog wat luchtige conversatie, waarbij we allemaal diplomatiek elke toespeling op trouwen vermeden, bood ik aan de afwas te doen en alles op te bergen, terwijl mijn oom en tante zich weer voor de televisie nestelden voor de rest van de film.

'Ik heb hem al gezien,' zei ik toen mijn oom voorstelde dat ik bij hen zou komen zitten. 'En ik voel me nog steeds moe, dus ik denk dat ik naar boven ga en nog een beetje ga lezen voor het slapengaan.'

Toen, op het punt de trap op te lopen, draaide ik me naar hen om en zei: 'Reuze bedankt voor alles. Zonder u zou ik hier niet zijn.'

Even gleed er een lief trekje over het gezicht van mijn tante, en rimpeltjes van gevoel tekenden zich af rond haar dik aangebrachte rouge. Ik voelde me toen een beetje opgelucht, minder bezwaard. Er daalde een rust over me neer, het gevoel dat alles op de een of andere manier in orde zou komen.

❧

Op mijn eerste collegedag reed mijn oom mij in zijn blauwe Volvo naar Washington Square 70, wat een aanzienlijke omweg betekende op zijn normale route naar zijn showroom annex kantoor aan Broadway. Onderweg wees hij me op de bushalte vlak bij huis, de diverse metrostations, en waarschuwde me dat ik goed moest letten op de haltes in de richting 'Naar het Centrum'. Ik knikte, probeerde het allemaal in me op te nemen, en voelde me bang, opgewonden en verward, zoals gebruikelijk voor een kind dat voor het eerst alleen naar de grote school gaat.

Ik tuurde op de kaart van de ondergrondse die mijn oom voor me uit het handschoenenkastje had gepakt, en keek mijn ogen uit naar al die bontgekleurde adertjes over het grote, in vieren gevouwen stuk papier. Lettertjes die ik amper kon lezen, nummers die over de vouwen heen liepen. Ik zou nooit mijn weg weten te vinden in deze stad en vroeg me af hoe zij dat voor elkaar kregen, al die mensen die gehaast over straat liepen, op een holletje overstaken, uit taxi's sprongen en hun uitrit afreden.

Ik droeg een spijkerbroek en een rode trui, zwarte laarsjes aan mijn voeten. Toen ik uitstapte, streek de koele ochtendlucht speels langs mijn gezicht en ik werd overvallen door een geheel nieuw gevoel. Ik draaide mijn oom in zijn auto de rug toe en liep, met mijn nieuwe, bruinleren boekentas over mijn schouder, naar de ingang van dit imposante herenhuis van bruine baksteen, met vlaggenstokken waaraan blauw-witte wimpels wapperden die dat gevoel versterkten.

Hoe alleen ik op dat moment ook was, ik had eindelijk het gevoel dat ik ergens bij hoorde.

Zoals ik van tevoren had geweten, was ik op elk college de oudste. En ik loog toen ik later die week over de telefoon tegen mijn ouders zei dat ik al heel snel een boel vrienden had gemaakt. Afgezien van mijn contact met de docenten, zei ik op college meestal heel weinig. Ik nam elke dag als lunch een kuipje yoghurt mee en een broodje, waarmee ik op een stenen bank op de campus ging zitten lezen. Er was hier geen jongen om me een tiffin met warme okracurry en zachte *roti's* te brengen, geen chauffeur om me naar huis te rijden, geen Indu om diamanten mee te vergelijken.

Maar ik observeerde de andere studenten, hoe ze zich in paartjes of groepjes verenigden, en het viel me op dat de blonde meisjes altijd op de ene plek bij elkaar gingen staan, en de zwartharige zich ergens anders verzamelden. Er waren ook groepjes van meisjes en jongens samen en ze schenen altijd om iets te moeten lachen, waardoor ik wel eens het gevoel kreeg dat ze om mij lachten. Telkens als ik vond dat ik eens wat meer initiatief moest nemen – loop er gewoon heen en zeg 'hallo' – bedwong ik die impuls en hield ik mezelf voor dat het geen zin had. Ik ging straks weer naar huis, het was maar voor een jaar, die mensen betekenden niets voor me. Maar vaak wierpen die donkerharige meisjes een blik van vragende herkenning op mij. Ze kwamen ook uit India, of misschien Sri Lanka, of Pakistan, of Bangladesh. Derde wereld, in ieder geval, en Zuidoost-Azië, en ze vroegen zich allemaal af wat ik hier deed. Ze waren allemaal jonger – negentien, tegenover mijn zesentwintig. Meisjes aan het begin van hun leven, die een opleiding wilden volgen vóór het onvermijdelijke vroege huwelijk; niet omdat ze, zoals ik, moesten vluchten voor de bittere waarheid dat ze waren gezakt voor het meest elementaire examen in het leven: het vinden van een man. Een enkele keer keek ik eigener beweging naar die groep kwebbelende meisjes, om mijn ogen meteen weer op mijn boek te richten.

Maar op een woensdagmiddag, tussen een college prozaschrijven en een inleiding op moderne mediastudies, maakte ik mijn eerste studievriendin.

'Je hebt dit laten vallen,' hoorde ik een stem achter me zeggen toen ik door de gang liep. Ik keerde me om en zag een van die dauwfrisse, donkerharige meisjes met kuiltjes in hun wangen naar me staan glimlachen, met in haar uitgestrekte hand een plastic mapje dat ik per ongeluk op de grond had laten glijden.

'O, ha, heel erg bedankt.' Ik stak het mapje weer in mijn tas.

'Ik heet Devika,' zei het meisje nog steeds glimlachend. 'En jij?'

'Anju,' zei ik, en ik dwong mezelf om het gesprek voort te zetten. 'Zit jij in het eerste jaar?'

'Nee, mijn derde. Ik studeer binnenkort af. En jij?'

'Net begonnen. Ik volg een beroepsopleiding. Heb mijn bachelor al in Bombay gehaald. Ik blijf hier maar een jaar, dan ga ik weer terug.'

'Mooi,' zei Devika met dat onmiskenbaar Indiase accent. 'We moeten samen eens koffiedrinken. Ik weet hoe moeilijk het soms kan zijn als je hier net bent.'

'Ach, het valt wel mee. Maar een kop koffie lijkt me een leuk idee. Misschien na mijn volgende college?'

We gingen een paar uur later naar Starbucks, waar ik tot mijn ontsteltenis merkte dat ik daar meer dan drie dollar − ongeveer honderdvijftig roepie − moest betalen voor een kop koffie. In India kocht ik daar een *dosa*-lunch voor, met alles erop en eraan, voor drie personen.

Terwijl we allebei zaten te frunniken aan onze zakjes Sweet 'N Low, hing de onvermijdelijke vraag in de warme, naar versgemalen koffie geurende lucht tussen ons in.

'Je bent dus niet getrouwd?' informeerde Devika, zoals ik had verwacht.

'Nee, nog niet. Jij?'

'Ook niet, nog steeds aan de studie. Misschien als ik terug ben in Delhi. Spoedig, hoop ik.'

Ze was tweeëntwintig, knap, bedachtzaam, wellevend, nog steeds met dat zangerige, trage accent waaraan je hoorde dat ze uit Delhi kwam. Ze was slank, had lang haar, en haar huid rook naar Lux. Een klein diamantje fonkelde boven haar rechter neusvleugel − zo typisch Indiaas, maar toch harmonieerde het heel goed bij de strakke, zwarte blouse die ze in haar zwarte spijkerboek had gestopt. Ze had bedrijfskunde als hoofdvak en had, net als ik, hier alleen mogen gaan studeren op voorwaarde dat ze bij familie logeerde – in haar geval een getrouwde neef die aan de Upper West Side woonde. Het was ook gemakkelijker voor haar, vertrouwde ze me toe, omdat haar beide ouders ook hadden gestudeerd. Haar vader was rechter in Delhi, en haar moeder gaf les.

'Ze geloven allebei in het polijsten van de geest, hoewel ze liever hadden gezien dat ik dat dichter bij huis had gedaan en niet hierheen was gevlogen,' zei ze. Na haar eerste jaar hadden haar ouders zich laten vermurwen – misschien mede omdat ze bij haar neef niet meer zo erg welkom was – en had ze op de campus mogen gaan wonen.

'Maar niet hokken met jongens,' zei Devika, in een spottende imitatie van haar moeders gestrenge stem.

'Je zit nu in elk geval lekker dicht bij de universiteit,' zei ik, genietend van het gesprek en beseffend hoezeer ik zoiets had gemist. 'Ik logeer bij een oom en tante in Fort Lee. Dus ik kan na college eigenlijk niets ondernemen. Je weet hoe het gaat.'

Devika knikte, haar jaar bij haar goedbedoelende neef, die haar komen en gaan angstvallig in de gaten had gehouden, nog niet vergeten. Ze had doordeweeks om tien uur thuis moeten zijn, een avondklok die op vrijdag- en zaterdagavond tot middernacht werd opgerekt, maar dan nog had Devika haar neef voortdurend moeten laten weten waar ze precies was, en met wie, en hoe ze bereikt kon worden. Het was een situatie die de mijne weerspiegelde. Het was voor geen van ons beiden een bijzonder schrijnende overgang geweest, aangezien we ons hele leven al waren gedicteerd door streng ouderlijk toezicht. Maar hier, met al die nieuwe ervaringen in die hippe, vrijgevochten omgeving, leek de mate waarin ik aan mijn familieleden was vastgeketend, wel heel erg absurd.

Meestal geneerde ik me er alleen maar voor. Ik had naar musea kunnen gaan en galeries, of gewoon in een van de vele cafés in de buurt van de universiteit kunnen zitten – of, wat de meeste studenten deden, naar nachtclubs kunnen gaan. Maar het was me alle trammelant gewoon niet waard. Ik zou zo'n stortvloed van vragen over me heen krijgen van mijn oom en tante – waar? met wie? hoe laat? hoe ga je erheen? – dat het vaak makkelijker was om thuis te blijven en naar LA *Law* te kijken. Trouwens, zo veel vrienden had ik nu ook weer niet. En het vasten – wat ik nog steeds maandags, donderdags en vrijdags deed – maakte het sociale verkeer er ook al niet ongecompliceerder op.

Maar bij Devika had ik het gevoel dat ik een lotgenote, een vertrouwelinge had gevonden, iemand die me met een half woord begreep.

'Ga morgen met me mee naar Moma,' stelde Devika monter voor, terwijl ze haar koffie opdronk. 'Er is daar een tentoonstelling van vrouwelijke schilders – er zitten ook een paar Indiase bij – die ik per se wil zien. Als je colleges het toelaten, kunnen we misschien samen gaan.'

En zo begon mijn eerste studievriendschap in New York, waarover ik graag sprak met mijn oom en tante. Devika was een van ons eigen slag, een verdoold, lichtelijk in ongenade geraakt meisje uit India, dat hier een beetje vrijheid en plezier kwam opsnuiven voordat ze zich ten slotte in een met goud bestikte rode sari zou hullen.

⁂

'Ik moet je wat vertellen,' zei Devika tegen me op een zaterdag, een paar weken later. We hadden met mijn oom en tante in de stad geluncht, en nu denderden we in de ondergrondse naar Times Square om *Cats* te gaan zien.

'Wat?'

'Ik heb een vriend.'

Ik hapte naar adem van geschokte naïveteit. Ik had Devika nooit gezien als het soort meisje dat er een vriendje op na hield. Ze had me nota bene pas een paar dagen geleden verteld dat haar ouders in New Delhi al een paar kandidaten voor haar hadden klaarstaan. Maar misschien wilde Devika een 'liefdeshuwelijk'. Dat zou interessant zijn, en zolang haar ouders de jongen maar aardig vonden, was daar niets mis mee.

'Maar, luister,' ging Devika verder. 'Niemand weet het. Mijn neef niet, niemand.' Ze zweeg even. 'Hij is geen Indiër. Hij is Amerikaan.'

Ik knipperde met mijn ogen en probeerde me Devika's lichtbruine vingers voor te stellen, omstrengeld door de witte van een blanke jongen. Zo noemden mijn vader en moeder en oom en tante ze – blanke jongens. Op mijn wollen broek gleed ik heen en weer over het plastic metrobankje en ik klampte me met mijn klamme hand vast aan de stang naast me.

Ik wilde er niets van weten.

'Jezus!' Ik was perplex, maar probeerde het niet te laten merken. Dit was precies waar de mensen thuis zo bang voor waren – dat hun jonge, maagdelijke dochters naar Amerika gingen om daar te blijven hangen aan een Amerikaanse man en nooit meer terug te komen.

'Ik ben echt verliefd,' zei Devika met stemverheffing, om zich verstaanbaar te maken boven het kraken en kreunen van de trein. 'Het is een schat.' Haar gezicht betrok. 'Maar ik weet niet wat ik moet doen. Ik moet terug naar Delhi, en dat heeft hij van het begin af aan geweten, maar nu het nog maar een kwestie van een paar maanden is, vind ik het vreselijk moeilijk. Ik heb het gevoel dat ik er hier met niemand over kan praten. Mijn Amerikaanse vriendinnen begrijpen het niet, die vinden dat ik gewoon hier moet blijven, een baan zoeken, of hem meenemen naar India en hem aan mijn ouders voorstellen. Ik bedoel maar, zó serieus is het tussen ons.'

'Waarom vertel je dit aan mij?' vroeg ik. 'Ik wil het allemaal niet weten.'

Devika was ongetwijfeld ooit net zo geweest als ik – gehecht aan haar cultuur, overlopend van liefde en piëteit jegens haar ouders, vast van plan om even kuis naar India terug te keren als ze ervandaan was gegaan. Maar nu was ze bezig dat alles te verloochenen, en ik voelde me haast besmet door de omgang met haar. Ze bezorgde de rest van ons allemaal een slechte naam.

'Omdat,' zei Devika, en haar stem kreeg een pleitende klank, 'het zou kunnen zijn dat ik je nodig heb. Bijvoorbeeld als Rob en ik een weekend weg willen, dan zou ik tegen mijn neef kunnen zeggen dat ik bij jou logeer. Snap je wel?'

Ik hapte opnieuw naar adem. Devika ging niet alleen maar om met een blanke jongen, ze had duidelijk ook nog een zondige verhouding met hem, net als in *Dynasty*.

'Ik vind het geen prettig idee als ik voor jou moet gaan liegen. Maar maak je niet ongerust. Je geheimpje is veilig bij mij,' zei ik met een vals klankje in mijn stem. Ik maakte een eind aan het gesprek door mijn aandacht te richten op mijn nagels.

We keken zwijgend naar *Cats*. En hoewel Devika en ik elkaar daarna nog vaak passeerden in de gangen van de NYU, praatten we amper meer met elkaar. Ook al was ik het zelf geweest die een eind had gemaakt aan onze vriendschap, het deed pijn. Ik miste haar, maar ik moest me op een afstand houden. Het laatste wat ik wilde, was worden als zij.

Het was mij geen moment vergund de echte reden waarom ik in Amerika was, uit het oog te verliezen. Iedereen dacht wel dat het iets te maken had met 'horizonverruiming' of aanverwante hooggestemde doeleinden waarover ik wel eens iets las in dat tijdschrift *Ms.* dat op de campus werd verspreid, maar niets daarvan. Althans niet voor mij.

'En, al jongens ontmoet?' vroeg mijn moeder steevast tijdens haar telefoongesprekken uit Bombay die ze twee keer per week met me voerde.

'Niet echt, Ma,' antwoordde ik mismoedig. 'Maar maak u geen zorgen, we blijven het proberen. Straks gaan we naar een feestje, en Oom Lal zegt dat er een jongen uit Chicago komt.' Elke keer dat we elkaar spraken, moest ik haar een sprankje hoop kunnen bieden.

Later die dag ging ik met mijn oom naar het Swaminathan Centre, een religieus-sociaal trefpunt in een rustige zijstraat niet ver van zijn huis.

Het was een maandelijkse bijeenkomst. Ik was er één keer eerder geweest en had me er totaal niet op mijn plaats gevoeld – jonge moeders met irritante mannen en lastige kinderen, en tienermeisjes die voor hun ouders probeerden te verbergen wat ze de vorige avond hadden gedaan, de jongens die ze hadden gezoend en de biertjes die ze achterover hadden geslagen. Ik had me er zo beroerd en eenzaam gevoeld, dat ik er nooit meer een stap had willen zetten.

Maar ik had die avond weinig keus. Mijn oom had iets gezegd over een geschikte jongen, de zoon van de neef van een vriend, of zo'n soort ingewikkelde relatie. De kandidaat in kwestie was ook eigenaar van een herenmodezaak in Chicago – een fatsoenlijke branche.

'Daar staan zijn ouders,' fluisterde mijn oom mij in, op een toon alsof hij me een lijntje coke wilde aansmeren.

Ik zag een klein, vierkant echtpaar langs het buffet lopen en zich onderwijl te goed doen.

'De zoon is er vandaag niet, maar de ouders willen je ontmoeten en hebben een foto van hem voor je bij zich. Zullen we dan maar, hè?' opperde hij luchtig.

'Vooruit, laten we ze gaan begroeten.' Hij legde zijn arm in mijn rug en duwde me zacht in de richting van het drukke buffet.

'Hallo, *bhau,* leuk jullie weer eens te zien, welkom in New York, of moet ik zeggen New Jersey? Dit is mijn nicht, over wie ik jullie heb verteld.'

Het Echtpaar Vierkant vertrok geen spier, maar bekeek me van top tot teen. De moeder had de ergste overbeet die ik ooit bij een vrouw had gezien, dus ik hoopte dat de zoon orthodontisch fortuinlijker was geweest. Zijn vaders witte overhemd vertoonde gelige zweetplekken onder de oksels, en zijn te krappe broek was tot ver boven zijn navel opgesjord. Hij zou eens bij zijn zoon moeten gaan winkelen, bedacht ik, tot ik op de onthutsende gedachte kwam dat hij dat misschien al had gedaan.

Maar ik glimlachte, sloeg mijn ogen neer en prevelde: 'Dag, oom, dag tante, hoe maakt u het?' waarna ik het aan mijn oom overliet om de prietpraat gaande te houden. De moeder haalde, niet al te discreet, een oude luchtpostenvelop uit haar patentleren tas en gaf die aan mij.

'De foto van haar zoon,' zei mijn oom, die me weer door de zaal mee terugnam. 'Die zullen we straks wel bekijken.'

Op weg naar huis trok ik de kleurenopname uit de envelop en glimlachte. Hij leek ongeveer van mijn leeftijd en stond op de foto afgebeeld achter een toonbank met overhemden aan weerszijden van zich. Zijn gezicht was doods, alsof hij wist dat de opname ook zonder enige poging tot verfraaiing aan de eisen zou voldoen. Wit overhemd, zwarte broek, handen op de rug. Brilletje met ronde glazen, een pluizig snorretje, middenscheiding in zijn plat geborstelde haar.

En, om zijn nek, als een strop, een meetlint.

'Laat eens kijken,' zeiden mijn oom en tante als uit één mond toen we stilhielden voor een stoplicht.

'Lijkt me een aardige jongen,' zei hij met een knikje naar de foto.

'Maar waarom dat meetlint?' vroeg mijn tante, mijn eigen verwondering vertolkend.

'Ach, daar is toch niets mis mee?' zei Oom Lal.

'Ja, maar het is net als wanneer een scheikundige een foto van zichzelf stuurt waarop hij een reageerbuisje vasthoudt,' kwam ik tussenbeide. 'Het is een beetje opgelegd pandoer, niet? En, echt, ik geloof niet dat ik na al die tijd nog zit te wachten op een kleermaker die zijn eigen vader niet eens behoorlijk kan kleden.'

Ik was domweg niet geïnteresseerd, om tal van redenen.

Maar de voornaamste was dat ik inmiddels Jeff had leren kennen.

Negen

Maar voor de Indiase vrouw is een huwelijk met een bui-
tenlander zelden een positieve daad; vaker is het een daad,
geboren uit wanhoop of verwarring. Het heeft kasteloosheid
tot gevolg, het verlies van de eigen gemeenschap, het verlies
van een plaats in de wereld; en weinig Indiërs zijn daar-
tegen opgewassen.

V.S. NAIPAUL, *A Wounded Civilization*

Hij was op een middag in Starbucks geweest. Ik zag hem
toen ik net de *New York Post* wilde wegleggen.

'Heb je die uit?' vroeg hij, terwijl ik de laatste pagina
van de krant omsloeg en de drukinkt van mijn vingers
veegde met een papieren zakdoekje.

'Geeft af, hè?' Hij glimlachte. Ik knikte bevestigend: de
inkt gaf af en hij mocht de krant hebben. De koffiemachine zoemde en siste achter de toonbank. Ik snoof de
geur op van warme melk en bruine suiker, kaneel en kof-
fiebonen – ik kwam hier evengoed voor de verkwikken-
de aroma's als voor de koffievariëteiten.

Hij droeg een pak, maar had zijn zilvergrijze das los-
getrokken. Zijn ogen hadden dezelfde kleur als zijn overhemd: korenbloemblauw; zijn haar was donker, zijn gezicht hoekig. Bij de eerste aanblik deed hij me denken
aan Adam Carrington – lang en slank, kaarsrecht, klassiek

knap. Maar hij glimlachte, en zijn gezicht had iets opens waardoor ik het gevoel kreeg dat er niets op tegen was hier alleen in een coffeeshop te zitten, als het ware in gesprek met een blanke man. De eerste blanke man met wie ik buiten de campus had gesproken, afgezien van de vent van wie ik mijn metromuntjes kocht.

'Hm, ja, neem de krant maar,' zei ik met een blik op mijn horloge, zonder er evenwel echt op te letten hoe de wijzers stonden. 'Ha, goed, tot ziens.'

'Goh, je komt uit India, hè? Ik bedoel echt uit India... je hebt het accent nog en zo.'

'Ja, eh, ik moet ervandoor, goed, eh, tot ziens.'

En ik graaide mijn spullen bij elkaar en verdween.

Hij begon elke middag om twee uur in Starbucks te komen, zo rond de tijd dat ik daar ook kwam voor mijn dagelijkse opkikkertje. Er volgden meer beleefde lachjes en knikjes en geruil van kranten – ik nam zijn USA Today, hij mijn New York Post. Toen dat een week zo was gegaan, begonnen we bij elkaar aan één tafeltje te zitten.

Hij wilde alleen maar praten. Dus wisselden we stukjes informatie uit: hij kwam uit Florida, was in New York gaan studeren en er blijven hangen. Hij werkte als reclamechef op een trendy bureau in het centrum. Hij hield van zijn werk, klanten werven en ze aan zijn bureau binden. Daar was hij goed in, zei hij met een glimlach tegen me. O, hemel, hij zat toch niet te flirten?

Na nog een week nodigde hij me uit voor de lunch.

'Dat wil zeggen, als je geen colleges hebt. Of is een dineetje misschien beter?' vroeg hij.

Ik was nog nooit eerder mee uit gevraagd. Ik had het ook nooit zien gebeuren op de televisie. Daar schenen de mensen op een gegeven moment elkaar gewoon te gaan zoenen of samen in bed te belanden of te gaan trouwen. Maar van simpel lunchen was nooit sprake.

'Eh, ja, bedankt, maar dat ligt een beetje moeilijk,' stamelde ik. 'Ik heb inderdaad op de meeste dagen college, en 's avonds ga ik al vroeg weer naar huis, want ik logeer bij een oom en tante in New Jersey, en die worden ongerust als ik laat thuiskom, dus het is heel aardig van je, maar het is beter van niet,' zei ik zenuwachtig.

'En bovendien,' ging ik ongevraagd verder, 'je moet weten, het is sowieso niet zo'n goed idee, want mijn ouders willen niet dat ik te veel omga met de mensen hier. We zijn een heel conservatief gezin, en ze willen niet dat ik al die ongewenste invloeden uit het Westen onderga. Ik vind je heel aardig, en zo, maar ik mag niet eens overwégen om iets socialers met je te ondernemen. Ik hoop dat je het begrijpt.'

'Ik dacht aan een broodje van het een of ander,' zei hij met een glimlach. 'Niet aan het schaken van een Indiase.'

☞

Uiteindelijk kwam dat broodje er toch van, een late lunch op een zaterdag bij Balthazar. 'Eten,' zei hij toen onze bestelling was gebracht. 'Prettig om eens boven een bord met elkaar te praten, in plaats van met een plastic koffiebekertje voor je neus, vind je ook niet?'

Jeff wilde alles over me weten. Vond ik het prettig op de universiteit? Hoe was het om rustig bij een familie in een buitenwijk te wonen, terwijl de stad bruiste van de activiteiten? Als mijn ouders zo behoudend waren, wat deed ik dan überhaupt in de Verenigde Staten? Hoe bracht ik mijn tijd door ik als geen college liep? Wauw, en hoe was het eigenlijk in India?

En ik vond het heerlijk eindelijk eens te kunnen praten zonder op mijn woorden te hoeven letten. Tussen hapjes volkorenbrood met mozzarella, aubergine en pesto door – godzijdank was het geen vastendag – kon ik hem vertellen hoe mijn leven in Amerika eruitzag. Hij kende mijn achternaam niet, kende mijn ouders niet, had mijn telefoonnummer niet. Ik was zomaar een meisje uit India dat hij had getroffen bij een koffie verkeerd. Over een paar maanden was mijn cursus afgelopen en zou ik teruggaan naar Bombay, me verrijkt voelend door ervaringen als deze.

'Ik ben eenzaam, over het algemeen,' vertelde ik hem. 'Ik bedoel, ik ben dol op de colleges. Ik ben reuze blij dat ik hiernaartoe ben gekomen. Maar na college ga ik meestal naar huis, zodat ik de meeste vrije tijd in New Jersey doorbreng. Ik lees over de dingen die hier in de stad gebeuren en ik hoor mijn studiegenoten praten over allerlei voorstellingen, en ik zou er niets op tegen hebben om mee uit te worden gevraagd. Maar mijn oom en tante vinden het echt vervelend als ik uitga. Ze willen weten met wie ik ergens heen ga, en hoe, en hoe laat ik weer thuis ben. Het heeft gewoon te veel voeten in de aarde, dus doe ik het niet. Zodat ik me vaak eenzaam voel.'

'Denk je niet dat je ouders zouden willen dat je echt profiteert van je verblijf in New York, nu ze er toch al zo veel geld in hebben geïnvesteerd?'

'Dat is een typisch Amerikaanse kijk op de dingen. Natuurlijk niet. Ze hebben me pas laten gaan nadat ik ze er op mijn blote knieën om had gesmeekt en ze had gezegd hoe stierlijk ik me verveelde in Bombay, hoe ongelukkig ik me er voelde en dat ik daar weg moest. En de voorwaarde was dat ik in New Jersey zou logeren, me ordentelijk zou gedragen en Oom en Tante een goede jongen voor me zou laten zoeken.'

Jeff keek bevreemd.

'Om mee te trouwen,' voegde ik eraan toe. 'Ze willen me aan de man zien te brengen, nu ik toch hier ben.'

'Jeetje, ik heb wel eens gehoord dat zulk soort toestanden nog bestaat,' zei hij. 'Ik geloof dat er op PBS een documentaire over was. Maar hoe sta jij daartegenover? Je lijkt me niet het type meisje dat zich neerlegt bij een gearrangeerd huwelijk.'

'Waarom niet? Omdat ik geen vlechten draag, en niet praat alsof ik net uit het vliegtuig uit Bangladesh ben gestapt? Weet je, het is een traditie. Het is iets wat wij al duizenden jaren doen, en volgens mij werkt het. Ik ken amper iemand die gescheiden is. Kun jij me dat navertellen? Ik beweer niet dat iedereen die een gearrangeerd huwelijk aangaat, gelukkig is. Maar ze blijven bij elkaar, omdat hun verwachtingspatroon anders is. In Amerika – kijk maar naar de televisie – gaat het iedereen er alleen maar om dat ze alles tegelijkertijd willen. Nooit zijn ze eens gewoon tevreden. Snap je wat ik bedoel?'

Jeff trok enkel zijn wenkbrauwen op.

'En, trouwens, zoveel verschilt het ook weer niet van wat jullie hier doen, dat afspraakjes maken en uitgaan met elkaar. Voor ons is het ook zoiets. Alleen wordt degene met wie je een afspraak maakt, uitgezocht door je familie. En het grote verschil is natuurlijk dat we meteen daarna moeten beslissen of we met diegene willen trouwen of niet. Dat is alles.'

'Maar dat legt toch een enorme druk op twee mensen die elkaar voor het eerst ontmoeten?' zei Jeff, die duidelijk geboeid was. 'Ik kan me niet eens voorstellen dat ik zou willen trouwen met een van de meisjes met wie ik ben uitgegaan.'

'Waarom ben je dan met ze uitgegaan?'

'Ach, ze waren best aardig. Weet je, we moeten allemaal sociaal zijn zo nu en dan, we hebben behoefte aan contact met leden van de andere sekse. We vinden mensen aantrekkelijk, en we nemen ze mee uit en onderzoeken die aantrekkingskracht. Meestal wordt het niets, maar dat betekent niet dat we de rest van ons leven thuis moeten blijven.'

Jeff zweeg even.

'Je hebt dus nooit een, eh, vriend gehad?' vroeg hij voorzichtig.

'Nee. Ik heb zelfs nooit een van die wat jullie afspraakjes noemen, gemaakt. Ik heb uitsluitend gesproken met jongens van wie mijn ouders dat goedvonden, en dan nog ben ik nooit met iemand alléén uit geweest. Als een jongen belangstelling voor mij heeft, moet hij dat aan zijn ouders vertellen, en die bellen dan mijn ouders, en op die manier ontmoeten we elkaar dan.'

Jeff luisterde gretig en hij zette grote ogen op – een man die dit voor het eerst hoorde, zijn oren niet kon geloven en iets mompelde in de trant van 'met één been in de eenentwintigste eeuw – hoe kan dit waar zijn?' Maar anderzijds was hij ook gefascineerd dat ik dat allemaal zo duidelijk voor mezelf in kaart had gebracht, het zo in mijn ziel gegrift met me meedroeg. Het leek hem in zekere zin folkloristisch, sacraal.

'En hoe zit het dan met de liefde?' vroeg hij kalm, terwijl hij zich naar me vooroverboog. 'Wil je nooit eens stapelverliefd worden?'

Er klonk een oude song van Julio Iglesias op de achtergrond, het was juist gaan regenen buiten, en in het restaurant begon het leeg en stil te worden. Ik voelde een zachte hunkering en weemoed in me opkomen. Heel even wilde ik zijn hand aanraken, die maar een paar centimeter van de mijne vandaan lag. Het was een schone, blanke hand met alleen hier en daar wat haartjes op de lange, slanke vingers. Ik had nog nooit de hand van een man aangeraakt, zelfs niet die van mijn vader.

'De liefde op zichzelf is iets prachtigs,' zei ik, 'maar als jullie denken dat het liefde is die jullie voor iemand voelen wanneer jullie voor het eerst met elkaar uitgaan, dan hebben jullie het mis. Vandaar al die scheidingen, omdat wat voor liefde werd aangezien, iets anders blijkt te zijn geweest. Wij hebben in onze taal zelfs geen woord voor "verliefd worden". Wij zeggen *pyar hogaya* – de liefde is ons overkomen. Daar gaat het om. Je ziet hoe aardig iemand is, hoe goed hij bij je past, je hart opent zich voor die ander en dat is het moment waarop de liefde je overkomt. En met beider voltallige familie eromheen om hun zegen en steun te geven aan de vereniging – er bestaat geen grotere magie dan dat.'

Wat hunkerde ik ernaar te worden uitverkoren door een lichtgekleurde Indiase man, gekleed in een witzijden tuniek. Het was een van mijn vurigste dromen dat zijn ouders met uitgestrekte armen op me af zouden komen en om me zouden vragen, met de toevoeging dat ze me 'in een sari' zouden accepteren – Indiaas spraakgebruik voor 'zonder bruidsschat'. Ik wist maar al te goed dat te worden uitgekozen door een uiterst begerenswaardige man – zo een die alle meisjes wilden – mij eindelijk de goedkeuring zou bezorgen die me nooit ten deel was gevallen.

En dus viel het me niet moeilijk om schamper te doen over al het andere. Ik vertelde Jeff, in uiterst kritische bewoordingen, hoe ik mijn medestudenten keer op keer had geobserveerd bij het aangaan van die zogeheten relaties. Die jonge, intelligente mensen om me heen leken er nooit niet een te hebben. In groepjes bijeen in de gangen hadden ze het over iemand met wie ze hadden kennisgemaakt of 'vreeën'. Ze hadden het over weekends die ze samen doorbrachten of op vakantie gaan, en het leek me alsof ze die hele kwestie van omgang en relaties even belangrijk vonden als de vraag wat ze vandaag nu eens zouden aantrekken. Behoedzaamheid en zorgvuldige langetermijnkeuzes maakten geen deel uit van hun morele code. Nog stevig geworteld in mijn rigide, wanhopig rigide Indiase cultuur, vond ik dat verbijsterend.

Onze lunch liep uit in een etentje (ik had mijn oom en tante gezegd dat ik op een studentenbijeenkomst was) en we hadden het heel leuk, ook al moest ik om elf uur thuis zijn. Jeff zei me dat ik iets 'onbereikbaars' had, waarom ik even moest glimlachen, toen ik bedacht dat mijn ouders mij met liefde zouden slijten aan de eerste de beste die me wilde hebben. Ik liet Jeff maar in zijn waan. Hij vertelde me dat hij weg was van de glans in mijn haar, de bruine tint van mijn huid, het zangerige van mijn accent. Ik had nog nooit zulke complimentjes gekregen, zodat hij zichzelf alleen maar nog meer voor me innam.

Toen gingen we nog een keer samen eten, een paar dagen later, en nog eens. Bij ons derde eetafspraakje, bij een Italiaan die Nino heette, legde hij zijn hand op de mijne terwijl we zaten te wachten op onze pasta primavera. Ik stond het toe, omdat ik er behoefte aan had. We hadden tijd over voordat mijn avondklok inging, en dus gingen we naar een comedy club. Daar was de schijnwerper tenminste op iemand anders gericht. Jeff en ik hadden een tafeltje achterin genomen. Hij pakte zijn bierglas op en nam een slok, draaide zich toen naar mij terwijl ik lachte om de grappen van de vrouwelijke komiek over haar obsessie met haar antwoordapparaat.

Hij legde een arm om mijn schouder en trok me dichter tegen zich aan. Ik draaide hem mijn gezicht toe en hij drukte zijn lippen op de mijne. Ik schrok, maar ik vond het prettig, dus ik liet dat ook toe. Ik was het dichtst bij gekust worden gekomen wanneer ik mijn eigen lippen tegen mijn badkamerspiegel drukte om te zien wat voor een gezicht dat opleverde. Als van een vis met uitpuilende ogen, niet erg aanlokkelijk. Maar Jeff hield zijn ogen gesloten, terwijl de mijne openbleven. Het was na een paar seconden voorbij, en ik nam nog een slokje van mijn Shirley Temple, terwijl hij weer van zijn bier dronk.

En zo werd ik, terwijl een Amerikaanse met een wilde haardos onder een warme spot grappige verhalen stond te vertellen over PMS en het scheren van haar benen, mijn eerste romantische relatie binnengevoerd. Ik wilde nog steeds de traditionele Hindoe-echtgenote zijn.

Maar voorlopig nam ik hier genoegen mee.

Ik begon mezelf verwijten te maken voor de manier waarop ik Devika had behandeld; die was inmiddels ongetwijfeld weer terug in Delhi, waar ze haar Rob miste en waarschijnlijk binnenkort in het huwelijk zou treden met iemand die haar ouders voor haar hadden gevonden.

Ik had in *Cosmopolitan* gelezen dat een afspraakje leuk moest zijn, spannend, met een lichte seksuele lading. Ik voelde me echter voornamelijk verscheurd en verward, ongerust over de onvermijdelijke chaos die ik zou aanrichten voor mijn karma.

Maar ik troostte mezelf met de gedachte dat ik over een paar maanden weer op weg zou zijn naar huis. Jeff en ik wisten het allebei, maar we spraken er nooit over. Als iemand er in de tussentijd achter zou komen dat ik had gescharreld met een blanke man, zou ik in een vliegtuig naar Sahar International Airport in Bombay zitten voordat iemand 'interraciaal huwelijk' had kunnen zeggen. Want ik hield geen moment ook maar in de verste verte rekening met de mogelijkheid dat dit iets meer kon worden dan een 'losse relatie'. Ik huiverde wanneer ik bedacht dat ik in wezen geen haar verschilde van al mijn blanke medestudentes die de ene week met deze jongen en de volgende met die hand in hand liepen. Het verschil was natuurlijk wel, dat Jeff nooit verder ging dan een paar onschuldige kussen op mijn lippen. Ik bewaarde mezelf voor mijn Indiase prins en voor de huwelijksnacht waarvan ik altijd had gedroomd, waarin ik me in mijn roze negligé met bijpassende kamerjas zou hullen en hij van achteren zijn armen om me heen zou slaan terwijl ik uit het raam naar de volle maan stond te kijken, waarna hij me met zachte hand naar het met rozenblaadjes bestrooide bed zou leiden.

Ik had duidelijk te veel boeketreeksromannetjes gelezen.

Het idee dat Jeff die man zou kunnen zijn, was belachelijk. Ik hoorde mijn moeder al uitroepen: 'Ben je gek geworden? Wat denk je wel? Wie is hij? Waarom wil je je reputatie te grabbel gooien?'

Afgezien van het feit dat ik heel kort werd gehouden, was het ook niet zo dat ik zwom in de vriendinnen aan wie ik met een gerust hart kon vragen of ze me wilden 'dekken', zodat een ontmoeting met Jeff altijd een gecompliceerde en vermoeiende bezigheid was. Niemand wist beter of ik woonde een seminar bij, was aan het studeren in de bibliotheek, of wat dan ook, als het me een enkele keer maar een paar extra uren buitenshuis opleverde. Hij mocht me nooit thuis bellen. En wanneer ik hem belde, waren onze gesprekken kort, haperend en onpersoonlijk. Er was altijd iemand in de buurt, of de televisie stond aan, met zijn eindeloze beelden van Indiase jonge meisjes die, achtervolgd door hitsige mannen in strakke witte broeken en met veel haar op hun borst, door grazige weidevelden draafden.

Jeffs leven draaide om vrijheid en avontuur. Het mijne om zelfbeheersing en voorzichtigheid. Bovendien voelde ik me de hele tijd schuldig en ongerust. Dat kon onmogelijk iets worden.

En inderdaad, nog geen drie maanden na onze lunch op die regenachtige dag bij Balthazar kwam het eind. Het was een zoele zomeravond, en Oom Lal en Tante Vinita verkeerden in de mening dat ik een filmcollege bijwoonde. Jeff en ik hadden besloten te gaan eten bij Ignacio, een levendig Cubaans restaurant in de binnenstad waar hij al een tijd graag met me heen wilde. Hij ging zijn auto parkeren, en ik liep naar binnen, waar ik de beste vriendin van mijn tante met haar gezin aan een tafeltje zag zitten. Als ze mij in het gezelschap van Jeff zag, zou het nieuws naar mijn familie in Fort Lee worden doorgetoeterd voordat de dessertbordjes waren weggehaald.

Zonder me een seconde te bedenken, draaide ik me om en snelde het restaurant uit. Jeff kwam er net aan lopen, zijn autosleuteltjes klingelend in zijn broekzak. Hij stak vragend zijn handen op. 'We kunnen hier niet naar binnen,' zei ik snel. 'Mijn tantes beste vriendin zit er. Ik mag hier officieel helemaal niet zijn.'

'Nu heb ik er genoeg van,' zei Jeff, killer en bozer dan ik hem ooit had gezien. 'Dit is belachelijk. Basta. We gaan daar naar binnen en we gaan gezellig eten en we gaan ons niet druk maken over wie er zitten en wat ze denken. Begrepen?'

'Jeff, nee, alsjeblieft.' Ik kreeg een brok van verdriet in

mijn keel. Ik was bang, even bang om betrapt te worden als om die lieve, bruinharige, blauwogige jongen kwijt te raken op wie ik zo gesteld was geraakt. Ik wist dat ik werd gedwongen om te kiezen tussen met hem meegaan, of mijn rokken opschorten en de benen nemen.

'Ik ga daar niet nog een keer naar binnen, Jeff. Het is me het risico niet waard. Er zijn hier honderden andere restaurantjes in de buurt.'

'Waar het op neerkomt, dus, is dat ik het je niet waard ben, bedoel je dat?'

'Ik ga binnenkort weg, Jeff. Wat heeft het voor zin om iedereen op stang te jagen, omdat jij en ik zo nodig Cubaans moeten eten? Laten we gewoon ergens anders heen gaan. Alsjeblieft.' Ik begon te huilen. Lieve god, laat hem niet weggaan. Ik begon een van mijn vele mantra's op te dreunen: '*Om broom bruhas pataye namaha. Om broom bruhas pataye namaha.*' Lieve god, maak dat hij zijn armen om me heen slaat en zegt dat het in orde is en dat we in plaats hiervan naar de Italiaan om de hoek gaan.

Maar Jeff deed het niet. Hij keerde zich om en liep met grote passen naar zijn auto.

❧

Even bleef ik als aan de grond genageld op de stoep staan huilen. Ik wilde iemand opbellen om te vertellen wat er was gebeurd, om een meelevende stem te horen. Maar ik had niemand om op te bellen.

Dus hield ik maar een taxi aan, liet me naar Grand Central brengen, stapte op de NJ Transit en ging weer naar huis, waar ik tegenover mijn oom en tante, die grote ogen opzetten toen ze me zo vroeg alweer terugzagen, deed alsof ik last van migraine had gekregen en uit het college was weggelopen. Die avond in bed stak ik mijn hoofd onder mijn zachte roze kussen en huilde mijn ogen uit mijn hoofd. En toen ik geen tranen meer overhad, maakte ik mezelf wijs dat het allemaal beter was zo. Karma, nietwaar? Ik was Jeff iets verschuldigd geweest uit een vroeger leven en ik had mijn schuld zojuist ingelost.

Toen ik de volgende morgen wakker werd, hulde ik me weer in mijn studentenkleren, nam mijn eigen koffie mee in een thermosfles die ik in de keuken vulde en ging naar college. Ik maakte mezelf wijs dat Jeff zomaar een bevlieging was geweest. Ik zou me er niets van aantrekken.

⚜

Maar de ervaring had niettemin zijn effect. 'Ik wil nog niet naar huis komen,' zei ik op een zondag tegen mijn vader. Het gedruis van twee schurken die elkaar te lijf gingen, klonk me uit de televisie voor me tegemoet.

'Pap, ik heb het hier heel erg naar mijn zin en ik wil nog niet weg. Mijn studentendecaan zegt dat ik hier nog een jaar kan blijven werken, dat hoort bij de studie-ervaring. Dan verdien ik mijn eigen geld, en zo. Het zal niet moeilijk zijn om werk te vinden, zegt hij. Vindt u het goed, Pap?'

'Anju, dat is waanzin,' brieste hij over de telefoon. 'Over mijn lijk. Je blijft niet in Umrika. We hadden een afspraak – een jaar studeren mocht je, langer niet. Dan zou je weer terugkomen. Je hebt niet eens de moeite genomen om een jongen te vinden. Wat heb je daar eigenlijk gedaan?'

'Mijn diploma gehaald, Pap. En met goede cijfers. Daarom vindt de decaan ook dat ik hier moet blijven.'

139

'Die decaan weet nergens iets van. Je hebt een retour-ticket. En dat gebruik je! Je komt naar huis, zoals afge-sproken.'

'Paps, toe! Ik heb nog maar weinig tijd gehad om mensen te ontmoeten, door mijn studie en alles. Maar nu krijg ik meer tijd en kan ik via Oom Lal en Tante Vinita meer mensen ontmoeten. Ze hebben zo hard hun best gedaan, maar ik heb het zo druk gehad. Ik beloof u, geef me nog één jaar, en dan heb ik iemand gevonden. Weet u, Pap, ik moet nu een gestudeerde jongen zien te vin-den, en zo iemand vind ik niet in Bombay, dat weet ik. Alstublieft.'

Er klonk een geërgerde zucht over de lijn.

'Beti, wat moeten we met je aan?'

Mijn vader klonk gekrenkt en teleurgesteld, maar ik staalde me tegen zijn smeekbeden, tegen de manier waar-op hij me altijd een schuldgevoel probeerde aan te pra-ten. Als er één ding was dat ik in het afgelopen jaar had geleerd, dan was het wel dat ik er nog niet aan toe was om weer naar Bombay terug te keren. Als ik op dat vlieg-tuig stapte, zoals mijn vader wilde, zou ik terechtkomen in een leven dat zoveel minder leefbaar was dan het be-staan dat ik zou kunnen hebben als ik hier bleef. Ik zou weer belanden in de treurnis van getrouwde stellen en hun kinderen, van kritische, bemoeizuchtige familiele-den. Misschien was ik verbitterd aan het worden. Maar als ik toch aan het verzuren was, dan liever in New York dan ergens anders.

'Zelfs Anand is na zijn studie teruggekomen en werkt nu voor mij,' ging mijn vader verder. 'Beide jongens zijn nu dus hier. Waarom zou jij weg moeten blijven? Jij bent het meisje. Dochters blijven nu eenmaal thuis tot ze trou-wen. Basta!'

'Alstublieft, Pap, nog één jaar. Misschien minder. Alstublieft.'

Een week later had ik een baan gevonden bij That's A Wrap, een klein evenementen- en publiciteitsbureau aan de centrumkant van Madison Avenue. Ik was er een van zeven medewerkers. Ik vond het er heerlijk en genoot van mijn vermogen om binnen een uur een persbericht te schrijven.

'Ze is er nog maar pas,' zei Milo tegen iedereen. Hij was een lange, magere, roodharige knaap uit Londen, die zich kleedde in leren broeken en oude Levi's-jasjes die hij hardnekkig 'klassiek' noemde.

'Wacht maar tot ze wat langer hier is. Dan is ze net zo'n verlepte modetrut als jullie allemaal. India? Dat is niet zozeer een cultuurschok, schat, als wel een elektrocutie.'

Met wederzijds goedvinden was ik bij mijn oom in Fort Lee uit huis gegaan. Tante Vinita zag me bepaald niet met lede ogen vertrekken; ze was het duidelijk moe nog langer mijn voogdes te zijn. Oom Lal had een kleine studio aan de Upper West Side, die ik kon huren tegen een 'familietarief', dat nochtans de helft van mijn weekloon opslokte. Maar ik verplaatste me met het openbaar vervoer, at goedkoop en leidde het leven van elke andere twintigplusser die zijn leven begon in die vreemde, ruige stad, terwijl mijn ouders duizenden kilometers verderop zich de haren uit het hoofd trokken en ziedden van woede.

Soms wenste ik dat ik Jeff nog had. Zonder een oom en tante om zoet te houden, leidde ik eindelijk – min of meer – mijn eigen leven. Maar hij had geen contact meer met me gezocht sinds hij die dag op Sixty-fourth Street van me was weggelopen. En zelf was ik gewoon te onzeker – wat ik wilde, wie ik was – om hem te bellen. Ik mocht dan wel op mezelf wonen – iets wat mijn ouders vast en zeker angstvallig verborgen hielden voor hun vrienden – maar de schaduw van de verantwoordelijkheid tegenover mijn ouders hing nog steeds over me heen. Zelfs al zou ik Jeff weer zien, zou ik met hetzelfde probleem zitten – de angst om te worden gezien, de schaamte voor het openlijk omgaan met een blanke man, schuldgevoel dat ik misbruik had gemaakt van het vertrouwen van mijn ouders. Ik kon het gewoon niet opbrengen.

'Waarom heb je eigenlijk geen vriend?' vroeg Kris, een grappige en aardige accessoire-redactrice die ik was tegengekomen op de lancering van een nieuw merk handtasjes en nu op een lunch trakteerde. Met haar blonde krullenkop en vrolijke gezicht deed ze me denken aan Kyra Sedgwick. In Bombay hadden ze niet eens gehoord van Kyra Sedgwick. Goh, ik zat nu echt midden in het wereldje!

'Hoe doe je dat?' Ik kantelde mijn pols en spreidde mijn vingers, zoals alleen iemand uit India dat kan. 'Waar haal ik een leuke Indiase man vandaan?'

Ik maakte er mijn handelsmerk van, die eindeloze, voortdurende, allesbeheersende speurtocht naar een man. Mijn nieuwe vriendinnen vonden het maar raar. Een van hen probeerde me te koppelen aan de man die de avondwinkel in haar buurt dreef. ('Wat? Hij heeft toch de juiste huidskleur?') Toen ik haar suggestie afwees, vertelde ze me dat ik mijn geluk moest zoeken in de buurt van Lexington en Twenty-fifth, waar alle *massala*-verkopers en sari-winkels waren.

'Weet je, Kris,' probeerde ik haar uit te leggen, 'niemand in mijn familie is nog ooit buiten onze gemeenschap getrouwd. Niemand. Ze hebben zelfs bijna allemaal een gearrangeerd huwelijk gesloten. Zelfs die een of twee nichtjes van me die zelf hun man hebben gevonden, hebben eerst nog om de zegen van hun ouders gevraagd.'

'Eén moet de eerste zijn,' zei Kris. 'Je komt toch mannen genoeg tegen? Wat dacht je van die eigenaar van Jazz, die boetiek die je vertegenwoordigt? Een stuk toch – Italiaan, een en al passie.'

'Ik heb het geprobeerd met een blanke man, Kris. Vorig jaar. Het werkt gewoon niet. Ik ben altijd maar bang dat ze me betrappen. Vertel jij me nou eens, hoeveel mannen houden het uit met een vrouw die hun hand niet wil vasthouden zodra er andere mensen bij zijn, uit angst dat ze wordt gezien?'

Uit het niets voelde ik tranen opwellen.

'Lieverd,' zei Kris, en ze legde haar hand op de mijne. 'Word er gerust emotioneel over, huil zoveel als je wilt, maar doe dat bij mijn therapeut. Je bent hier nog niet zo lang, maar neem van mij aan, je hebt een therapeut nodig. Het is net als die rugzak van Prada. Iedereen moet er gewoon een hebben.'

Mijn ouders hadden een beroerte gekregen. Het kostte honderd dollar per uur – vierenhalfduizend roepie – het maandsalaris van mijn vaders algemeen manager. De minuten van de mij toegemeten tijd tikten voorbij, en ik zat nog steeds in een wachtkamer met muren die in een kille, mintgroene kleur geschilderd waren, en meubilair van donkerbruin leer en chroomstaal. Zelfs de tijdschriften roken nog naar drukinkt. Wat deed ik hier? Was ik misbruikt? Verlaten? Aangerand? Was mijn vader alcoholicus, of mijn moeder aan de drugs? Hadden mensen die in therapie gingen geen échte problemen?

Er ging een deur open naar de spreekkamer en Comtesse Veronique, die ik herkende van foto's uit *W*, trad naar buiten. Ze bette haar ogen, er wél zorg voor dragend dat haar mascara intact bleef.

'Skaat, iek dank jou heel erg,' zei de grande dame, die minstens honderdtwaalf moest zijn geweest, maar door de een of andere plastisch chirurg uit Beverly Hills vakkundig onder handen was genomen. Ze leek nog maar zesenzeventig.

'Morgen zelfde tijd,' verkondigde ze terwijl ze de spreekkamer uit zwierde in haar jas van sabelbont die achter haar aan over de grond sleepte.

'Het spijt me dat ik je even heb laten wachten,' zei Lorraine Vinas, New Yorks meest gevraagde therapeute. Ik had me haar voorgesteld als onopvallend, moederlijk, misschien met een oude permanent, in een jurk van kaasdoek en op sandalen. Ik stond echter tegenover een gebeeldhouwde gestalte, schrikwekkend in een creatie van Thierry Mugler en een retro-zonnebril, haar zwarte haar opgestoken in een wrong.

'Kom binnen,' zei ze, zonder een zweem van een glimlach. 'Wil je iets drinken? Water? Ga daar zitten, als je wilt.' Ze wees naar de hoek van een zwartleren bank en nam zelf plaats in een grote leunstoel, tegenover me. Ik voelde me ineenschrompelen onder haar indringend onderzoekende blik, wat irritant was omdat ik vast van plan was geweest om er monter uit te zien en normaal en helemaal mezelf – zozeer zelfs dat ze me zou zeggen dat ik haar niet nodig had. Ik wilde voor mijn examen slagen, voordat ik nog één les had genomen.

Een enorme doos Kleenex stond op de glazen tafel tussen ons in. Voor het overige was de spreekkamer Spartaans ingericht, afgezien van een indrukwekkend kristallen naakt in een van de hoeken.

'Zo, dat is niet niks,' zei ik.

'Nee, ik heb het speciaal laten maken. Ik ben het zelf,' meldde Lorraine stralend.

'Heel mooi,' zei ik met een knikje en een geforceerd glimlachje. Het woord 'narcisme' spookte door mijn hoofd.

'Goed, ter zake. Wat kan ik voor je doen?'

'Tja, eh, mijn vriendin Kris, ze komt geloof ik ook bij u, nou ja, die zei tegen me dat u me misschien kon helpen, ik bedoel, niet dat ik met een enorm probleem rondloop, of zo, maar soms raak ik een beetje verward, weet u, dan weet ik niet goed meer wie ik ben, en zo, maar dat zal iedereen wel eens hebben, dus er lijkt me niet zoveel aan de hand, maar ja, hier zit ik toch maar.'

'Goed, haal nu eens even diep adem,' zei Lorraine, en ze pakte haar aantekenboekje. 'Zeg me nog eens even hoe je heet.'

'Anju. A-N-J-U. Anju.'

'Goed, Anju... leuke naam... haal eens diep adem, je lijkt me nogal opgefokt. Er is niets aan de hand, we zitten gewoon wat met elkaar te praten, nietwaar, gewoon wat te praten. En doorgaan met ademhalen. Vertel me eens iets over jezelf.'

'Eh, ik woon hier eigenlijk in New York tegen de zin van mijn ouders. Ze willen dat ik terugga naar India, zodat ze daar een man voor me kunnen vinden. Het huwelijk is namelijk voor ons heel, heel erg belangrijk. We

moeten gewoon trouwen, en liefst jong. Ik heb het gevoel dat ik ze teleurstel. Maar ook al ben ik in Bombay
geboren en getogen, ik voel me daar niet meer thuis. Alle
meisjes met wie ik ben opgegroeid, zijn nu getrouwd. De
meesten hebben zelfs al kinderen. Ik heb niets met ze gemeen. Dus hing ik maar wat rond, thuis, en werkte een
beetje voor mijn vader, maar ik voelde me over het algemeen tot last. Ik had het idee dat mijn ouders me alleen
nog maar als een mislukking zagen. Dus ben ik naar
Amerika gegaan, hoewel ze dat echt vreselijk vinden. En
nu begin ik me hier eenzaam te voelen, omdat ik eigenlijk nog niemand ben tegengekomen, en de mannen die
ik wel tegenkom, die zijn, nou ja, blank, en dat wil ik ook
niet. Daar ben ik bang voor.'

Lorraine hield haar vingers dooreengevlochten onder
haar kin en steunde met haar ellebogen op haar aantekenboekje.

'Juist,' zei ze. 'Dit is mijn voorlopige lezing van jouw
situatie. Je komt uit een derdewereldland en probeert je
aan te passen aan het leven in Amerika. Dat is een grote
verandering. Je ouders houden er nogal starre ideeën op
na over hoe je de dingen moet aanpakken, en je pakt ze
niet op die manier aan. Dus voel je je in een conflict-
situatie gedreven, verward en schuldig.

Goed, schat, de waarheid is deze: het is jóuw leven. Ze
kunnen kiezen of delen. Jij bent de vrouw die je bent. Je
bent nu –' zei ze met een blik in haar aantekeningen –
'zevenentwintig? Goed, op die leeftijd leiden vrouwen in
Amerika hun eigen leven. En jij bént nu een vrouw in
Amerika. Zet de stap en zet dóór.'

'Eh, ja, maar zó eenvoudig is dat niet.' Ik voelde die tranen weer achter mijn ogen branden, maar wist mezelf ervan te weerhouden een Kleenex te pakken. 'Ik houd écht

van mijn ouders. Ik wil ze niet kwetsen. Ik wil ze niet te-leurstellen.'

'Je kunt niet alles verlangen in zo'n situatie,' doceerde Lorraine. 'Ik heb heel wat gevallen gezien als het jouwe, de rijke erfdochter die wil trouwen met de bewaker van het parkeerterrein en zich erover beklaagt dat haar ouders pisnijdig zijn. Natuurlijk zijn ze pisnijdig. Maar, zoals ik haar ook heb gevraagd, wat wil je zelf? Wil je driehoog-achter in Brooklyn gaan wonen, ga je gang, maar kom dan niet bij Paps en Mams uithuilen omdat hij van je ver-wacht dat je de vuilniszakken buitenzet.'

'En, wat heeft ze gedaan?' vroeg ik, veel meer geïnte-resseerd in dat verhaal dan in het mijne.

'Hem de bons gegeven, natuurlijk. Uiteindelijk besloot ze dat ze toch liever niet met een armoedzaaier trouwde. Ik wist dat ze alleen maar haar gram wilde halen op haar ouders, ze op hun kop wilde zitten. Weet je zeker dat zo-iets bij jou geen rol speelt?'

'Eh, nee, dat denk ik niet,' zei ik nadenkend. 'Het zijn echt heel lieve mensen. Ze hebben alleen een bepaald verwachtingspatroon.'

'Dan zijn ze misschien toch niet zo lief,' zei Lorraine, met een stem waarin meer bitterheid doorklonk dan er kon huizen in het totaal generaal van al die Park Avenue-gekken die haar hier elke dag kwamen consulteren. Wat zat ik hier in die spreekkamer van dat malle mens mijn ouders te verdedigen?

'Het wordt tijd om de navelstreng door te snijden,' ging Lorraine verder. 'Tijd om adios te zeggen, goodbye, au revoir. Tijd om door te gaan met je eigen leven. Heb je daar misschien moeite mee?'

Nu stak ik ondanks mezelf toch mijn hand uit naar een papieren zakdoekje, terwijl ik zachtjes begon te huilen.

Lorraine stond op, nog steeds even ongenaakbaar, haar eigen gevoelens tot een strak bundeltje samengeknoopt.

'Kom eens hier, we gaan iets proberen,' zei ze. Ze stak haar gekromde wijsvinger op en vroeg me om mijn eigen wijsvinger daaromheen te haken.

'Ik ga jouw vinger naar me toe trekken, en ik wil dat jij "nee" zegt. Begrepen? Laat me niet trekken, zeg alleen "nee", zo hard als je kan. Opgelet, ik begin.'

Lorraine begon mijn om de hare gekromde wijsvinger naar zich toe te trekken.

'Kom op!' Ze verhief haar stem. 'Je moet "nee" zeggen! Ik trek jouw vinger naar me toe. Zeg dan "nee"!'

Ik deed wat ze van me vroeg, al kon het me bar weinig schelen waar mijn vinger heen ging. 'Nee, nee, nee. Nee, néé!' zei ik zwakjes. 'Eh, zouden we nu weer kunnen gaan zitten?'

Lorraine richtte zich op, keek op me neer en sprak haar diagnose uit.

'Je hebt een probleem met assertiviteit. Je vindt dat je onderdanig moet zijn om aardig gevonden te worden. We hebben nog veel werk voor de boeg. Onze tijd is nu op, maar ik verwacht je minstens tweemaal per week hier, elke week, tot we een paar van die negatieve boodschappen hebben opgelost die je aan jezelf stuurt. Oké?'

'Eh, goed. Ik bel u nog.' Maar ik wist dat ik dat niet zou doen. Ik was liever mijn eigen verknipte, maar goedbedoelende zelf dan de angstaanjagende – en blijkbaar ongetrouwde – haaibaai die me zojuist mijn geld had afgetroggeld, een vrouw die even kil was als de kristallen replica van haarzelf die daar eenzaam in een hoekje stond.

Maar ik had in ieder geval leren vechten om mijn wijsvinger, voor het geval dat ik daar ooit iets aan zou hebben.

Tien

En India kreeg er weer iemand bij die zich bereidwillig be-
keerde tot de filosofie van het zinvolle zinloze.

GITA MEHTA, *Karma Cola*

'Fantastisch nieuws! Raad eens wie we morgen gaan ontmoeten?' gilde Kris over de telefoon.

'Wie? Wie?' vroeg ik opgewonden. 'Ben Affleck? Wie?'

Nadat ik een ontwerpster door Jazz had rondgeleid,
was ik vroeg naar huis gegaan, tevreden in de wetenschap
dat ze een met kralen afgezet topje, klassieke schoentjes
van Mary Jane en een lange rok van lichtroze gaas met
een bloemenmotief in overweging zou nemen voor een
opname met Amber Valletta.

'Nee, gekkie!' antwoordde Kris. 'Yogiji Babu. Je weet
wel, die grote Hindoeheilige. Ik heb het boek gelezen'

'Eh, schat, het spijt me dat ik je moet teleurstellen. Ik
heb het boek ook gelezen, en hij kan onmogelijk in de
stad zijn, want hij is dood.'

'Ja, maar zijn *reïncarnatie* is hier. Hij is de nieuwe Yogiji
Babu, zeg maar. Iédereen praat over hem.'

Kris was merkwaardig goed ingevoerd in de hele
mystieke *scene*. Als er een beroemd Noors medium of
aanhanger van de reïncarnatieleer uit Californië of Ma-
drasi-handlezer langs de Oostkust zoefde, wist zij ervan

en had ze vermoedelijk als eerste een afspraak gemaakt. Ze weet ook alle tegenslagen die haar overkwamen aan de een of andere astrologische bijzonderheid: een teleurstellend afspraakje, een vervelende middag op het werk, geen taxi kunnen krijgen – het kwam allemaal doordat Mercurius in retrograde was. Ze was even erg als mijn moeder.

'Hij blijft hier een paar dagen voordat hij weer naar India gaat. En hij zoekt naar een plek om vanavond satsang te geven,' zei ze, doelend op de religieuze bijeenkomsten die het handelsmerk zijn van elke bonafide heilige.

'En nou dacht ik... zou het niet te gék zijn als hij bij jóu kwam? Ik wed dat je moeder het geweldig zou vinden.'

'Mijn moeder is hier niet.'

'Weet ik, maar ze zou het fantastisch vinden als ze het wist. Een echte heilige bij jóu thuis! Denk je eens in!'

Eerlijk gezegd deed ik niets liever dan toegeven aan mijn plotselinge trek in een bord KFC-aardappelpuree en een avondje herhalingen van *Seinfeld*. Ik voelde er weinig voor om gastvrouw te spelen voor de een of andere twijfelachtige swami. Samen met de vliegen, moessonzomers en slechte televisiereclame, hoorde dat tot het deel van mijn leven dat ik in Bombay had achtergelaten.

Maar hoewel ik een exemplaar van *Wanneer ja nee betekent: leren zeggen wat je echt meent* op mijn nachtkastje had liggen, had ik op dat gebied nog weinig vorderingen gemaakt.

'Dan moeten we van alles hebben,' verzuchtte ik. 'Ik regel het wel, zorg jij er alleen voor dat hij hier niet voor zevenen is.'

Ik kende het klappen van de zweep van de talloze keren dat we thuis een goeroe hadden ontvangen, zodat ik precies wist welke speciale eisen aan de avond werden gesteld: vegetarische hapjes voor de gasten, melk aangelengd met een kleverige roze siroop, die een lekkernij is voor heiligen, kinderen en allerlei mystiekelingen, witte lakens voor iedereen om op te zitten, bloemenkransen voor de hooggeëerde gast (die ik vast en zeker om half-vijf op een regenachtige maandagmiddag aan de Upper West Side slechts met de grootste moeite zou kunnen krijgen).

Ik belde Tante Vinita om haar uit te nodigen, maar ook om me ervan te overtuigen dat ik niets belangrijks vergat. Goeroes zijn, zoals algemeen bekend, muggenzifters wat hun volgelingen betreft: één faux pas, en ik zou waarschijnlijk alle goeds dat ik aan het karmische front had verricht, tenietdoen.

'Komt Yogiji Babu bij jou?' riep Vinita uit. Sinds ik niet meer bij haar in huis woonde, was ze wat meer met mij ingenomen. 'Ik heb gelezen dat hij zomaar kan leviteren! En dat hij goud en diamanten uit het niets te voorschijn tovert! Een vriendin van me heeft me verteld dat de foto die zij van hem heeft, soms ineens op onverklaarbare wijze onder de rozenblaadjes zit! Al die wonderen! En zijn reïncarnatie komt bij jou thuis? O, wat een zegen! Hij zal je zeker zegenen. En dan komt de juiste jongen vanzelf. Je lot zal opengaan.'

Voorlopig echter was het enige wat openging, de deur van mijn klerenkast. Ik koos een lang wit Yohji-topje en een broek van Agnes b — gepaste, Indiase chic, zeker nadat ik er een stuk of tien zilveren armbanden en een bindi van kleine kristalletjes bij had aangedaan.

Toen schoof ik de deurtjes open van een kastje dat mijn huisschrijn bevatte. In een stad waar elke vierkante meter de prijs van radium kostte, en mijn schoenen op elkaar gestapeld stonden, had ik per se mijn eigen kleine mandir moeten hebben. Mijn ouders hadden erop gestaan. De kleine ruimte bevatte beeldjes en schilderingen van de meeste prominente Hindoegoden – Shiva, Laxmi, Parvati, Ganesh, Durga, Vishnu, Krishna. Wanneer ik 's ochtends koffiezette en een bagel roosterde, zei ik meestal met gebogen hoofd een kort gebed op, precies zoals ik dat als meisje had geleerd: om een examen te halen, om tot de universiteit te worden toegelaten, om ziektes af te wenden, om een levensgezel te vinden.

Om zeven uur die avond zaten er minstens dertig mensen opeengeperst in mijn studio, merendeels vriendinnen van Kris. Oom Lal en Tante Vinita waren er ook, kennelijk dolblij door het feit dat ik, die toch het New Yorkse leven zo gretig had omhelsd, nog voldoende binding met mijn eigen cultuur had om een swami bij mij thuis te ontvangen.

Zelf was ik inmiddels ook aardig opgewonden. Na afloop zou ik mijn moeder opbellen om haar te vertellen hoe ik voor het eerst helemaal zelfstandig een swami had ontvangen. Ik kon me voorstellen hoe hij eruit zou zien: donker van huid – misschien kwam hij uit Zuid-India – met een tilok op zijn voorhoofd, een wijze, serene persoonlijkheid, een stille, in een sari gehulde echtgenote. Misschien leek hij zelfs wel op de grote Hindoemysticus, zijn voorganger Yogiji Babu. Misschien zou er zich zelfs wel een wonder voltrekken, de een of andere goddelijke demonstratie of hemelse manifestatie, zoals die negentigjarige goeroe die ik op het hoogtepunt van mijn pelgrimage door India had ontmoet, die zijn witte *kurta* had opgestroopt om ons de in zijn huid geëtste beeltenis te tonen van de olifantsgod Ganesh, met slurf en al, waarmee hij, naar hij zei, geboren was. Ik dacht aan het heilige vuur dat we hadden bezocht – dat al zestig jaar onafgebroken brandde zonder dat iemand er ooit een vinger naar had uitgestoken. Misschien zou er, nadat Yogiji Babu mijn huis met zijn aanwezigheid had gezegend, honing gaan druipen uit een van de heilige beeltenissen die ik in mijn schrijntje had. Hoe dan ook, ik was in mijn tweede jaar hier en kon mijn ouders laten zien hoe aangepast ik was – geheel geacclimatiseerd aan mijn nieuwe omgeving, maar vanbinnen nog hecht verbonden met mijn eigen cultuur. Ze zouden trots op me zijn.

De voordeurbel beneden ging en ik drukte het slot open. Daar zou je hem hebben! Ik deed mijn kamerdeur open en tuurde nerveus door de gang naar de heloranje liftdeuren. Die weken uiteen en hij stapte naar buiten.

Ik hapte naar adem.

Hij zag eruit als rond de dertig en had evenveel van een heilige Hindoe als Marilyn Manson. Hij was spierwit en droeg zijn haar in een knotje op zijn magere, potloodvormige hoofd; een lichtblauwe kurta – het enige aan hem wat Indiaas was –, een spijkerbroek en afgetrapte Birkenstocks voltooiden zijn uitdossing.

'Dit is Yogiji Babu,' zei een van zijn assistenten, een vrouw van rond de vijftig die zich voorstelde als Judy en er vervolgens op stond te worden aangesproken als Janki. 'En dit is zijn vrouw, Laxmi.'

Laxmi, de moeder aller godinnen, leek me ongeveer honderd kilo te zwaar. Ze zeulde zichzelf door de deur, langs de zee van verwachtingsvolle, op de vloer gezeten mensen, en zeeg neer in een leunstoel. Ze droeg een doorschijnende lange rok – geen verheffend gezicht, gegeven haar kamerolifantenpostuur – en een ruimvallende Indiase blouse van kaasdoek. En, in overeenstemming met de regel die heilige Hindoevrouwen gebiedt het hoofd te allen tijde bedekt te houden, had Laxmi een tafellaken om haar schedel gewonden.

Ik stond perplex, om het zachtjes uit te drukken. Tante Vinita zond me een verwijtende blik dat ik zo stom had kunnen zijn. Niettemin hield ik me aan mijn oorspronkelijke plan en bood beiden een glas gekoelde roze melk aan. Yogiji en zijn vrouw sloegen het af, zonder enig benul te hebben wat het was.

Judy nam het woord. 'We zijn zeer vereerd dat we vanavond Yogiji en Laxmi in ons midden hebben. Ze zullen al uw spirituele vragen beantwoorden. Spreekt u vrijuit, alstublieft.'

Ik vouwde mijn benen onder me op een stukje van de vloer en voelde me, als gastvrouw, verplicht de procedure in gang te zetten.

'*Hari Om,* Yogiji Babu,' begon ik, hem een traditioneel welkom hetend. 'Wilt u ons vertellen hoe u weet dat u de reïncarnatie bent van Yogiji Babu?'

De man die beweerde de grootste van alle ten hemel gestegen geestelijke leiders van de Hindoes te zijn, sloot zijn ogen, haalde diep adem en zei: 'Ik haal geen trucs uit. Ik voel het gewoon.' Zijn accent was overdonderend West Coast. Later zou ik horen dat hij geboren was in San Luis Obispo.

'Maar hoe wéét u dat u Yogiji Babu bent,' herhaalde iemand anders mijn vraag. 'Waarom u, en niet een van zijn andere volgelingen?'

'Ik weet het gewoon. Ik kan het niet uitleggen. Ik werd op een ochtend wakker en toen wist ik dat ik vijfhonderd jaar oud was.'

'Dat hebben we allemaal wel eens,' fluisterde ik Kris toe. 'Volgens mij is dit zo'n dag.'

'Maar ik zal u mijn wijsheid demonstreren,' vervolgde Yogiji.

Hij zweeg even, terwijl hij zich opmaakte om enkele opzienbarende en schokkende waarheden te onthullen.

'De enige weg naar wereldvrede is dat we allemaal vredelievend zijn. Het einde van de wereld zal komen wanneer het komt. We moeten onszelf trouw blijven zodat ons zelf trouw kan blijven aan ons. We zijn geesten in menselijke gedaante, die een menselijk leven leiden in het spirituele vlak en een spiritueel leven in het menselijke.'

Ik kon aan mijn tantes gezicht zien dat ze dolblij was dat ze geen leden van haar Fort Lee Brigade had uitgenodigd. Wat zou het diep vernederend voor haar zijn geweest als haar vriendinnen hadden meegemaakt hoe ik, haar zogenaamde intelligente en alerte nichtje, zich bij de neus had laten nemen door het eerste het beste blanke echtpaar dat zich uitgaf voor Indiërs.

'Laatste vraag,' riep Judy het gehoor toe. 'Heeft er nog iemand een laatste vraag?'

'Ja, ik,' zei ik met opgestoken hand. 'Yogiji, ik heb gehoord dat u net uit India terug bent. Waar ligt uw ashram precies?'

'India?' antwoordde hij. 'Nooit geweest.'

47

Ik belde mijn moeder die dag niet, en ook niet de volgende. En voor het eerst was ik blij dat Tante Vinita en mijn moeder niet zulke dikke vriendinnen waren.

'Ik voel me een idioot,' beklaagde ik me tegenover Kris, toen we de volgende middag samen een snel broodje aten. 'Jij zult het wel grappig vinden, en misschien zijn die vriendinnen van je die je hebt uitgenodigd, wel gefascineerd geweest door al dat spirituele Hindoegedoe, maar ik weet wanneer ik met charlatans te maken heb. Die Yogi en Baboe van gisteren waren je reinste oplichters. Zonde van de melk en de bloemenkransen.

En bovendien denkt mijn Tante Vinita nu dat ik echt een hopeloos geval ben, en dat mijn ouders mij helemaal verkeerd hebben opgevoed. Zie je wel? Zie je wel?' zei ik, terwijl ik koolsla in mijn mond propte.

'En,' ging ik verder, 'toen ze om bijdragen begonnen te vragen om een tempel te bouwen ergens ten noorden van New York, heb ik me moeten inhouden om ze mijn bordje met pakoda's niet in hun gezicht te smijten. Schandalig.'

Kris was schuldbewust meelevend.

'Ik weet het. Ik weet het. Ik had meer navraag moeten doen naar ze. Ik had gewoon een stukje over ze gelezen in een van die gratis blaadjes en dacht dat ze authentiek waren. Het spijt me heel erg.'

'Nou ja, wat kan het schelen, het was weer eens wat anders. Ik bedoel maar, het is ook weer niet zo dat ik nooit eerder met nepswami's te maken heb gehad. Zelfs in India. Dertien in een dozijn, en de een nog doortrapter dan de ander. Vlak voordat ik hier ben komen studeren, heeft mijn vader me meegenomen naar ene Mohandas, een vent over wie hij van een vriend had gehoord. Mijn vader zal wel gehoopt hebben dat die Mohandas iets zou zeggen waardoor ik ervan overtuigd zou raken dat ik niet naar Amerika moest gaan.'

'En, hoe liep dat af?'

'Ik zit hier toch? Maar wat ik wou zeggen, hij woonde in zo'n piepklein huisje een eind buiten Bombay, en het kamertje waarin hij zijn bedrijf uitoefende stonk naar urine en muffe chapati's. Hij zag er ziek en treurig uit. Er stond zo'n oude telefoon met draaischijf naast zijn bed, met een slotje eraan zodat niemand anders hem kon gebruiken. En ik zag me dat allemaal aan en dacht: en die man moet ons gaan vertellen hoe wij moeten leven, wij die barsten van het geld en het zelfvertrouwen? Hij begon mijn ouders hele verhalen te vertellen over alle gebeden die hij voor ons kon opzeggen om hindernissen uit de weg te ruimen, met name natuurlijk die hindernis van mijn ongetrouwd-zijn, en toen Mohandas even niet oplette, draaide ik me naar mijn vader en vroeg hem: "Waarom kan hij zichzelf niet helpen? Als hij zijn gaven ten dienste van ons kan gebruiken, waarom dan niet ten dienste van zichzelf, dan zou hij niet ziek hoeven zijn en in een mooier deel van de stad kunnen wonen en een echte druktoetsentelefoon kunnen kopen?" Die hebben ze tegenwoordig in India, wist je dat?'

Ik zweeg en veegde de mayonaise van mijn lippen. 'Ik bedoel maar, het is toch net zoiets als in relatietherapie gaan bij de Bobbits?'

Elf

Vrouwen moeten worden geëerd en van fraaie kleren en sieraden voorzien door hun vaders, broers, echtgenoten en zwagers, willen zij dat de fortuin hun toelacht. Waar vrouwen waarlijk worden geëerd, daar verheugen zich de goden; waar zij daarentegen niet worden geëerd, daar blijken alle heilige riten vruchteloos. Waar de vrouw in kommer leeft — die familie gaat spoedig geheel te gronde; waar zij echter niets te klagen heeft — die familie bloeit immer. Haar vader beschermt haar in haar jeugd, haar echtgenoot beschermt haar in haar jonge jaren, haar zoons beschermen haar in haar ouderdom — een vrouw verdient geen onafhankelijkheid.

W.M. THEODORE DE BARY, Sources of Indian Tradition

Eén jaar, twee maanden en drie dagen na mijn vertrek vanuit Bombay naar New York keerde ik naar huis terug. 'Het is maar een bezoek,' zei ik tegen Marion en de meisjes. 'Ik moet echt nodig weer eens terug om mijn familie te zien en me ervan te overtuigen dat ze akkoord gaan met wat ik hier doe.'

'En stel dat ze je niet meer terug laten gaan?' vroeg Erin, terwijl ze afwezig wat papieren op haar bureau heen en weer schoof. 'Stel dat ze je, nou ja, op je bed vastbinden of zoiets? Je tegen je zin aan iemand uithuwelijken? Dat gebeurt namelijk; ik heb er boeken over gelezen.'

'Doe niet zo theatraal, Erin. Ik woon niet in een Saudisch sjeikdom, allemachtig! Mijn ouders zijn geen barbaren. Ik ga een maand bij ze logeren en dan kom ik weer terug. Wacht maar af.'

In de weken die voorafgingen aan mijn thuisreis, moest ik van alles regelen: iemand vinden om mijn planten water te geven en mijn post uit de brievenbus te halen, ervoor zorgen dat al mijn persberichten in perfecte staat waren, mijn cliënten ervan op de hoogte stellen dat hun belangen de komende weken door iemand anders op kantoor zouden worden behartigd.

Maar wat veel belangrijker was, ik moest er alles aan doen om in Bombay aan te komen als een zichtbaar andere vrouw. Zelfverzekerd. Evenwichtig. Opgewekt. Mooi. Zo'n vrouw als je ziet in een reclame van Clinique.

Ik moest het levende bewijs vormen van de stelling dat het goed voor je kan zijn er eens helemaal uit te breken.

'Stel je voor dat je een kristallen trap afdaalt,' smeekte de honingzoete stem op mijn nieuwste visualiseringsbandje, *Wees je eigen droom*. 'Iedere stap die je zet is vederlicht, en toch is je tred standvastig. En bij elke volgende trede die je afdaalt' – hier placht mijn concentratie weg te ebben, terwijl ik me voorstelde dat Sting op de achtergrond aan het zingen was – 'zie je jezelf meer en meer de vrouw worden die je wilt zijn. Nu sta je met beide benen op de grond. Je bent liefde. Je bent jezelf. Jij bent jij.'

Het klonk allemaal erg naar Helen Reddy, maar ik dwong mezelf er elke ochtend een kwartier naar te luisteren, voordat ik naar aerobics ging. Ik volgde ook een straffer schoonheidsregime en had mijn toevlucht weer genomen tot het bijtende masker van met citroensap aangelengd kikkererwtenmeel dat mijn moeder mij als jonge meisje op mijn gezicht placht te smeren. Ik móest gewoon minstens twee tinten lichter in Bombay aankomen.

Dan was er het probleem van mijn garderobe. Ik zou iedereen weer voor het eerst na een jaar ontmoeten: Indu en al die anderen met wie ik was omgegaan voordat ze paarsgewijze door de zijdeur waren verdwenen. Ik wilde dat iedereen aan de dineetjes die ter ere van mijn terugkomst zouden worden gegeven, zich naar mij zou omkeren en grote ogen zou opzetten wanneer ze zagen hoe zelfverzekerd, elegant en volwassen ik eruitzag – om nog maar te zwijgen over hoe prachtig slank in mijn rode jurk van Hervé Léger, die mij als gegoten zat. Niet dat ik een rode jurk van Hervé Léger hád, maar daar ging het niet om. Ik herinnerde me dat ik in het laatste nummer van *Cosmopolitan* had gelezen dat er goed uitzien de zoetste wraak was. Waarom ik wraakzuchtig zou moeten zijn, was me nog niet helemaal duidelijk. Omdat ik nog steeds niet getrouwd was? Omdat ik was overgebleven? Wiens schuld was dat? En waarom wilde ik iedereen daarvoor straffen door ze het gevoel te geven dat ze een saai en leeg leven leidden?

Maar het viel niet te negeren, dat trekje in mijn voor het overige goedhartige natuur, dat steeds op de loer lag om het ze allemaal betaald te zetten.

Ja, ik zou ze mezelf presenteren als de zelfstandige, geslaagde, gelukkige, alleenstaande vrouw. Die zich niet liet ringeloren door regels en echtgenoten en geniepige schoonmoeders.

'Beti,' zei mijn moeder aan de vooravond van mijn vlucht uit New York tegen me over de telefoon. 'Ik dank de Heer dat je terugkomt. Ik wens je een goede vlucht, we komen je afhalen op het vliegveld. En stop je sieraden goed weg. Je weet hoe de Indiase douane is.'

De marmeren Ganesh zag er wel heel erg hard en koud uit, en zijn gebeeldhouwde voeten zaten wat meer onder het stof dan ik me kon herinneren. Maar deze keer dacht ik eraan er even mijn hand op te leggen, waarna ik weer opkeek naar mijn ouders, die aan de andere kant van de lange gang op me stonden te wachten.

'Kom, beti, je zult wel moe zijn,' zei mijn moeder, en ze installeerde me op de bank naast zich. Ze was ongewoon hartelijk.

Plotseling was het rustig. Geen televisie, geen telefoon, geen Tante Jyoti.

'Zo,' zei ze met een onderzoekende blik op mij. Ze zei niets, maar ik kon haar gedachten lezen alsof ze in knipperende neonletters tegen de nachthemel afstaken. *Ze ziet er anders uit. Ze eet niet goed. Ik heb gelezen dat al die Umrikanen een of ander dieet volgen. Maar haar huid is lichter, dat is mooi. Misschien heeft ze Promise of Fairness gebruikt. Misschien verkopen ze dat in Umrika. Maar ze ziet er beslist mooier uit. Chique kleren. Sinds wanneer zijn plateauzolen weer in de mode? Klein topje, strakke broek. En haar haar, in lagen geknipt. En wat zijn dat voor kralen rond haar nek? Heeft ze niet genoeg echte juwelen, dat ze die namaaktroep moet dragen? En waar is die ring met de koraalsteen die haar een man moet bezorgen, en de zwarte draad die we haar hebben gegeven om rond haar rechterpols te dragen om haar te beschermen tegen het Boze Oog, en die gele saffier om haar zenuwen te kalmeren? Mijn dochter ziet er zo anders uit. Meer dan een jaar in*

Umrika, en ik herken haar niet. Lieve Heer, als ze haar maag-
delijkheid maar niet is kwijtgeraakt.

Maar mijn moeder bracht dit allemaal niet onder woorden. Het enige wat ze deed, was 'Zo,' zeggen en rustig op
de bank zitten.

Ik wachtte af. Ik was nu precies zestig seconden thuis.
Ik telde. Eenenzestig. Tweeënzestig. Drieënzestig. Vieren-
zestig. Vijfenzestig.

En toen kwam het.

'En? Geen jongens dus?'

Ik zuchtte, glimlachte en keek naar mijn vader en Anil
en Anand, die er zwijgend bij zaten, naar me keken en
niet goed wisten wat ze met me aan moesten.

'Nee, Mam. Geen jongens.'

'Maar, beti,' zei mijn moeder geprikkeld, met een
scherpere klank nu in haar stem. 'Wát heb je daar dan al
die tijd gedaan? Wát? Lal en Vinita hebben het voor je
geprobeerd, niet? Je bent naar party's geweest en hebt andere Indiërs ontmoet, niet? Wát dan? Beti, wát?'

Het was onvermijdelijk, natuurlijk. Ik had mezelf voorbereid op die vragen, het resultaat van mijn ouders' aangeboren, diepgewortelde bezorgdheid voor mijn levens-
lange geluk. Tijdens het etmaal dat ik in het vliegtuig had
gezeten, had ik het allemaal gerepeteerd: hoe goed het
me was gegaan, hoe gelukkig ik daar was, hoe druk ik het
had. Dat mijn chef zo ingenomen was met mijn werk, dat
ze me had geholpen met het aanvragen van een werk-
vergunning, en dat er nu een green card onderweg was.
Een green card! Wisten ze wel hoeveel Indiërs daarvan
dromen? En die schatten van vriendinnen die ik had,
Sheryl en Erin en Kris. En natuurlijk zag ik Oom Lal en
Tante Vinita vaak, ging eens per maand zondags met ze
naar de tempel en zeker eens in de paar maanden naar de

lunch van de Indiase Vereniging in New York. En, o ja, ik was bevriend geraakt met het nichtje van Tante Sati, die getrouwd was en in New Jersey woonde, en had een telefoongesprek gehad met de partner van Oom Pawan in Long Island. Mijn vriendinnen in Bombay hadden me telefoonnummers gegeven van de mensen die ze in New York en omgeving kenden, en die had ik allemaal braaf gebeld.

Ik had mijn ouders dat allemaal al vanuit New York verteld tijdens mijn twee telefoongesprekken per week. En nu ik voor het eerst na al die tijd samen met ze in onze vertrouwde wijnrood-roomwit ingerichte woonkamer zat, waar de airconditioner voor koele lucht zorgde en het verkeersgedruis van buiten overstemde, nu kon ik het ze allemaal persoonlijk vertellen, zodat ze de glans in mijn ogen konden zien en de gloed op mijn wangen. Ze zouden zich vast en zeker verheugen over de metamorfose van het schuchtere en trieste meisje dat bij hen was weggegaan in de stralende en zelfverzekerde jonge vrouw die was teruggekeerd.

Maar mijn ouders zagen daar allemaal natuurlijk niets van. In ieder geval, zag je ze zitten denken, was hun dochter niet zwanger naar huis gekomen, of verslaafd aan de drugs, of getrouwd met een langharige, blanke gitarist die Abe heette. Daar waren ze in ieder geval nog dankbaar voor.

☙

'Hé, cool! Reese's Pieces,' zei Anand, terwijl hij het knisperende oranje pakje uit mijn handtas pakte. Ik was naar de 99-centwinkel in de stad gegaan en had een hele koffer volgepropt met goedkope repen Snickers en inmiddels geplette kartonnen dozen met zoete, gehydreerde koekjes. Ze waren hier dol op al die troep. Ik had ook alle andere, in Bombay felbegeerde items bij me die werden verwacht van iemand die, zoals ik, 'net uit Umrika terug' was. Kraft kaas. Sinaasappelsap in poedervorm van Tang. Johnson's Baby Shampoo. Alles van Colgate. Geïmporteerde exotica, droomproducten die duidden op weelde en overvloed.

Voor Nina en Namrata waren er mooie, roomijskleurige T-shirts, hoewel ik wist dat Tante Jyoti tegen westerse kleding was. En voor mijn tante tientallen in folie verpakte driehoekjes roomkaas en pakken zoutjes. Voor mijn overige vrouwelijke verwanten, al die verspreide tantes en nichtjes die tot mijn uitgestrekte familie behoorden, had ik tasjes in diverse formaten meegebracht, sandalen, schoentjes, ruimvallende zijden blouses, polyester pantalons met elastiek in de taille, alles gekocht op Seventh Avenue op die speciale dagen waarop ze de toonkamers openstelden voor het publiek. En bij de *discount* drogist op de hoek van Lexington en Thirty-eighth Street had ik potjes rouge van Revlon, oogschaduw van Maybelline en nagellak van Sally Hansen op de kop weten te tikken, alles in de geliefde kleuren roze en oranje en rood. Ik had bijna een maandsalaris uitgegeven aan alle cadeautjes, maar ik wilde thuiskomen als een royale weldoenster.

'En hoe gaat het allemaal?' vroeg Anand, wiens Amerikaanse accent meer en meer verwaterde sinds hij in Bombay terug was. 'Het bevalt jou daar wel, hè?'

'Ja, ik vind het er heerlijk,' antwoordde ik, en míjn Engels klonk juist Amerikaans nasaler.

We zaten in mijn kamer de cadeautjes uit te pakken. Ik keek om me heen en voelde me getroost door het feit dat alles nog precies zo was als ik het had achtergelaten. Een tweepersoonsbed met een lila sprei erover. Alle kasten en kastjes wit geschilderd, met koperen knopjes. Een driedelige spiegel boven de kaptafel, waarop een ingelegd blad, een met kralen bestikt doosje voor papieren zakdoekjes en een zilveren *porte-fleurs*. Het was een kamer die nooit veel had prijsgegeven over de bewoonster en geen enkel stempel droeg van het jonge meisje dat erin was opgegroeid, in dat bed had liggen huilen, eenzaam en hunkerend naar die muren had liggen staren, en had liggen dromen van de dag waarop ze in die driedelige spiegel naar zichzelf zou zitten kijken, gehuld in bruidsroze.

Het was nog steeds de kamer die het dichtst bij de voordeur lag, zoals voorgeschreven door een van de vele swami's en goeroes die mijn ouders hadden geraadpleegd. Als ik me een gast voelde in mijn ouderlijk huis, zo zullen ze wel hebben geredeneerd, dan moest ik daar ook zo snel mogelijk weg. Ik moest zo dicht mogelijk bij de voordeur worden gehuisvest, met één been – figuurlijk, zo niet letterlijk – bijna erbuiten. Uiteindelijk wás ik weggegaan; alleen niet op de manier zoals die waarzeggers hadden geprofeteerd.

'Trek je niets aan van Ma en Pap,' zei Anil met een meelevende blik op mij. 'Ze maken zich gewoon zorgen om je. Je kent het toch? De mensen kletsen. Je kunt het ze niet kwalijk nemen. Maar nu je er toch bent, moet je je gewoon amuseren. Het is hartstikke leuk je weer eens bij ons te hebben.'

Ik keek mijn twee jongere broers eens aan en dankte God voor hun bestaan. In mijn hele, uitgebreide familie waren zij de enige twee die me nooit het gevoel gaven dat ik een lelijk eendje was dat elke dag afstotelijker werd.

'Ik houd je tegen, hè?' vroeg ik, terwijl ik op de rand van het bed neerzeeg en Anil strak aankeek. 'Ik weet dat je op mij blijft wachten. Dat moest je misschien maar niet doen. Ik bedoel, ik weet niet hoe lang het nog gaat duren. Luister, ik ben nu achtentwintig. Misschien moet je gewoon doorzetten, zodra je iemand hebt gevonden.'

'Dat heeft hij al,' zei Anand.

'Echt?' vroeg ik verrast. 'Waarom heeft Mams daar niets over gezegd?'

'Kop dicht, Anand,' zei Anil. 'Er is niets. Niets definitiefs nog.'

'Lavina,' ging Anand verder. 'Je weet wel, de dochter van Tante Renu. Die knappe.'

'O, juist, Lavina,' zei ik rustig. 'Maar die is toch zestien, of zo?'

'Eerder eenentwintig,' zei Anil. 'Maar ik weet het niet. Ze is lief en aardig en zo, maar ik ben niet wég van haar, snap je? Mammie zegt altijd: pyar hogaya – de liefde komt vanzelf – maar ik weet het niet. En trouwens, ik ben pas drieëntwintig. Alleen, sinds Vikram zich met Mira heeft verloofd, zijn ze zich allemaal met mij gaan bemoeien.'

Ik wist precies wat hij bedoelde. Drie uur nadat Indu haar verloving had bekendgemaakt, werden wij, haar vriendinnen, beschouwd als een stel potentiële bruidjes.

'Kom, doe het gewoon,' zei ik nonchalant, niet echt van plan om de consequenties door te denken. 'Ze is knap, en Paps en Mams mogen haar en haar ouders. Ja toch?'

'Ik vind,' zei Anand, die tussenbeide kwam en het woord nam voor zijn broer, 'dat Lavina het enige meisje is van dat hele vriendinnenclubje dat er natuurlijk uitziet en niet als een Bollywoodsterretje. Je kent het type wel: altijd even druk, geblondeerde lokken in hun haar en met van die stomme gekleurde contactlenzen en de meest hippe kleren. Lavina is lief en eenvoudig. Ik denk dat ze een aanwinst is voor de familie.'

Ik had mijn ogen ten hemel kunnen slaan, maar liet het achterwege.

'Hier, vangen!' zei ik en ik wierp mijn broers allebei een reep Tootsie's toe, waarmee ik het gesprek effectief een andere wending gaf. 'Iets om te knabbelen vóór het eten.'

✦

Na ruim een jaar van voorbereidingen zou het spektakelstuk dat het huwelijk tussen Vikram en Mira beloofde te worden, dan eindelijk worden opgevoerd. De verloving, die ik vlak vóór mijn vertrek naar Amerika had bijgewoond, zou haar beslag vinden in een huwelijk, dat toevallig samenviel met mijn verblijf hier. Een jaar was een ongebruikelijk lange tussentijd, maar Vikram had een halfjaar voor zaken in Praag moeten doorbrengen, en Mira had van de gelegenheid gebruikgemaakt om zich een uitzet aan te schaffen waarmee geen enkele bruid nog in het huwelijk was getreden: lingerie uit Parijs, schoentjes uit Milaan, jurkjes uit New York en autochtone kleding uit alle delen van India – pseudo-designmodellen uit Delhi en Bombay, glitterblouses uit Rajasthan, geborduurde, handgeweven shawls uit Kasjmir.

Mijn ouders vonden het heerlijk dat ik er was, niet alleen omdat ik zodoende buiten bereik was van de klauwen van die verderfelijke Umrikanen, maar bovendien omdat ik nu de huwelijksfeesten kon meemaken. Het zou de meest luisterrijke bruiloft worden die Bombay in lange tijd had meegemaakt. En doordat de familie van zowel Vikram als Mira zo prominent was, zouden er verwanten en vrienden van heinde en verre komen aanvliegen: uit Londen en Hongkong en Singapore, zelfs uit Barbados.

Mijn moeder, die haar huiswerk goed had gedaan, wist dat de huwbare mannen die zouden komen, allemaal voorin of halverwege de twintig waren, dus te jong voor mij. Maar mijn moeder was een onverbeterlijke optimiste. In elk geval zou het huwelijk met alle feestjes eromheen een flonkerende uitstalkast bieden voor ongetrouwde types als ik. Ze had een aantal nieuwe ensembles voor me gekocht, alles dernier cri. En zelfs zij – genetisch erop geprogrammeerd mij opmerkzaam te maken op zelfs het kleinste scheef zittende haartje in mijn wenkbrauw – moest toegeven dat ik er sinds mijn terugkeer uit New York heel goed uitzag. Misschien, mijmerde ze, zou ik, als ik er jaren geleden zo aantrekkelijk had uitgezien, allang en breed getrouwd zijn.

We hadden dágen van feestjes om naar uit te zien. Het zou eigenlijk één lange conferentie worden, een aaneenschakeling van informele party's en netwerkbijeenkomsten waarop men elkaar ontmoette, contacten legde en die in gedachten hield voor latere gelegenheden. Mijn moeder hoopte dat iemand mij zou opmerken en dan opeens zou moeten denken aan die verre achterneef van in de dertig, waarop een soort *Aha-erlebnis* zou volgen. Zo werkten die dingen nu eenmaal.

De festiviteiten begonnen een week voor het eigenlijke huwelijk en werden ingeluid met de misri, de officiële verlovingsplechtigheid, waarop het paar, nadat een priester een korte ceremonie had voltrokken, ringen zou uitwisselen, elkaar plakjes cake zou voeren en een bloemenkrans omhangen. Voor een buitenstaander zou de plechtigheid heel goed hebben kunnen doorgaan voor het huwelijk zelf, zó hoog was het glamourgehalte – mede dankzij al die vrouwen met rijkgeborduurde sari's, zware Indiase sieraden, met edelstenen bezette handtasjes, torenhoge kapsels en felrode lipstick.

De toekomstige bruid betrad de balzaal waar de plechtigheid plaatsvond en het geroezemoes onder de ruwweg driehonderd gasten verstomde onder de aanblik van zo veel liefelijkheid. Ze droeg een lavendelkleurige en met zilverdraad doorweven sari van Franse chantillykant, dat zei iedereen althans. Hij was haar, als alles in Mira's exuberante uitzet, aangemeten door een van India's topcouturiers. Het gerucht wilde dat Mira's ouders aan één sari meer geld hadden gespendeerd dan de meeste mensen uitgeven aan een hele bruiloft. Haar lange haar, dat ze anders altijd los droeg, zodat het tot haar middel reikte en iedereen zich kon verlustigen in de zwartglanzende luister, was nu opgestoken in een doorwrochte wrong, waaruit Mira wijselijk alle zilverglitter, dat haar kapster eroverheen had willen strooien, had geweerd. Haar gezicht zag er volmaakt uit – precies de juiste teint, een uitgekiende, eveneens lavendelkleurige oogschaduw op haar vrijwel zwarte ogen, die waren omrand met vloeibare eyeliner, een vleugje rouge op haar gladde, glimlachende wangen, een volmaakt gevormde mond rond tanden, zo recht en ivoorblank als pianotoetsen. Om haar hals en in haar oren droeg ze eenvoudige sieraden van in platina gezette diamantjes, maar iedereen wist dat dit alleen maar was voor de entree. Straks zouden Vikrams beide zusters hun *bhaujai* – letterlijk: degene die voor hun broer was geboren – tooien met juwelen die volgens degenen die ze hadden gezien, magnifiek waren.

'Zó geweldig kunnen ze anders niet zijn,' fluisterde mijn moeder haar zuster in, terwijl iedereen om hen heen hardop stond te speculeren over de kostbaarheden. 'Ze hebben ze niet bij ons gekocht.'

Mira ademde iets breekbaars uit. Instinctief wetend hoe ze het begeerde, broze bruidje moest spelen, nam ze naast haar aanstaande plaats op een soort troon, boven op een met een rood kleed bedekte verhoging. Alleen de naaste familie en de priester bleven bij hen in de buurt, de overige gasten drentelden door de zaal, als het publiek bij een interactief toneelstuk. Wat dit, in wezen, ook was.

Vikram droeg een kurta *pajama* van witte zijde, met knopen in een delicate tint lavendel.

Hemeltje, ging het door me heen, ze hebben vast en zeker afgesproken om de hele bruiloft samen ton sur ton te blijven.

Wat mezelf betrof vond ik dat ik geen slecht figuur sloeg voor een verschoppelingetje, en ik was mijn moeder heimelijk dankbaar voor mijn nieuwe garderobe. Ik droeg een sari van citroengele chiffon, met hier en daar wat kraaltjes, en een sieraad van parels en citrien, op mijn verzoek door mijn vader eigenhandig gekopieerd van een reclamefoto voor Bulgari. Aan mijn pols, waaraan tientallen glazen armbanden tinkelden, hing een zijden tasje met ruches en in een metallic beige tint die overal bij paste, dat ik voor juist zo'n gelegenheid bij Daffy's op de kop had weten te tikken. De namaak-Blahniks waarop ik liep, sorteerden het door mij beoogde dubbele effect: ik leek er langer door en ze stroomlijnden mijn figuur.

'Zo, Anju, ook weer eens in het land?' zei Indu, en ze zoende me koeltjes op beide wangen. Ik deed een stap achteruit en nam mijn vroegere boezemvriendin eens op; sinds ik naar Amerika was gegaan, had ik haar niet meer gesproken.

Haar gezicht leek iets gevulder en haar ogen stonden

troebeler dan ik me kon herinneren. Niettemin was ze nog steeds mooi met haar delicate huid, smaragdgroene sari en knoert van een jade aan een hanger om haar nek. Hoewel evident ongelukkig, was ze nog steeds een beeldschone vrouw.

'Hoe gaat het met je?' vroeg ik, en ik legde mijn hand even op de hare. Medeleven, hield ik mezelf voor. Oprecht zijn. Niet oordelen. Ik was dat aan het leren op een cursus boeddhistische meditatie waaraan ik net was begonnen. Over hoe ik mijn eigen levensangst niet het begrip voor die van anderen mocht laten blokkeren.

'Goed, met mijn man ook, en met de jongens, en er is een derde op komst, zoals je ziet,' zei ze, met een glimlachje nu, terwijl ze haar hand op de welving van haar buik legde.

'Gefeliciteerd, Indu, dat is fantastisch.' Ik glimlachte. Hoe kwam het toch dat nog niemand iets had gezegd over mijn eigen nieuwe, ontspannen, open en zelfverzekerde verschijning, over mijn trendy kapsel en afgeslankte lichaam met al die prachtige opsmuk? Hoe kwam het dat niemand daar oog voor had?

'Je ziet er mooi uit,' zei Indu, alsof ze mijn gedachten kon lezen. 'Leuk kapsel. Heeft je moeder die sari hier voor je gekocht?'

'Ja, ze zal er wel zeker van hebben willen zijn dat ik straks goed voor de dag kom op al die feestjes,' zei ik met een lach, en ik hoopte dat ik het gesprek soepel in de richting van mijn fantastische en frivole leventje in New York zou kunnen sturen, de mensen die ik had ontmoet, de feestjes waar ik naartoe was geweest en, niet te vergeten, die keer dat ik *persoonlijk* John Travolta tijdens een modeshow naar zijn plaats had moeten begeleiden. Stel je eens voor!

Maar Indu vroeg me niets van dat alles, evenmin als wie dan ook van mijn vroegere vriendinnen. Het leek wel alsof ik nooit was weg geweest. Het was maar goed, bedacht ik, dat ik die rode jurk van Hervé Léger niet had gekocht. Want het zag er, nu ik al drie dagen weer in de stad was, niet naar uit dat iemand een dineetje voor mij zou gaan organiseren.

❧

'Beti, wat zie je er mooi uit,' zei Vikrams moeder met een brede grijns, waardoor ze een paar met rode lipstick besmeurde tanden ontblootte. 'Amuseer je je? Heb je al wat gegeten?'

'Ja, dank u wel, tante. En nog gefeliciteerd met Vikrams verloving. Iedereen is zo blij voor ze. Maar ze vormen ook zo'n prachtig paar. Mira ziet er vandaag bééldig uit. En dat collier is werkelijk schitterend. Waar hebt u dat gekocht?'

Wanneer ik met een van mijn 'tantes' sprak, een van mijn moeders vriendinnen, verviel ik altijd in mijn rol van de lieve, charmante dochter. Het enige wat ik eigenlijk had willen vragen, was: 'Waar is de bar?'

Ik wierp een blik door de zaal, die deinde van de in sari gehulde vrouwen met hun dochters en schoondochters, en ik voelde mezelf lichtelijk boven hen verheven met mijn eigen zelfstandige leven in New York, en wat dies meer zij. En daardoor kon ik me permitteren gul te zijn met mijn complimenten, zelfs al vielen mij er zelf – voorlopig althans – geen ten deel.

Kakelend als een kip zonder kop en geheel opgaand in haar eigen woorden, stond daar, aan de andere kant van de zaal, Lavina, het meisje dat mijn broers vrouw wilde worden. Het huwelijk tussen Vikram en Mira had haar een ideale gelegenheid geboden, daar Vikram en Anil, net als Lavina en zijzelf, goede vrienden waren, zodat ze ruimschoots in de gelegenheid zouden zijn om elkaar gevieren te ontmoeten. Bovendien kon ik me indenken dat Lavina zich verlekkerde bij de gedachte dat Anil haar nu op haar allermooist kon zien, in die nieuwe sari's en gagara choli's die haar moeder voor haar had gekocht, de zware zijde gouddooraderd, het dunne chiffon bezaaid met zaadparels, alles een en al jeugdige elegantie en elk toilet gekozen omdat het beloofde elke andere creatie in de zaal, door welke vrouw dan ook gedragen, in de schaduw te stellen.

Lavina zag er vandaag wel héél mooi uit, apart, in een geborduurd turkoois jasje, een slank makende pantalon in dezelfde kleur en een over één schouder gedrapeerde shawl van een warme kleur. Ze droeg schoentjes met hoge, dikke hielen, gekocht bij Metro in Colaba en van de laatste mode, met grote stukken bergkristal over de neus. Ze was uitgelaten en sexy, zelfverzekerd in de wetenschap dat Anil geen weerstand zou kunnen bieden aan de tintelende schoonheid die ze uitstraalde.

'Ze ziet er vandaag heel lekker uit,' merkte Anand op tegen zijn broer, terwijl ze toekeken hoe Lavina Mira omhelsde na de plechtigheid. 'Iedereen weet dat ze gek op je is. Ik vind dat je er maar werk van moet maken. Ik wil ook wel eens een bhaujai,' besloot hij.

Anil knikte, wendde zijn blik af, nam nog een slok van zijn sinaasappelsap en stak zijn andere hand diep in de zak van zijn duifgrijze, zijden kurta. Hij wist dat iedereen hem nu bezag als de volgende die aan de beurt was, de beste vriend van de bruidegom en zó'n goede jongen. Lang, ook nog.

Maar hij maakte zich zorgen om mij. Hij keek in mijn

richting en zag dat ik opgelaten en nerveus de zaal aan het afspeuren was. Tante Jyoti stond naast me en propte me een stuk *misri* – een soort kandij – in mijn mond. Volgens de traditie garandeerde het eten daarvan op een heugelijke plechtigheid als deze je eigen verloving. 'Eet op,' gebood Tante Jyoti. 'Dan ben jij als volgende aan de beurt.'

'Lieve tante, ik eet dit al sinds mijn vijftiende. Ik geloof echt niet dat het helpt.'

Mijn moeder, die naast ons stond, was met haar vriendinnen in wel drie gesprekken tegelijk verwikkeld. Wat ik echter niet kon weten, was dat een ervan haar in het bijzonder interesseerde. Haar vriendin Gopi, die op de een of andere manier familie was van Vikrams moeder, was haar aan het vertellen dat ze net had gehoord dat Raju, een geschikte jongen voor mij, die avond zou komen overvliegen voor het verlovingsfeest.

'Wie is dat, die Raju?' vroeg mijn moeder, en ze trok Gopi met zich mee uit het groepje.

'De zoon van de neef van de broer van mijn zwager,' antwoordde ze op een toon alsof het allemaal één grote, gelukkige familie was, wat, gezien de plooibaarheid van het wereldwijde Sindhi-netwerk, ook zo was. 'Hij is familie van Vikrams moeder, net als ik, zoals je weet,' zei Gopi, trots op haar banden met de rijken.

Mijn moeder was echter maar matig geïnteresseerd in relationele ramificaties. Ze wilde gewoon méér horen over Raju.

'Hoe oud is hij, hoe lang, en waar woont hij?' wilde ze weten.

'Twee- à drieëndertig, en hij woont op het ogenblik in Londen. Zijn ouders wonen in New Delhi, maar de jongen leeft daar op zichzelf, verdient er goed zijn geld, hoor ik.'

'Volgens mij,' ging ze verder, haar stem dempend alsof ze op het punt stond een bloedstollend geheim te onthullen, 'zou die jongen geknipt kunnen zijn voor jouw dochter, omdat hij net zo is als zij, je weet wel, het vrijgevochten type, hè?'

'En wanneer komt hij, zei je?' vroeg mijn moeder, meteen in alle staten en in gedachten al mijlen verder, bij de misri van haar eigen dochter. Wat een speling van het lot – dat ze op de verlovingsplechtigheid van de zoon van haar vriendin had gehoord over een mogelijke schoonzoon, en dat haar dochter net terug was uit Umrika. Alsof het allemaal zo had moeten zijn!

Ze vernam dat Raju die avond uit Londen zou komen vliegen en op zijn minst de rest van de week nog in Bombay zou blijven. Hij kwam hierheen om zijn ouders te treffen, die uit Delhi overkwamen om deze spetterende bruiloft mee te maken, maar ook om een bruid te zoeken voor hun zoon. Hij was accountant, mat één meter drieënzeventig, had een lichtbruine huidskleur en 'geen slechte gewoonten'. Perfect!

En dus besloot mijn moeder mij vooralsnog onkundig te laten van deze jongste ontwikkeling. Dat zou haar nieuwe strategie worden – mij gewoon voorstellen aan elke jongen die in aanmerking leek te komen, zonder mij de kans te geven op voorhand al met allerlei vooroordelen aan te komen en me zodoende voortijdig aan de onderhandelingen te onttrekken. Ze besloot af te wachten of Raju en ik elkaar op het eerste gezicht althans móchten, voordat ze nadere informatie over hem zou inwinnen, zoals gebruikelijk was bij dit soort potentiële verbintenissen.

'Het heeft geen zin eerst een heleboel kouwe drukte te maken en dan te merken dat ze elkaar niet aardig vinden,' zei mijn moeder later die avond tegen mijn vader, toen we allemaal naar huis reden. 'Laten we afwachten tot ze elkaar hebben ontmoet, dan kunnen we altijd nog doen alsof het allemaal stom toeval is geweest, niet?'

'Leela, je doet maar wat je wilt,' zei mijn vader, die zich allang geen illusies meer maakte op grond van de verhalen van mijn moeder over alwéér een mogelijke huwelijkskandidaat. 'Maar zou je niet eerst wat meer over hem te weten zien te komen? Die jongens in het Westen, ver van hun ouders, weet jij veel wat ze allemaal uitspoken? Drank en drugs en gokken, al die slechte invloeden.'

'Onzin!' pareerde mijn moeder. 'Hij komt uit een goede familie, vergeet niet dat Vikrams ouders hem kennen. Laten Anju en hij elkaar dus in ieder geval ontmoeten, dan kunnen we daarna altijd nog aan de weet komen wat we moeten weten. Het heeft geen zin iets al tegen te houden als het nog niet eens is begonnen.'

Twaalf

Mijn lief, mijn trouwe vriend
Door het Lot verloren,
Door de maan gevonden.
Mijn lief, mijn trouwe vriend,
Kom bij me,
Nu, aarzel niet.
(Driemaal herhalen.)

ZSUZANNA E. BUDAPEST, 'A Love Spell',
The Goddess in the Bedroom

Alwéér een feestje met diner die avond. Ik was nu een week in Bombay en was met de dag meer ontgoocheld geraakt: mijn tijd ging heen met gedwongen bezoekjes aan de kapsalon, theevisites bij willekeurige familieleden en elke avond wel een party in verband met het huwelijk.

Ik voelde me vervreemd van de mensen met wie ik was opgegroeid – niet zo raar als je bedacht dat velen van hen nu getrouwd waren en kinderen hadden, evenals drukkende huiselijke verantwoordelijkheden, zoals het al dan niet in dienst nemen van een derde meisje. Mijn vriendinnen, met name Indu, bezagen me op een manier die ik niet helemaal doorgrondde, maar die leek te grenzen aan jaloezie. Dat was natuurlijk heel wat makkelijker te verteren dan medelijden. Hun echtgenoten vonden het spannend dat een van hen in dat grote, verdorven New York woonde, waar je op elke straat strippers zag en de mensen wodka dronken aan het ontbijt. Ze hadden best met me willen praten over mijn leven daar, maar ze wisten dat hun vrouwen dat niet op prijs stelden, zodat ze zich op een afstand hielden.

Ik miste Erin en Kris en Sheryl en de lunches met cliënten en de lanceringen van een nieuw cosmetisch product. Vlak voordat ik uit New York was vertrokken, was ik Marion gaan helpen bij het organiseren van mode-shows, en ik had dat heerlijk werk gevonden omdat het me iets schonk wat ik nog nooit had gehad: macht. Al die modejournalisten van tijdschriften en kranten die mij belden om nóg een kaartje of een betere zitplaats. Ik probeerde steeds behulpzaam en aardig te zijn, maar voelde me toch wel een beetje trots op mezelf wanneer ik naar hun smeekbeden luisterde. Daar, in dat zevenmanskantoortje in een onopvallend gebouw, was ik echt iemand met wie de mensen wilden spreken.

Hier, daarentegen, was ik een buitenstaander. Het zou anders zijn geweest als ik, zoals zoveel van mijn vriendinnen, op de fatsoenlijke manier was ontsnapt – via het huwelijk. Als ik met mijn man naar een uithoek van de aarde was verdwenen en dan was teruggekeerd om mijn familie en vrienden te bezoeken, zou er geen gebrek zijn geweest aan party's te mijner ere, nieuwsgierige vragen, geschenken, schouderklopjes en feesten. Maar omdat niemand nog ooit zóiets had gedaan – in je eentje ervandoor gaan, als ongetrouwde vrouw in het buitenland gaan wonen – was ik het ontbrekende stukje in de legpuzzel. Hoe ik het ook probeerde, ik paste nergens tussen.

'Kom, beti, niet treuzelen,' hoorde ik mijn moeders stem op de gang voor mijn kamerdeur.

'Ik kóm, Ma. Nog even mijn bindi aanbrengen.' Ik frunnikte met een stukje paars vilt met een bergkristal in het midden. Ten slotte drukte ik het, met mijn neus tegen de driedelige spiegel, plat op een plekje midden tussen mijn wenkbrauwen.

Ik richtte me weer op en controleerde mijn toilet. Mijn amethistkleurige sari was perfect geplooid en geschikt door ons meisje Lata, met de *pallav* sierlijk over mijn schouder geslagen. Aan elke pols had ik een tiental bij elkaar passende glazen armbanden die een lustig deuntje tinkelden terwijl ik een borstel door mijn haar haalde, nog een beetje lipstick aanbracht, wat parfum spritste en besloot dat ik, eindelijk dan, klaar was om te vertrekken.

❧

'Huisfeest, pff!' sputterde Tante Jyoti met een glas koude Tang in haar hand. 'Beide partijen zijn zo rijk, dat ze dit toch wel in een hotel of een fatsoenlijk restaurant hadden kunnen houden, zou je denken. Altijd hetzelfde, wanneer je bij iemand thuis naar een diner gaat. Nooit genoeg stoelen. Te druk, te rommelig. Waar moeten we gaan zitten?'

Ik stond naast mijn tante en keek om me heen. Deze keer had ze voor de verandering eens gelijk. Hoe groot het huis ook was, er waren veel te veel mensen in samengeperst. Bedienden die grote, met servetjes beklede bladen met gefrituurde snacks en groene mintchutney torsten, moesten zich door de mensen heen wringen om iedereen te bereiken. Rampen dreigden alom van de kant van vrouwen die glazen Thums Up – met een discrete scheut rum erin – balanceerden op bordjes met aardap-

pelkroketjes in bladerdeeg met een lik ketchup eroverheen. Ketchup krijg je met geen mogelijkheid uit chiffon, wat je ook probeert. Zoals altijd bij dit soort gelegenheden verzamelden de vrouwen – en dat waren er
hier zeker honderdtwintig – zich aan één kant van de
grote woonkamer, waar ze de zitruimte vrijwel geheel in
beslag namen. Hun mannen stonden of zaten in kleinere
groepjes bij elkaar of hingen tegen de zich over de halve
lengte van de kamer uitstrekkende bar aan geperst, waar
ze met de ene hand tumblers vol Black Label-Scotch
whisky achteroversloegen en met de andere kruidige
pistachenootjes kraakten. Ze vormden een aangeschoten,
rauwe zee van gebloemde overhemden met open boord
en patserige gouden horloges.

Dat waren vrienden van mijn ouders, de ouders van
mijn vroegere vriendinnen, familie van familie van het
paar dat binnenkort zou trouwen. Ik stak mijn hand uit
naar een blad en goot, toen niemand keek, een ferme
plens witte wijn in mijn spuitwater. Het was al over tie-
nen, het diner liet nog wel even op zich wachten, en ik
wilde niets liever dan naar huis. Mijn broers stonden in
een van de groepjes met jongemannen die de show stalen en dat wisten: ze lachten vrolijk, sloegen elkaar op de
rug en laafden zich aan de gin.

Daar kon ik dus niet heen.

Mijn vader zat in een rustig hoekje met de eigenaar
van een concurrerende juwelierszaak te praten over de
huidige vraag naar gekleurde diamant, terwijl mijn moeder verdiept was in een gesprek over een tempel in Ke-
rala die, volgens zeggen, de bezoekers beloonde met de
vervulling van al hun gebeden.

Daar kon ik dus ook niet heen.

Alleen mijn Tante Jyoti leek er geen bezwaar tegen te

hebben om naast mij te blijven staan en om zich heen te kijken wie er allemaal waren en wat ze droegen. Maar ik staalde mezelf, want ik mocht dan wel denken dat ik er heel goed uitzag, elk moment kon ik een opmerking van haar verwachten over mijn nog steeds te bruine huidskleur.

En toen zag ik hem, alsof mijn antenne dat signaal van gedesoriënteerdheid oppikte dat hij, net als ik, leek uit te zenden. Het was een nieuw gezicht, en nieuwe gezichten werden hier prompt opgemerkt.

Dit nieuwe gezicht was evenwel net aangekomen en moest zich nog aanpassen aan het woeste en onstuimige gezelschap, die bosjes feestvierende mensen overal in het huis.

Ik bleef hem staan observeren terwijl hij de ronde deed, meegevoerd door een vrouw met een lief gezicht, zo te zien zijn moeder. Iedereen leek hem graag te ontmoeten, maar zijn nieuwswaarde was dan ook hoog. Zijn moeder voerde hem van groepje tot groepje, ze paradeerde met hem rond. 'Ja, hij doet het daar heel goed in Londen, accountant, nahin, beta?' zei ze, vol moedertrots naar hem opkijkend.

Hij speelde zijn rol perfect, bukte zich om de voeten te beroeren van zo'n beetje iedereen van over de vijftig aan wie hij werd voorgesteld, zodat hij me deed denken aan een opwindpop.

'Wie is die jongen?' vroeg mijn tante, die hem in het oog kreeg toen hij zich weer eens oprichtte uit een van zijn buigoefeningen. 'Ik heb hem nog nooit gezien.'

'Welke jongen?' vroeg ik onnozel, terwijl ik deed alsof ik had staan kijken naar een groot geëmailleerd portret van Krishna dat naast me aan de muur hing.

'Die jongen,' zei mijn tante, die mijn geveinsde onwetendheid doorzag. Ze wees met een in oranje chilisaus gedoopte vinger. 'Die daar met dat heel korte haar. Hé, misschien is het wel Simi's zoon. Simi is Vikrams tante, zijn *maasi*. Hij moet uit het buitenland zijn gekomen voor het huwelijk. Volgens mij is hij niet getrouwd. Nee, zeker niet. Nu weet ik het weer, Gopi heeft me verteld dat Simi zich vreselijk ongerust maakt over hem omdat hij in Engeland woont, als ik het wel heb, en geen vrouw kan vinden. Laat me dat eens even gaan uitzoeken,' zei Jyoti, terwijl ze haar bordje neerzette en de saus van haar vingers veegde.

'Wat gaan uitzoeken?' vroeg ik.

'Wie hij is, hoe oud hij is, waarom hij hier is, wat hij doet, of hij op zoek is naar een vrouw, of hij aan trouwen toe is,' zei Jyoti tegen mij op een toon alsof ik debiel was, waarop ze wegschommelde en zich bij de rest van het gezelschap voegde.

Ik leunde achteruit tegen de lage tafel waarnaast ik had gestaan, en sloeg mijn ogen ten hemel. Waarom was het altijd de jongen die 'aan trouwen toe' moest zijn, en hoefde een meisje alleen maar beschikbaar te zijn, alsof een meisje vanaf haar tiende klaar was voor het huwelijk, zoals mijn grootmoeder?

Maar hij zag er tenminste interessant uit. Er was iets rebels aan hem, met zijn korte stekelhaar dat modieus met gel was bewerkt, totaal anders dan de conventionele kapsels van alle overige jongens in de zaal, die allemaal een zij- of middenscheiding droegen. En hij ging goed gekleed, zo te zien Hugo Boss, en gepoetste schoenen met puntneuzen.

Mijn moeder en tante troffen elkaar aan de andere kant van de zaal en kregen spoedig gezelschap van Gopi. Ze stonden zacht maar geagiteerd te praten, net drie valsspelers die van plan zijn de truc van de eeuw uit te halen. Ik wist natuurlijk wel beter. Ze hadden het over mij en hem en stonden een manier te beramen hoe ze ons niet al te opvallend bij elkaar konden brengen.

Ik had me juist omgedraaid om mijn bordje neer te zetten, toen hij pal voor mijn neus stond.

'Beti, dit is Raju, een neef van Vikram,' zei Gopi, die uit het niets naast me was opgedoken. 'Hij komt uit Londen, waar hij topaccountant is. Raju, dit is de dochter van een heel goede vriendin van me. Goed, nu hebben jullie allebei een beetje gezelschap, niet?' Ze knikte zo heftig dat het bolle haarstukje dat tegen haar achterhoofd zat geplakt, elk moment op de grond dreigde te vallen.

We zitten niet meer op de kleuterschool, had ik willen zeggen, maar ik slikte mijn woorden in. Ik keek eens naar Raju, die glimlachte en me toeknikte. Ik deed hetzelfde. Twee competente, niet op hun mondje gevallen, zelfverzekerde mensen die geen woord wisten uit te brengen.

'Eh, ben je hier al lang?' begon Raju.

'Op dit feestje? Och, een uur of twee, misschien. Jij bent hier pas net, hè?'

Ik merkte dat Raju mijn accent probeerde thuis te brengen. Bombays, maar niet helemaal, en hij stond de diverse stembuigingen te overwegen alsof hij de exacte bestanddelen van een dure Chardonnay aan het bepalen was. Hij was overdonderend Brits. Londens, liever gezegd. Met zijn bruine huid en Indiase kleren was het bijna paradoxaal, zoals hij sprak.

'Ja, ik ben hier net. Ik ben pas gisterenavond met het vliegtuig uit Londen gekomen. Speciaal voor Vikrams trouwen.'

'Wat aardig van je,' zei ik, nog steeds glimlachend. Ik voelde de ogen van mijn moeder en tante, die inmiddels weer gezelschap van Gopi hadden gekregen, van de andere kant van de zaal op me branden. Mijn moeder stond me bemoedigend toe te knikken, om innemend te zijn, zijn hart te veroveren.

'En jij?' vroeg Raju. 'Ben je familie van Mira, of heb je gewoon de pech gehad dat ze je hierheen hebben meegesleept?'

Ik schoot in de lach. Hij had in ieder geval gevoel voor humor. Ook hij was op dat moment duidelijk liever ergens anders en eerlijk genoeg om ervoor uit te komen.

'Mijn ouders zijn goed bevriend met beide families, en mijn broers met Vikram. Zodoende.'

'En wat doe je dan als je niet op saaie feestjes-met-diner bent?' vroeg hij, terwijl hij een slok nam van zijn Thums Up, met een tic erin, durfde ik te wedden.

'Ik heb een tijd voor mijn vader gewerkt. Die heeft een juwelierszaak.' Ik repte er met geen woord over dat ik modepubliciste was in New York, noch over het feit dat ik over een week of twee, kort na de bruiloft, mijn leven daar weer moest opvatten. Mijn moeder had me op het hart gedrukt te doen alsof ik hier voorgoed zou blijven, zoals ze zelf kennelijk hoopte.

'O, dat klinkt interessant,' zei Raju, er duidelijk niet erg van onder de indruk dat ik dus eigenlijk de hele dag met diamanten zat te spelen. Maar hij bleef me strak aankijken, en de verlegenheid die zich in mijn ogen trachtte te verschuilen, noch mijn frunnikende vingers of nerveus trillende lippen ontgingen hem. Hola, zijn blik bleef even te lang naar mijn zin op mijn lippen rusten. Ik had ergens gelezen dat hoe strakker een man naar de mond van een vrouw kijkt, des te meer hij haar begeert. Het klamme zweet brak me even uit.

Van de overkant van de zaal stond mijn moeder me

toe te lachen. Een van de vele zieners die ze had geraadpleegd, had haar voorspeld dat ik mijn man zou ontmoeten in een tempel, omgeven door mythologische
motieven. Dit was geen tempel, natuurlijk, maar met een
fluitspelende Krishna die welwillend op ons neerzag,
kwam het toch aardig in de buurt? (Mijn moeder was
overigens geneigd dat soort voorspellingen zeer ruim te
interpreteren: een handlezer had haar gezegd dat ik de
man van mijn leven zou ontmoeten 'ergens in de buurt
van water, naast een waterval bijvoorbeeld'. Mijn moeder
had meteen een bezoek aan de Niagara voorgesteld.)

'Nou, ik heb iedereen wel zo'n beetje begroet,' kon-
digde Raju aan, terwijl hij zijn glas achteroversloeg. 'Denk
je dat je ouders er bezwaar tegen hebben als we samen ergens een hapje gaan eten? Ik heb het hier onderhand wel
gezien.'

Na ruwweg drie kwartier onderhandelen over en weer,
langdurig afscheid nemen en gehannes met huissleutels
– ik had zelf nooit een stel bezeten – maakten Raju en ik
ons op om weg te gaan. Mijn vader keek een beetje ongemakkelijk, maar Jyoti stelde hem gerust.

'Iedereen zegt dat het een goede jongen is. Het heeft
geen zin als ze hier blijven, met al die mensen om zich
heen kunnen ze niet met elkaar praten. En ze komt niet
laat thuis.'

Ik liep naar het toilet om mijn lippen opnieuw te stif-
ten en ontdekte tot mijn diepe ontsteltenis dat een stukje doperwt zich had vastgezet tussen mijn beide voortan-
den. Geen wonder dat Raju zo gefascineerd naar mijn
mond had staan kijken!

Dertien

*Ik heb dus alle begrip voor degenen die de liefde zo hard-
nekkig zoeken en willen behouden. Maar soms is het frus-
trerend wanneer je te maken krijgt met alleenstaanden,
want ik constateer vaak dat die jammerlijk naïef zijn in hun
verwachtingen en gedrag ten aanzien van relaties. Opgevoed
met de oude regels, passen ze de nieuwe toe en willen ze intiem worden met anderen voordat ze begrijpen wat inti-
miteit is, en voordat ze intiem zijn geworden met zichzelf.*

HARVILLE HENDRIX, PH.D.,
Keeping the Love You Find

'Goed, sorry, laten we gaan,' mompelde ik tegen Raju,
zodra ik uit het toilet was gekomen, na het stukje peul-
vrucht met succes te hebben uitgegraven.

'Waarheen?' vroeg hij. 'Het café in het Oberoi of die
in het Taj?'

'Het Oberoi is prima,' antwoordde ik, wetend dat de
keuze beperkt was. Het was het trouwseizoen in Bombay,
zodat het overal sowieso bomvol zou zijn. Waarschijnlijk
zouden we in de rij moeten staan voor een tafeltje, van
het ene been op het andere wippend, afwisselend om ons
heen en op de klok kijkend, en met pijnlijke stiltes die
tussen ons bleven hangen tot er eindelijk een ober kwam
om ons te verlossen.

Nadat we de chauffeur van Raju's wachtende auto hadden weten te traceren aan het andere eind van het parkeerterrein, waar hij met collega's *beedi's* had staan roken, stapten we in en vroegen hem ons te brengen naar het vijfsterrenhotel dat het trefpunt was van Indiërs die zich zeventig roepie konden permitteren voor een glas lassi, dat je aan een kraampje op straat voor eenvijfde van dat bedrag kocht.

Raju zei dat hij blij was dat hij weg was uit dat huis, ver van dat feestje en al die mensen met hun luide stemmen en indringende blikken en impertinente vragen. Een van de vriendinnen van zijn moeder had hem zelfs gevraagd hoeveel hij verdiende.

'Goddank dat we de wijk hebben kunnen nemen,' zei hij, en hij loosde een diepe zucht. Ik had het gevoel dat ik in het een of andere parallelle universum vertoefde. Het was hoogst ongebruikelijk dat mijn ouders me hadden laten gaan met een jongen die ik – evenals zijzelf – nog maar net had leren kennen. Wat was er aan de hand? Normaliter zouden er eerst een stuk of vijf stappen moeten zijn gezet voordat we op dit punt zouden zijn aangekomen, deze afspraak, die niet echt een afspraak was. Er zou een gesprek hebben moeten plaatsgehad tussen de beide families, waarna mijn ouders eerst Raju zouden hebben willen ontmoeten om vast te stellen of hij inderdaad geschikt was voor mij, gevolgd door de onvermijdelijke informatiegaring over zijn achtergrond en eventueel zelfs het vergelijken van ons beider geboortehoroscopen.

Maar niets van dat alles. Of misschien niets waarvan ik weet had. Misschien hadden mijn ouders de voorbereidende beraadslagingen voor mij verborgen gehouden. Of, wat waarschijnlijker was, misschien hadden ze gewoon hun verwachtingen naar beneden bijgesteld en daarom de teugels wat laten vieren. Ik was per saldo bijna achtentwintig, dus wie weet had mijn moeder bedacht dat er tegen die Raju, nu hij een hartslag bleek te hebben en een baan en ook nog eens al zijn armen en benen, uiteindelijk niet zoveel in te brengen kon zijn.

'Vind je het prettig om weer eens in India te zijn?' vroeg ik, terwijl we over de boulevard zoefden.

'Ach ja. Ik ben op familiebezoek, weet je. Maar ik ben blij dat ik hier niet hoef te wonen. Zo godvergeten – sorry voor mijn taalgebruik – beklemmend. Die hitte, al die mensen, die troep overal, die koeien op elke godvergeten – sorry – straathoek. Je vraagt je toch af hoe ze willen dat dit land ooit vooruitkomt, als ze die beesten overal laten plassen en poepen. Ik ben tien jaar geleden in Londen gaan wonen, en dit is de eerste keer dat ik hier weer ben. En van mijn part mag het nog eens tien jaar duren voordat ik voor de tweede keer terugkom.'

Zijn accent bleef me verbazen. Ik had nog nooit een bruine jongen zo zijn best horen doen om te spreken als een blanke. Geen wonder dat al die ooms en tantes niet verstonden wat hij zei – zijn Cockney-accent klonk als een vreemde taal.

'En jij? Wat heb jij zoal te vertellen?' vroeg hij. 'Wil jij hier de rest van je leven blijven?'

Het antwoord dat ik nu zou geven, was cruciaal. Als ik hem vertelde dat ik Bombayse was in hart en nieren, wat ik was, zou ik hem misschien van me verwijderen. Maar als ik hem vertelde dat ik een jaar in New York had gewoond en vast van plan was daarheen terug te keren, zou het resultaat hetzelfde kunnen zijn. Niet dat het er veel toe deed: bij dit soort huwelijksmakelaardij kwamen de kaarten snel genoeg op tafel – zo niet door mij, dan wel door iemand anders.

Toch wenste ik dat ik wist hoe ik het spelletje moest spelen, hoe ik 'Ach, het maakt me niet zoveel uit waar het leven me heen voert' kon zeggen, bedeesd en tegelijkertijd een beetje blasé, zoals mannen dat graag hebben. Ik moest flamboyant, flexibel en fleurig zijn, en een beetje flirterig. We wisten allebei waarom we daar naast elkaar in zijn auto zaten: hij zocht een vrouw, ik zocht een man.

Als dit goed ging, konden we binnen drie dagen getrouwd zijn.

'Eerlijk gezegd woon ik al een jaar in New York en ben ik net als jij hier alleen maar op familiebezoek.'

'Méén je dat?' Raju veerde overeind, opeens belangstellend. Het verbaasde me dat hij dat niet wist – blijkbaar hadden zijn ouders hem niet veel over mij verteld, en dat vond ik prima. Op die manier kon ik met een schone lei beginnen, anders dan met een die al was besmeurd met veronderstellingen van anderen over het leven dat ik leidde.

'Wat bedoel je? Op jezelf?' vroeg hij verder. 'Dat is niet zo gebruikelijk, toch?'

'Dat kun je wel zeggen. Maar ik wilde echt verder studeren, en toen ik daarmee klaar was, ben ik gebleven en gaan werken. Op het ogenblik ben ik modepubliciste.'

In de hele week die ik hier nu al was, waren die twee woorden nog niet over mijn lippen gekomen, omdat niemand had gevraagd, en niemand het iets kon schelen wat ik deed. Achter in die auto, naast een man die ik pas een uur kende, had ik opeens het gevoel dat ik niet verkeerd zou worden begrepen.

Het duurde uiteindelijk niet zo lang voordat we een plaats kregen. Toen we allebei terug waren gekomen uit het toilet, bleek er een tafeltje vrij. Natuurlijk hadden de vijftig roepie die Raju de gerant had toegestopt, geholpen.

Het hagelwitte tafelkleed spiegelde onder de plafondverlichting, die een gloed wierp over Raju's stekelhaar. Hij speelde met zijn mosgroene das terwijl hij het menu bestudeerde, en ik moest denken aan de laatste keer dat ik met een man die noch mijn broer, noch mijn oom, noch mijn vader was geweest, aan één tafeltje had gezeten. Dat was met Jeff geweest, bijna een jaar geleden.

Aangezien we allebei trek hadden, kozen we voor *navrattan korma,* een schotel paneer *kofta* en wat *naan.*

'Wijn?' stelde Raju voor.

Het was verleidelijk, maar ik nam toch maar kokosnootwater. Hij mocht dan ruimdenkend zijn, zelfs ruimdenkende mensen kennen hun grenzen, en alcohol bij een eerste ontmoeting was misschien een beetje veel gevraagd van zijn tolerantie.

Dat zei ik hem, en hij moest erom lachen. Dat brak het ijs tussen ons, en we kwamen geleidelijk tot het uitwisselen van het soort verbale vertrouwelijkheden waaruit een echt gesprek bestaat. Het leek wel alsof we het er niet over hoefden te hebben waarom we daar zaten, maar domweg genoten van het feit dát we er zaten.

Hij zei me dat hij me lief vond, dat hij hield van die schuchtere blik in mijn ogen, en toen hij dat zei, schoot de knoop tussen mijn schouderbladen los en groeide er een warm gevoel in mijn buik en in de atmosfeer tussen ons. Hij zei dat hij het apprecieerde dat mijn vader dan wel een juwelierszaak dreef (dát wist hij blijkbaar wel), maar dat ik zelf niet veel van dat glitterspul droeg.

Ik zei tegen hem dat ik de hele week nog niet zo'n gezellige avond had gehad.

Ik zei er niet bij dat ik het gevoel had alsof ik met een mannelijke versie van mezelf sprak. Zijn eigen onvrede met het milieu waarin we beiden waren geboren, stelde me vreemd genoeg meer op mijn gemak. Bij hem voelde ik me, op dat moment, niet zo alléén in mijn isolement. Zelfs in het kringetje van mijn nieuwe vrienden in New York had ik meestal niet zo heel veel te vertellen. Ze zouden mijn bestaantje wel idioot vinden, dacht ik soms, en ervan uitgaan dat iemand die zo'n deugdzaam leven leidde als ik, waarschijnlijk niet veel interessants te melden had. Mijn collega Milo noemde me 'Ma Walton'. En al had Jeff gefascineerd geluisterd naar mijn verhalen over de beperkingen die mijn leven hadden geregeerd – waardoor ik de indruk wekte van moeilijk te veroveren en dus des te aantrekkelijker te zijn – de ironie wilde dat juist die beperkingen onze relatie vrijwel in de kiem hadden gesmoord.

In de week dat ik nu in Bombay was had ik met iedereen alleen maar de meest banale gesprekken gevoerd, waarbij het steeds was gegaan om hún leven, hún kinderen, hún dienstmeisjes. Ik was bang om me enthousiast en vrolijk uit te laten, omdat mijn vroegere vriendinnen me nooit zouden begrijpen, zo'n geringe rol speelden die emoties in hun eigen leven. Ik vond hén oppervlakkig, zij vonden míj onvolgroeid, waardoor elke poging tot echte communicatie bij voorbaat tot mislukken gedoemd was.

Wat een genot was het dus zo met Raju te kunnen praten, hem te kunnen vertellen over rolschaatsen in Central Park, over de enkele keren dat ik naar het ballet ging, en dat ze me sinds kort zelfs waren gaan uitnodigen voor de opening van nieuwe clubs, cafés en restaurants in die ruige, rumoerige, bruisende stad. Er was zelfs een kans, vertelde ik hem, dat ik de volgende maand naar Parijs werd gestuurd om te assisteren bij de organisatie van een modeshow die werd gegeven door een van onze cliënten. Parijs! Indu was op huwelijksreis naar Parijs gegaan, maar verder kende ik niemand die er ooit was geweest. Laat staan alléén.

Toen de rekening kwam, hoopte ik vurig dat Raju niet zou voorstellen dat we hem zouden delen. Ik had gehoord dat ze dat in Amerika wel deden, maar we waren hier in India, waar de man alles voor zijn rekening nam.

Bovendien had ik geen geld bij me.

Hij legde een biljet van vijfhonderd roepie op tafel, stond op, rekte zich uit en liep toen om het tafeltje heen om mij uit mijn stoel te helpen. Wat galant, vond ik, en ik glimlachte. Het zou niet lang meer duren of er zouden allerlei gasten van het feestje komen binnendruppelen voor koffie met ijs, dus het was een goed moment om weg te gaan. Ik draaide me om voor een laatste blik door het raam op de donkere zee met zijn witte schuimkrulletjes. De boulevard was nu verlaten. We liepen door de glazen deur van het café en Raju legde zijn hand in de holte van mijn rug. Ik had een visioen van mezelf in een rood-met-gouden sari, mijn bedekte hoofd eerbiedig gebogen, en van die jongen naast me als een prins in een crèmekleurige, zijden *shervani*, samen op weg naar het met bloesemblaadjes bestrooide tweepersoonsbed in de luxueuze bruidssuite van het Oberoi, naar de foto waarvan ik zo vaak had zitten staren in de glanzende brochure van het hotel.

Ik had ontelbare nichtjes en vriendinnen na hun huwelijk afgeleverd in hun bruidssuite, waar iedereen gewaagde

grappen maakte en walgelijke hoeveelheden voedsel bestelde bij roomservice.

De eerstvolgende bruidssuite die ik zou betreden, zou
mijn eigen zijn.

Veertien

Wanneer een heer een witte roos geeft aan een jongedame,
geeft hij daarmee te kennen dat hij haar liefde beschouwt als
de meest reine en vlekkeloze die kan worden gevonden in
de onschuldige harten van de lieve wezentjes die hij kent.

A Garter Round the Bedpost –
Love Charms and Superstitions

De geur en het gesis van samosa's in een pan met koken-
de olie wekten me de volgende ochtend. Ik sloeg mijn
ogen op, herinnerde me de vorige avond en glimlachte.
Ik had een heerlijk, knus gevoel. Dat had ik dus al die tijd
gemist.

Het was tegen elven en in huis gonsde het van de ac-
tiviteit. Mijn vader ging de laatste tijd later naar zijn
werk; vaak was hij er pas na de lunch. Hij wist dat hij nu
niet zoveel meer hoefde te doen. Hij had capabel personeel en een betrouwbare bedrijfsleider, Ramji, die de fi-
nanciën beheerde en het dagelijks toezicht had over de
vijf winkels. En Anil en Anand zouden binnenkort full-
time in het bedrijf worden opgenomen, zodat hij zich
eindelijk, op zijn zestigste, gedeeltelijk uit zijn zaken kon
terugtrekken.

Mijn vader had zich gepensioneerden altijd voorgesteld als het soort mannen dat thuis bleef in een effen

witte kurta pajama, languit op een sofa en verdiept in de krant, met lange lunches, middagdutjes en flaneren over de boulevard met andere gepensioneerden als afwisseling. Na veertig jaar hard werken zou hij zich daarop moeten verheugen.

Maar hij had al een tijd geleden besloten dat hij pas met pensioen zou gaan als ik getrouwd was. Hij geloofde dat zijn rol als vader pas was uitgespeeld op de dag dat hij mij, gezeten voor het huwelijksvuur, zijn zegen zou geven door zijn hand op mijn gebogen hoofd te leggen. Dat was voor een Indiase vader de ultieme zegen, belangrijker dan een opleiding aan de duurste universiteiten, kostbaarder dan welke erfenis dan ook.

Dus hij verbande nu elke gedachte aan het rustig aan doen naar de verste uithoeken van zijn geest en zette zich aan de dagelijkse bezigheden. Hij moest een contract tekenen voor renovatie aan de winkel in Colaba, de mogelijkheden voor het openen van een filiaal in Delhi nader onderzoeken en beslissen of hij meer moest gaan investeren in gekleurde diamant.

'En, beti, heb je je geamuseerd gisterenavond? Je was niet zo vroeg thuis, hè?' vroeg hij terwijl hij met de gesp van zijn riem speelde.

'Ja, hoor,' zei ik, en ik wist niet zo goed hoe ik verder moest gaan. Mijn moeder, die had gehoord dat ik op was, kwam binnenstuiven vanuit de slaapkamer, waar ze haar voorraad sari's had staan doornemen om te besluiten welke ze die avond zou aantrekken.

'Ai, beti, wat ben je laat op! Heb je goed geslapen?' Ze stond te stralen alsof ze op de hoogte was van een geheim waarin ik nog moest worden ingewijd.

Zonder op een antwoord te wachten, vatte ze de koe bij de horens.

'En, beti, vond je hem aardig?'

'Ja, Mam, inderdaad.' Ik zat te glimlachen en te blozen als een schoolmeisje na haar eerste zoen. 'Het is een erg aardige jongen. Heel geestig en intelligent. Ik mag hem graag.'

'Ai, *wah-wah*,' jubelde mijn moeder. 'Eindelijk iemand die je aardig vindt! Eindelijk! Zijn moeder, Simi, heeft me vanochtend gebeld. Ik denk dat hij jou ook erg aardig vond.'

'Wat doen we nu?' Mijn moeder richtte zich tot mijn vader, die zijn sok weer eens over de omslag van zijn broekspijp had aangetrokken en dat foutje nu aan het herstellen was. 'Zullen we nu een officiële ontmoeting tussen de families arrangeren? Hoe we nu verdergaan? Ik bel Jyoti even, die weet dat soort dingen,' ging mijn moeder gejaagd verder, en ze stoof de slaapkamer weer in.

Mijn vader, behoedzaam zakenman als hij was, bleef kalm.

'Tja, beti, het is leuk dat je hem aardig vindt, maar we weten nog niet zo bar veel van hem. Laten we niet overhaast te werk gaan, dat is nergens voor nodig. Laat je moeder zich maar druk maken, wij moeten alles rustig overwegen, hè?'

Ik knikte, maar hij besteedde niet zo veel aandacht aan mij. Voordat Raju mij de vorige avond thuis had afgezet, had hij me voor vanmiddag uitgenodigd om koffie met hem te drinken. Hij vond het een veel zinniger manier om elkaar te leren kennen buiten die krankzinnige drukte van huwelijksfeestjes om. Ik was het met hem eens, maar was op dat moment zo stapelverliefd op die licht opstandige, maar oneindig charmante man, dat ik het vermoedelijk overal mee eens zou zijn geweest.

Ik besloot mijn gezicht in te smeren met een papje van

besan – niets effectiever dan de lokroep van de liefde om een vrouw meer aandacht te laten besteden aan haar uiterlijk – en verdween in mijn kamer. Ik hoorde mijn moeder over de telefoon aan haar zuster vertellen dat ik eindelijk iemand had gevonden die ik aardig vond. Was nu de volgende stap het consulteren van de astroloog over verenigbaarheid van karakters of moest ze wachten op een officieel aanzoek? 'Denk je dat ze om haar zullen komen vragen?' wilde mijn moeder weten. 'O, wat zou dat heerlijk zijn! Als zijn ouders – zulke goede mensen – hier persoonlijk om mijn dochter zouden komen vragen!'

Wat een opschudding na één ontmoeting! Mijn New Yorkse vriendinnen zouden hun oren niet kunnen geloven. Die gingen naar een afspraakje en tobden er de volgende dag over of hij nog wel zou bellen. Maar mijn moeder liep zich, twaalf uur nadat ze Raju voor het eerst had gezien, ongerust af te vragen of er wel genoeg gouden munten in de kluis lagen om als voorlopig verlovingsgeschenk aan de familie te sturen.

Ik hoorde mijn vader zijn secretaris, Parmeshwari, bellen.

'Neem deze brief even voor me op,' instrueerde mijn vader hem. 'En fax die naar mijn vriend Jeevan in Londen.'

'Beste Jeevan, ik hoop dat het jou en de jouwen goed gaat. Ik heb je hulp nodig bij een aangelegenheid. We hebben een jongen op het oog voor onze dochter. Hij heet Raju, en hij is de zoon van Bhagwan en Simi Asrani, die op het ogenblik in New Delhi wonen. Voorzover mij bekend, is de jongen op dit moment in dienst van een accountantsbedrijf in Londen, waar hij woont, op zichzelf. Verder weten we niets van hem. Op het ogenblik verblijft hij in Bombay. Wil je zo vriendelijk zijn de gebruikelijke discrete informatie in te winnen en me zo spoedig mogelijk volledig verslag uit te brengen? Laat me weten of je nog andere gegevens nodig hebt van mijn kant. Met hartelijke groeten, et cetera, et cetera...'

❧

Ik liet mijn ogen gaan over de kleren in mijn kast en vond alles even afschuwelijk. Ik wilde er modieus en conservatief, mooi en ontwapenend tegelijkertijd uitzien. Ik glimlachte bij de herinnering aan hoe hij eruit had gezien toen hij me naar huis had gebracht. We hadden vier uur lang zitten praten. Dat was langer dan ik gedurende mijn hele leven onder vier ogen had gesproken met mannen die niet tot mijn familie behoorden. Afgezien van Jeff, natuurlijk.

Er viel een boel te zeggen voor een verbintenis met iemand van eenzelfde kaste en achtergrond. Zoals hij had begrepen waarom ik geen wijn had willen bestellen, en we er allebei om hadden kunnen lachen. Hij had geweten waarom ik voortdurend op mijn horloge had gekeken om de tijd in de gaten te houden, en dat het in dit geval in orde was dat we 'werden gezien', omdat we bezig waren aan iets nobels, de poging tot een huwelijk te komen. Iedereen die buiten ons milieu stond, zou er schamper over hebben gedaan, maar Raju begreep het. De loodzware druk en voortdurende verplichtingen van onze gemeenschap leken op de een of andere manier gemakkelijker te dragen wanneer we die last in stilte konden delen.

Alleen al dáárom was het de moeite waard met een Indiër te trouwen.

Ik liet mijn keuze ten slotte vallen op een witte linnen

broek en een dunne, licht oranje trui. Mijn moeder, die in een nog uitbundiger stemming was dan ik, stond voor mijn deur op de gang en kweelde: 'Beti, ben je eindelijk klaar?'

❧

'Mijn ouders hebben me vandaag gevraagd wat ik van je vond,' zei Raju toen we aan een tafeltje waren gaan zitten in Trattoria, het Italiaanse 24-uursrestaurant naast de lobby van het President Hotel. Voor een stad die wemelde van de jongelui die zich aan een avondklok moesten houden, beschikte Bombay over waanzinnig veel eetgelegenheden die nooit hun deuren dichtdeden, bedacht ik.

We bestelden allebei koffie met ijs, en ik zat met mijn rietje de grote, sneeuwwitte bol door mijn coupe heen en weer te schuiven. Ik glimlachte koket, het glimlachje van een aanstaande bruid. Toen ik op het punt had gestaan het huis uit te gaan, had mijn moeder Raju's moeder gebeld en de twee dames hadden het, alsof hun neus bloedde, gehad over het huwelijk van Vikram en Mira en het weer en over waar je buiten Benares de beste Banarasi-zijde kon kopen. Maar ik wist dat beide moeders de situatie aan het taxeren waren en twee weerspannige jonge mensen probeerden te redden uit de verderfelijke klauwen van het Westen om ze terug te voeren naar hun eigen cultuur. Ik had mijn moeder tegen Tante Jyoti horen zeggen dat ze, als deze middag even voorspoedig verliep als de vorige avond, Raju's geboortehoroscoop zou opvragen en dan Udhay, de sterrenwichelaar, zou vragen om de compatibiliteitsfactor te berekenen. Hij zou de verbintenis vast en zeker zijn goedkeuring geven.

199

En zo niet, dan zou hij bij het aanbod van een paar klinkende gouden munten en een nieuwe sari voor zijn vrouw de zaken wel in een positiever licht gaan zien.

'En, wat heb je tegen ze gezegd?' vroeg ik, terwijl een warm gevoel mij begon te doorstromen. Tussen ons in stond een witte roos op het tafeltje, in een verzilverde porte-fleurs. Raju speelde met voorzichtige vingers met de blaadjes terwijl ik gespannen op zijn woorden wachtte.

'Dat ik je echt aardig vind en heel leuk om mee te praten,' antwoordde Raju nuchter.

'O,' zei ik, enigszins teleurgesteld.

Moest er niet iets méér zijn? Iets in de trant van: 'Ze is het meest interessante, fantastische en mooie meisje dat ik ooit heb ontmoet. Ik zit te popelen om mijn leven met haar te beginnen.'

Maar misschien kon Raju zijn gevoelens niet zo gemakkelijk uiten. Hij deed in ieder geval onderkoeld en niet overdreven enthousiast. Mijn vader had me altijd voorgehouden dat zulke dingen langzaam beginnen, op een basis van nuchtere afwegingen en vriendschap. 'Niet als champagne die sprankelt als je de fles net hebt opengetrokken, maar na een tijdje verschaalt,' zei hij graag.

'Mijn ouders hebben mij ook naar jou gevraagd,' zei ik eigener beweging. 'Ik heb ze gezegd dat ik je heel aardig vind en charmant en goedhartig.' Ik hoopte hem voor me te winnen met mijn kwetsbaarheid, eerlijkheid en absolute vertrouwen in hem.

Raju kantelde zijn stoel achterover op twee poten en wiegde gevaarlijk heen en weer. Ik herinnerde me dat de meer rusteloze jongens dat op de universiteit ook deden, en dat de stoelen het vaak begaven, zodat ze op de grond vielen, tot algemene hilariteit. Nu zou het minder grappig zijn, hoewel het er wel op leek te duiden dat

Raju nerveus was, wat me nog méér voor hem innam. Na al die jaren overkwam mij dit!

'En, wat wil je nu?' vroeg Raju en er verscheen een fronsje op zijn voorhoofd. 'We weten allebei waarom we hier zitten. Waarom, in plaats van onze ouders er zich mee te laten bemoeien, besluiten we niet zelf wat we willen. Je weet wat voor leven ik leid in Londen. Denk je dat je daar zou kunnen wonen?'

Zó voor het grijpen lag het. Dit was een aanzoek, zij het in praktische termen vervat. Ik hoefde alleen maar te knikken en 'Ja, ik zou dolgraag in Londen wonen' te zeggen, en de zaak was rond. Dan zouden we allebei naar huis gaan, naar onze respectievelijke ouders, en die zouden met elkaar praten, en dan zou onze verloving op dat feestje vanavond worden bekendgemaakt. En dan zou iedereen ons gelukwensen en zouden we bedolven worden onder de zegeningen. En eindelijk zouden er dan feestjes te mijner ere worden gegeven. En mijn ouders zouden natuurlijk zwellen van trots en vreugde, twee emoties die zouden worden weggevaagd door de allersterkste — die van opluchting.

De hele zaak was een beetje weinig romantisch, maar bij een gearrangeerd huwelijk speelde de romantiek nu eenmaal geen hoofdrol. Kenny G speelde gelukkig nog op de achtergrond.

Maar ik zat met mijn mond vol tanden. Ik was nog nooit in Londen geweest en kon dus geen antwoord geven op zijn vraag of ik daar zou kunnen wonen. Al wist ik dat twee ontmoetingen in deze omstandigheden meer dan voldoende waren, ik vond het allemaal nog een beetje prematuur.

Ik wou dat ik Sheryl kon bellen.

Ik denk niet dat het mijn vaders bedoeling is geweest dat ik die fax zou vinden. Maar hij lag boven op de krant, onder een parelmoeren presse-papier, zodat hij niet kon worden weggeblazen door de aan het plafond rondwaaierende ventilator.

Natuurlijk las ik hem.

Beste Gul,

Ik heb gedaan wat je me hebt gevraagd. Raju Asrani gaat volgens de berichten niet om met Indiërs. Hij leeft zijn eigen leven. Ik hoor dat hij al een hele tijd een Engelse vriendin heeft. Ze schijnen zelfs vrijwel getrouwd te zijn. Negeer dat aanzoek alsjeblieft. Laat me weten als ik verder nog iets voor je kan doen.

Hartelijke groeten, Jeevan

De vlammen sloegen me uit en volgens mij ben ik even opgehouden met ademhalen. Ik had het gevoel alsof ik een klinkende oorvijg had gekregen.

Ik zeeg neer op de bank en las het grijzige, korrelige stuk papier dat ik tussen mijn vingers had, nog eens over. Als wat er zwart op wit stond, waar was, en Raju al geruime tijd een vriendin had, waarom was hij dan met mij over trouwen begonnen? Ik probeerde me ijlings de Wegen tot Onthechting te binnen te brengen die deel uitmaakten van de cursus Meditatie voor de Moderne Tijd die ik juist had gevolgd. De leraar had ons allemaal aangeraden om elk verlies te beschouwen als het verlies van niets waardevollers dan een potlood of zoiets triviaals. Je aan iets hechten – een idee, een persoon, een droom – leidde alleen maar tot verdriet.

Maar ik was een alleenstaande vrouw op zoek naar liefde. Hoe had ik me niet moeten hechten?

Mijn moeder kwam haar kamer uit met een sari die ze aan het meisje wilde geven om te strijken. Ze bleef stokstijf staan toen ze me zag zitten met die fax in mijn hand en die blik van teleurstelling op mijn gezicht.

'Ai, beti, let er niet op,' zei ze troostend. 'Die Jeevan weet nergens van. Ik wed dat het alleen maar praatjes zijn. Jij mag die Raju toch? We zullen alles grondig navragen. Ga je nu maar klaarmaken.' Ze wierp me een handkusje toe, zoals ze vroeger ook altijd deed om me te troosten, wanneer ik was gevallen op de speelplaats of mijn proefwerk slecht had gemaakt. Of, zoals nu, wanneer ze aan mijn gezicht zag dat mijn hart langzaam aan het breken was.

Het liep tegen negen uur in de avond, en we stonden op het punt om het huis uit te gaan. Het huwelijk zou pas twee dagen later plaatsvinden, maar vanavond zou een van de meest uitbundige en symbolische van alle Indiase huwelijksfestiviteiten plaatsvinden. De *sangeet* – een avond van muziek en dansen en uitspattingen van allerlei aard, merendeels overdadig eten en whisky-soda's. Op een tijdstip waarop de meeste mensen in de beschaafde wereld halverwege hun avondeten waren, moesten wij de deur nog uit.

Ik was voor de verandering eens het eerst klaar, vermoedelijk omdat het me niet zo bar veel kon schelen hoe ik eruitzag. Geen effectiever middel dan de dreigende dood van de liefde om een vrouw het gevoel te geven dat het haar allemaal geen barst kan schelen.

Mijn ouders stonden in hun kamer met elkaar te praten en het kon hun kennelijk niet schelen dat ik alles kon horen wat ze zeiden. Ze hadden het over wat er in die fax stond.

'Wat een onzin!' zei mijn moeder. 'Dat meisje, wie is dat eigenlijk? Een vriendin, een medewerkster op zijn kantoor. Je weet hoe de mensen kletsen. En, bas, zelfs al heeft hij een vriendin? Hij is een jongen, niet? Hij woont op zichzelf in Londen, waar het wemelt van de lichtzinnige meiden. Maar nu heeft hij besloten dat hij wil trouwen en is hij naar ons gekomen. Je maakt me heel kwaad als je je door zo'n stom praatje laat overhalen om de zaak af te blazen. Laten we hem in elk geval de kans geven om de waarheid te vertellen.'

Ik wierp een blik in de kamer en zag mijn moeder haar sari om zich heen wikkelen; tweemaal om het lichaam, dan de verste punt beetpakken en de plooien maken, hem over een schouder werpen, de onderkant plooien en die instoppen. Ze schikte de vouwen, drukte de pallav plat en trapte zachtjes tegen de zoom opdat de lengte precies de vereiste was. Vervolgens controleerde ze of al haar sieraden goed zaten en op slot, spoot een wolkje lak over haar haar en bracht een vleugje parfum aan achter beide oren. Toen keerde ze zich om naar mijn vader, die bij het raam naar buiten stond te kijken, een knappe verschijning in zijn zijden kurta pajama.

☙

Hoe behoudend ik ook was opgevoed, ik wist dat er niets mis was met zo nu en dan een vluchtige romance. Al kwam het nooit ter sprake, ik wist dat mijn broer tijdens zijn studie de nodige scharreltjes had gehad. Voor een jongen behoorde dat tot zijn 'Amerikaanse ervaring', zoals iedereen in zijn omgeving het schertsend noemde.

Kom nou, zelfs ik was bezweken voor de verraderlijke verlokkingen van het Westen.

Dus misschien waren al die praatjes over Raju en zijn vriendin niet meer dan loze veronderstellingen. Misschien was dat meisje een oude vlam van hem. Misschien had Oom Jeevan het helemaal bij het verkeerde eind. Maar we zaten nu in de auto die ons naar het feest zou brengen en terwijl we zwijgend voortreden, wist ik dat ik, voordat de avond ten einde was, de waarheid zou weten. Ik wist alleen niet of ik die ook wilde weten.

Vijftien

In plaats van zich, zoals dat in het Westen heet, een verlichte visie eigen te maken, begonnen studenten hun bul te
beschouwen als een bewijs van meerwaarde, op grond waarvan hun ouders een grotere bruidsschat voor hen konden
bedingen.

ELISABETH BUMILLER,
May You Be the Mother of a Hundred Sons

Weelderige guirlandes van witte jasmijn hingen aan het
plafond. Toen we binnenkwamen, zaten honderden mensen met gekruiste benen op dikke, met saffraankleurige
zijde overtrokken matrassen of leunden achterover tegen
wijnrode, satijnen kussens. Getulbande obers zwierven
tussen ons door met glimmende bladen vol tumblers met
whisky, glazen waar witte en rode wijn overheen klotste,
karaffen met zoete vruchtensappen. Anderen balanceerden schotels met stevige hapjes op de toppen van hun
vingers: gefrituurde blokjes paneer, aan spiesen geregen
stukken kip, *tikki's* van aardappel met een dipsaus van
mintchutney.

Op een podium voor in de zaal zat de muziekgroep die
voor het feest van die avond was overgevlogen uit Delhi.
Dilbagh Singh, met zijn eeuwige goudkleurige tulband
en zijn baard met hennastrepen als een tijgervel, was in

India een cultureel instituut op zichzelf. Hij scoorde de ene hit na de andere en trad in het hele land en overal waar Indiërs woonden op voor uitverkochte zalen. Zelfs ik besefte wat het betekende dat ze hem voor dit feestje hadden kunnen contracteren; ik zou aan mijn vrienden in New York moeten uitleggen dat het zoiets was als Luciano Pavarotti het 'Ave Maria' laten zingen op je bruiloft.

Maar de grandioze grootschaligheid van het gebodene zou amper ruimte laten voor een tête-à-tête met Raju. Waar was hij overigens? Mijn blik begon door de zaal te zwerven en ontmoette menige in zijde gehulde mannenrug, maar Raju was nergens te bekennen. Veel van de mannen hadden zich verzameld aan een van de twee bars in de verre hoeken van deze grote, rechthoekige balzaal, de meest majestueuze van Bombay. Tot aan het plafond reikende spiegels weerkaatsten de gloed van enorme kristallen kroonluchters en stelden de vrouwen in staat om snel even hun opmaak te controleren en corrigeren, alvorens zich in het volgende gesprek te storten. Overdreven kostbare sieraden schitterden je van alle kanten tegemoet, vooral van die van Vikram en Mira, die zich opnieuw ton sur ton hadden uitgedost en als twee botsende kometen met elkaar leken te versmelten in gouden en gele tinten. Mira's hals was, als die van een vrouw van de Masaïstam, vrijwel geheel omwikkeld door strengen in goud gezette rozetjes van diamant. Ik herkende het sieraad – het was door Vikrams moeder speciaal bij mijn vader besteld, en al was het maar een van de vele door de ouders van de bruid bij diverse juweliers ter stede bestelde stukken, het was misschien wél het kostbaarste.

Zelfs mijn moeder, in haar mening gestaafd door Tante Jyoti, moest toegeven dat het al met al een imposant gebeuren was.

'Ze hebben echt alles uit de kast gehaald, hè?' zei mijn tante. 'Prachtig. Ai, maar wat een verkwisting, ze hadden het toch veel beter aan een goed doel kunnen geven in plaats van het weg te gooien aan zo'n enorm feest,' zei ze, terwijl ze haar lippen rond een spinaziepasteitje in bladerdeeg stulpte.

Met een aanbod aan etenswaren dat was berekend op een consumptie per persoon waarmee een heel Somalisch dorp zich een week lang in leven had kunnen houden, hoorde je niemand echt klagen. Het diner dat in de vorm van een koud buffet in een aangrenzende zaal zou worden geserveerd, zou pas over een uur of wat worden opgediend. En de gasten, van wie vele al behoorlijk vrolijk waren dankzij de met onbekrompen hand geschonken Johnnie Walker (Blue Label, alleen het beste van het beste, zoals mijn vader niet kon nalaten op te merken), bevonden zich op de dansvloer voor het podium en lieten zich meeslepen door de *bhangra* en Dilbagh Singhs meeslepend extatische gezang.

Hoewel we in familieslagorde waren binnengekomen, hadden we ons inmiddels verspreid. Anand en Anil waren hun vrienden gaan zoeken, beseffend dat ze straks, als leden van Vikrams hofhouding, zouden worden opgetrommeld om te dansen.

'Nou, waar is Raju?' vroeg mijn moeder, terwijl mijn vader een onbezorgd gezicht trachtte op te zetten.

'Ik weet het niet, Mams. Ik heb ook al naar hem staan uitkijken.'

'Ze zitten waarschijnlijk bij Vikram en zijn ouders, ze zijn immers familie!' zei mijn moeder, en ze begon me mee te trekken in die richting.

'Meisjes!' waarschuwde mijn vader. 'Doen jullie alsjeblieft niets. Ik zal zelf met de jongen en zijn ouders praten.' Hij vermande zich en rechtte zijn schouders, waardoor hij me deed denken aan zo'n cowboy in een oude western die zich opmaakt voor een duel om de belaagde eer van zijn geliefde. Hoewel mijn moeder die avond blindelings op een scène leek te willen afstevenen, kon ik er in elk geval van op aan dat mijn vader het echt voor me zou opnemen.

Zoveel mogelijk de matrassen en kussens met beschonken gasten omzeilend, probeerden we tussen de deinende en in hun handen klappende mensen op de dansvloer door onze richting te bepalen. Op die manier wisten we ons een weg te banen naar het podium en, ja hoor, daar zaten Vikram en Raju en hun wederzijdse ouders, met hun ene hand in hun vingers knippend op de maat van de muziek en met hun andere naar de bediening voor meer whisky-soda's. Raju keek op, zag me staan en glimlachte mat. Opeens had ik het gevoel alsof ik hun plezier bedierf.

'Gul, welkom, welkom!' riep Vikrams vaders terwijl hij opsprong om ons te begroeten. 'Kom erbij zitten! Hier, neem iets te drinken! Ben je net binnen?'

Vikram en Raju, die met gekruiste benen op een van de matrassen hadden gezeten, stonden nu ook op en bogen zich beiden enigszins voorover om me te omhelzen. Vanuit mijn ooghoek zag ik mijn vader zijn stekels opzetten toen hij Raju's lippen mijn wang even zag beroeren, hoe vluchtig het ook was.

'Dag, oom,' zei Raju, en hij stak zijn hand uit naar mijn vader, die hem schudde en even knikte. De temperatuur was nu onverdraaglijk. Inmiddels waren zelfs Raju's ouders opgestaan om ons allemaal te begroeten, en ik was me ervan bewust dat aller ogen waren gericht op dit glimlachende en elkaar de hand schuddende groepje, met als middelpunt een ongetrouwde man en vrouw met huwelijkspotentieel.

Na een paar minuten van beleefdheidsfrasen – Wat een feest! En zo veel mensen! Prachtige zanger! – wendde mijn vader zich tot Raju en diens vader met het voorstel om ergens een rustig hoekje te zoeken voor een gesprek. Toen het drietal zich omkeerde om weg te lopen, wierp Raju een blik in mijn richting, al viel daar niet veel in te lezen. Indien dan al iets, dan keek hij eerder geërgerd dan geruststellend. Dat kwam hard aan nadat hij me, pas een paar uur tevoren, praktisch een aanzoek had gedaan. Maar misschien was hij gewoon nerveus. Per saldo werd hij door mijn vader meegetroond voor een gesprek van man tot man.

Ik had Sheryl niet gesproken, maar mijn besluit stond vast.

Als al die praatjes over een blanke vriendin en een losbandig leven alleen maar praatjes waren, was ik van plan om te trouwen met die man.

Ik had natuurlijk beter moeten weten. Maar dat is napraten.

Het bleek dat niet alleen Oom Jeevan het fijne wist over Raju's privé-leven, een heleboel mensen waren daarvan op de hoogte.

Ze heette Lucy. Ze kenden elkaar al drie jaar. Ze speelde hockey en hield van breien. Raju had haar beloofd dat hij haar zou hullen in een zijden sari en omhangen met rozen, wanneer hij haar mee zou nemen naar India om haar aan zijn ouders voor te stellen.

Dat hoorde ik allemaal later, na de deconfiture die zich

begon af te tekenen, toen mijn vader, Raju en diens vader zich verwijderden voor hun gesprek van mannen onder elkaar.

Ik hoorde van Vikram dat Raju, ondanks zijn beloften, van Lucy placht te zeggen dat 'ze heel goed was in allerlei opzichten, maar niet goed genoeg om aan zijn ouders te vertellen'.

Lucy en Raju, wist Vikram ook, hadden een week voordat Raju naar Bombay zou vertrekken, een knallende ruzie gehad. Ze had verwacht dat ze mee zou gaan naar die grote familiebruiloft, zijn hele familie zou ontmoeten en eindelijk uit de schaduw zou treden waarin hij haar tot dan toe voor zijn ouders had gehouden. Toen hij haar had opgebeld om te zeggen dat hij niet wilde dat ze met hem meeging, had ze hem een schoft genoemd en de hoorn op de haak gegooid.

Ik hoorde ook dat Raju, ofschoon hij de facto samenwoonde met Lucy, nog steeds gefascineerd was door het vooruitzicht van een echte Indiase bruid. Maar zelfs toen hij eenmaal zijn matbruine maagd had gevonden om mee te trouwen, was hij niet van plan geweest om zijn lelieblanke levensgezellin op te geven.

Toen de rust de volgende ochtend enigszins was weergekeerd en de ergste pijn weggemasseerd was, hoorde ik hoe alles precies in zijn werk was gegaan.

Raju, zijn vader en de mijne hadden helemaal achter in de gang van de balzaal naar de uitgang een rode bank gevonden, naast de toiletten. Niet de meest ideale locatie, bleek al snel, want hele drommen als ganzen gakkende mollige moeders en hun aangeschoten dochters leken meer tijd door te brengen op het damestoilet dan op het feest.

'Goed, jongeman,' zei mijn vader tegen Raju, met een misprijzende blik op zijn korte stekelhaar en vrijpostige blik. 'Amuseer je je in Bombay? Heel wat anders dan Londen, niet?'

Gebeuzel, uitsluitend bedoeld als inleiding op het serieuze deel van het gesprek.

'Ja, oom, het is leuk om weer eens hier te zijn voor een familiebruiloft. Ik heb een paar aardige mensen ontmoet.'

'Zoals mijn dochter, niet?'

'Ha, *ji*, ja. Een heel lief meisje.'

'Ik weet dat jullie twee keer samen zijn uit geweest, dus moet ik je vragen: wat zijn jouw intenties ten aanzien van haar?'

'Tja, oom, ik heb haar maar twee keer gesproken, dus dat kan ik nog niet zo goed zeggen.'

'Maar, is het dan niet zo dat je het met haar al over trouwen hebt gehad? Ik hoor dat je haar vanmiddag hebt gevraagd, en dat ze erover heeft nagedacht. Ik weet niet hoe dat soort dingen in Londen gaat, jongeman, maar hier dienen de ouders van het meisje eerst te worden benaderd. Waarom heb je dat bij ons niet gedaan?'

Raju's vader kwam tussenbeide. 'Ach, Gul, die jongelui van tegenwoordig zijn nu eenmaal veel zelfstandiger. We kunnen niet van ze verwachten dat ze zich net zo gedragen als wij indertijd. Maar als ze elkaar aardig vinden, dan kunnen wij ze onze zegen toch niet onthouden?'

'Ik zeg niet dat een jongen en een meisje niet met elkaar mogen omgaan als ze elkaar aardig vinden en de wederzijdse ouders het ermee eens zijn,' antwoordde mijn vader strak. 'Maar ik moet eerlijk zijn. Ik hoor dat je zoon al een meisje heeft. Een Engelse, in Londen.'

Raju's vader keek zijn zoon geschrokken aan. 'Beta. Wat is dat? Wat zijn dat voor praatjes?'

'Niets, Pap. Een meisje op het werk. Meer niet.'

'Dus jij wilt zeggen dat de berichten die ik heb gekregen, onjuist zijn?' vroeg mijn vader andermaal, heftiger nu. Hij had inmiddels gemerkt dat Raju, onmiskenbaar, tamelijk dronken was.

'Dat gaat u verdomme niets aan,' spoog hij mijn vader in het gezicht. 'Ik ga om met wie ik wil, wat zullen we nou krijgen? En uw dochter is niet goed wijs als ze denkt dat ik met haar wil trouwen nadat ik haar pas twee keer heb gezien. Ik bedoel, het is een lieve meid en zo, maar haar grootste pluspunt is toch uw poen?'

Mijn vader stond op, keerde zich om en liep terug naar de balzaal. Hij vertelde me later dat hij zijn tranen had moeten bedwingen toen hij mij had zien zitten in mijn oranje sari – net een perzik, rijp voor de pluk, had hij gedacht. Ik had eraan gedacht de ring met de koraalsteen aan te doen die een astroloog me had voorgeschreven als het probate middel om de weg naar de juiste man te vinden. Op dat moment echter stond ik, alléén in mijn slanke zuil van lucht en ruimte, de opwinding die in mijn buik omhoogkroop te bedwingen, doof voor het gebeuk op de tabla, de klaagzang van het harmonium, de zoetgevooisde klanken van de sitar naast me. Dilbagh Singh zong een gevoelig liefdeslied, speciaal geschreven voor Vikram en Mira. 'Er zal nooit een tweede komen zoals jij,' kweelde hij in het Hindi. 'Er bestaat geen liefde zoals tussen jou en mij.' En het paar zat te zwijmelen, zwevend op de Johnnie Walker, overeind gehouden door de Smirnoff, zo beneveld door de alcoholdampen, dat ze ervan overtuigd waren dat er nooit meer een moment zou aanbreken als dit. Ik sloot mijn ogen en zag mezelf en Raju als Vikram en Mira nu. Gelukkig. Verliefd. Op het punt van trouwen.

Mijn vader kwam met grote passen op ons af en zei kortaf dat het tijd was om naar huis te gaan.

Zestien

Als Opruimer van Obstakels wordt [Ghanesh] vaak aan-geroepen door mensen die worden bezocht door een schier onbeperkt scala aan rampen, evenals aan het begin van een ritueel of bij de aanvang van een reis.
A.G. MITCHELL, *Hindu Gods and Goddesses*

Mijn kamer bleef de volgende dag vrijwel onafgebroken op slot.

'Beti, kom nu te voorschijn. Het is welletjes geweest,' smeekte mijn moeder door de geverfde deur heen.

'Ik maak het prima, Mam. Laat me alleen met rust.'

'Stomme jongen,' riep mijn moeder nijdig tegen wie er ook maar bij haar was in de woonkamer. 'Hoe durft-ie! Wat verbeeldt-ie zich wel! Twee keer met haar uit-gaan, urenlang! Wat verbeeldt-ie zich dat-ie zegt dat-ie geen belangstelling heeft om te trouwen! Wacht maar. Wacht maar tot ik zijn moeder heb gesproken! Ik zal ze allemaal eens zeggen waar het op staat!'

Ik keek eens naar het visualiseringsbandje op mijn nachtkastje. Ik had het voor het laatst de vorige avond ge-draaid, voordat we naar het feest gingen, toen ik had ge-mediteerd en me had voorgesteld hoe Raju en ik zouden worden gelukgewenst vanwege onze verloving.

Wat een humbug! Ik moest dat bandje weggooien.

'Hoe durft-ie onze tijd te verspillen, ons valse hoop te geven,' foeterde mijn moeder door. 'Een goed, fatsoenlijk meisje mee uitnemen zonder van plan te zijn om met haar te trouwen. Reken maar dat ik die moeder van hem onder handen zal nemen, stom wijf. Stomme mensen!'

Daar mijn moeders vocabulaire niet veel meer scheld-woorden omvatte dan 'stom', was dit duidelijk krijgshaftige taal. Maar ja, er was echt niets aan te doen. Ik was uitgehuild en had opeens genoeg van mijn rol van dom en droef meisje dat zich het hoofd op hol liet brengen en dacht dat haar heil gelegen was in een gouden ring met een steen van koraal.

Daarna had ik eigenlijk geen reden meer om mijn kamer uit te komen. Ik was beslist niet van plan om naar het huwelijk te gaan of naar het laatste feestje dat aan de vooravond ervan zou worden gegeven. Mijn ouders drongen er niet op aan en schaarden zich zwijgend achter mijn besluit om thuis te blijven. In een opwelling van solidariteit wilde mijn moeder eerst ook niet gaan, maar mijn vader wist haar ervan te overtuigen dat Vikrams ouders er niet voor hoefden te boeten dat ze een idioot van een neef hadden. Ze zouden gaan, met opgeheven hoofd, zelfs al wist heel Bombay inmiddels dat de jongste poging om mij aan de man te krijgen op een spectaculair fiasco was uitgedraaid.

Toen ze allemaal veilig de deur uit waren, kwam ik mijn kamer uit. Ik ging een tijdje in de woonkamer zitten en at de pulao van bonen en de *dahiwada* die Chotu voor me had klaargemaakt. '*Bimari hai?*' vroeg hij. Nee, ziek was ik niet. Ziek ik mijn hoofd, had ik willen antwoorden. Ziek in mijn hart. Ziek van verliefd worden bij de aanraking van een hand, bij het geringste blijk van genegenheid. Zo ziek van jaloezie op Vikram en Mira's vergulde geluk, dat ik mezelf betrapte op de wens dat het op een vreselijke manier in gruzelementen zou vallen. Misschien kwam Mira erachter dat Vikram stiekem ergens een vrouw had zitten – was hij niet het vorig jaar nog omgegaan met die graatmagere mannequin? Of misschien besefte hij op de ochtend vóór het huwelijk opeens dat hij niet genoeg van Mira hield. Of dat hij latent homoseksueel was. Íets, wat dan ook, waardoor íemand, wie dan ook, minstens even ongelukkig zou worden als ik op dat moment.

Ik was zo ziek, eerlijk gezegd, dat ik besloot dat het tijd was om terug te gaan naar New York.

En zo begon mijn zogenaamde 'Nieuwe Nieuwe Begin'. Tot dan toe had ik met een halve voet in New York gestaan, maar was mijn lichaamsgewicht op Bombay blijven rusten. Van nu af aan was ik vastbesloten om volbloed New Yorkse te worden.

Niet omzien. Geen Bombayse bullshit, geen gekonkel en gekoppel meer. Geen neurotische ouders. Geen poenige bruiloften met meer drank en juwelen dan liefde.

Maar eerst moest ik mijn besluit nog even kenbaar maken.

Mijn vader, zoals te verwachten, dreigde me praktisch te onterven toen ik mijn beslissing aankondigde. 'Ik dacht dat we die waanzin achter de rug hadden,' bulderde hij. 'Je bent nu weer thuis. Wat bedoel je, dat je weer weggaat?'

Ik begon te huilen aan de tafel waaraan we net hadden gedineerd.

'Ik houd het hier niet uit, Pap,' snikte ik. 'Ik voel me zo eenzaam. In New York voel ik me tenminste iemand, geen last voor mijn omgeving zoals hier. Toe, Pap, probeer het toch te begrijpen.'

'Ik dacht dat je die studio had opgegeven waar je woonde,' mengde mijn moeder zich erin, al even ontzet. 'Waar moet je dan gaan wonen? Ik weet zeker dat je bij Lal en Vinita niet welkom bent.'

Anand en Anil – over het algemeen mijn bondgenoten – hielden zich stil, bang verwikkeld te raken in dit nieuwste familiedrama. Ik wist dat ze het niet met mijn plan eens waren, maar ze hadden er in ieder geval begrip voor. Ik merkte dat ze zelfs enigszins opgelucht waren dat ik overwoog om terug te gaan. Mijn aanwezigheid de laatste weken had een sombere sfeer in huis gebracht: mijn moeder liep rond met een verongelijkt, mijn vader met een bezorgd gezicht.

'Nee, Mam, die heb ik niet opgegeven. Een vriendin van me past erop. Ze woont er zolang,' zei ik, blij dat Sheryls eigen appartement in die veertien dagen was geschilderd.

'Je hebt ons nooit verteld dat je van plan was om terug te gaan,' zei mijn moeder verwijtend.

'U hebt er toch nooit naar gevráágd, Mam!' wierp ik haar voor de voeten, opnieuw in tranen. In de keuken spitste Chotu met zijn staf de oren. Ze wisten niet precies wat er aan de hand was, alleen dat het iets te maken had met trouwen.

'Ik ben naar huis gekomen, ik was bereid om hier te blijven. Ik dacht dat ik een man zou vinden. Ik dacht dat ik er een hád gevonden. Maar niet dus, hè? Het was gewoon een stumper, net als alle jongens die hierheen komen,' zei ik bitter.

Mijn vader loosde een zucht en sprak nu rustig.

'Eén rotte appel tast de hele mand niet aan,' verklaarde hij in een van zijn *Reader's Digest*-momenten. 'Je kunt niet alle mannen over één kam scheren op grond van één ongelukkige ervaring. Goed, we hebben het geprobeerd, en het is niet gelukt. Dan proberen we het nog een keer. Maar we kunnen alleen iets bereiken wanneer jij thuis bent. Je hebt me de eerste keer dat we je hebben laten gaan, beloofd dat het maar voor één jaar zou zijn. Maar je bent langer gebleven. En nu vertel je me dat je weer terug wilt? Wat heb je er te zoeken, beti? Amerika zit vol met Amerikanen, en die hebben vreemde gewoonten. Zij zijn ons slag mensen niet, en wij zijn het hunne niet. Blijf nu maar gewoon hier, dan zorgen wij voor jou tot God een man voor je vindt. Bas.'

En met die woorden stond hij op, smeet zijn servet op tafel en liep naar de sofa, klaar voor wat de televisie die avond te bieden zou hebben.

Ik wendde me tot mijn moeder.

'Mam, alstublieft,' smeekte ik, pleitend met haar strakke blik. Ze keek me aan, en de ontgoocheling stond duimendik op haar gezicht geschreven.

'Je laten gaan is geen oplossing,' zei ze resoluut. 'Dat heeft je reputatie al genoeg kwaad gedaan, en ik vertik het om alles wat de mensen over je zeggen, nog langer over mijn kant te laten gaan. Dat je daar op jezelf woont en God mag weten wat uithaalt. Er is al genoeg geroddeld over Raju en jou omdat jullie twee keer samen zijn uitgegaan. De mensen denken natuurlijk dat je vader en ik jou een slechte opvoeding hebben gegeven. Morgen gaan we met je naar een andere swami, en dan krijg je *seva* en, bas, met zijn zegen zal alles heus wel in orde komen. Dus hou nu op met huilen.'

Ze stond eveneens van tafel op en ging naast mijn vader op de bank zitten, zodat ik overbleef met mijn twee broers, die geen woord zeiden.

'Nou?' vroeg ik, terwijl ze me stom zaten aan te kijken.

'Niets,' mompelde Anil. 'Luister, ik weet dat het moeilijk is, maar...'

'Jullie weten helemaal niet hoe moeilijk het is,' snauwde ik. 'Jullie worden overal behandeld als koningskinderen. Anil en Anand. Anand en Anil. Iedereen wil altijd weten waar jullie zijn, wat jullie doen. Jullie zijn de lievelingen van iedereen. Jullie hoeven maar met je vingers te knippen en jullie zijn getrouwd. Vertel mij dus niet dat júllie weten dat het moeilijk is.'

Ik stond op en liep mijn kamer in, waar ik de deur met een klap achter me dichtsmeet.

De volgende ochtend leek het wel alsof er niets was gebeurd.

Toen ik mijn slaapkamer uit kwam, stond mijn vader zijn das te schikken voor een van de spiegels in de gang, in afwachting van zijn chauffeur, die zich altijd meldde door beneden aan te bellen. Mijn moeder zat aan de telefoon met Tante Jyoti het menu te bespreken voor een dineetje dat binnenkort zou worden gegeven, en de twee jongens waren al naar hun werk.

Op de stereo in de hoek stond een bandje aan met cimbaal- en fluitmuziek waar ik weer slaap van kreeg. Claxons toeterden al uren door de open ramen, en het gekras van kraaien in de dakgoot irriteerde me.

Nu zou er die dag weinig voor nodig zijn geweest om me geïrriteerd te maken. Ik wilde een vriendin opbellen om ergens mee koffie te gaan drinken en over Raju te praten en over wat er was gebeurd. Ik overwoog zelfs even om Raju te bellen, maar dat zou belachelijk zijn. Bovendien was hij waarschijnlijk alweer naar Londen en zijn vriendin vertrokken. Dus had ik echt niemand anders om te bellen dan Sheryl, maar daarvoor moest ik via de centrale een intercontinentaal gesprek aanvragen en daarop wachten – dat was allemaal zo'n ingewikkeld gedoe.

De *jamandhar* was de badkamervloer aan het schrobben met een harde borstel en limoenwater; ze stortte haar metalen emmer leeg over de witte tegels en dan maar schrobben, schrobben, schrobben. Ze had waarschijnlijk een man, bedacht ik. Zij, met haar drie ontbrekende tanden en haar werkhanden en haar donkere, getaande huid.

'*Kuch kao?*' Chotu's ontbijtaanbod was verleidelijk, en ik vroeg of hij een grote kom warme *kichdi* voor me wilde maken: zachte rijst met linzen en een laag yoghurt eroverheen met wat gebakken deegsliertjes. Dat was het traditionele troostmaal, de oeroude voorloper van Häagen-Dazs en de panacee voor alles van een buikoperatie tot een versmaad hart.

Mijn moeder keek niet op van haar telefoongesprek terwijl ik aan tafel onder het lezen van de *Indian Journal* mijn kichdi zat te lepelen. Er was de dag tevoren ingebroken in een naburige tapijtenwinkel, en de verslaggever bracht het nieuws met Bollywoodachtige ophef.

GEDURFDE NACHTELIJKE TAPIJTROOF

Ooggetuigen hebben de dader omstreeks negen uur gisterenavond van de plek van het misdrijf zien wegrennen. Hij zag er doodsbang uit. Na een paar minuten kwam er een vrachtauto achter hem aan de straat af rijden. De dader sprong erin waarop de vrachtauto met grote vaart wegreed. Volgens de politie lagen de tapijten in de wagen. De winkeleigenaar, Mr. Shah, heeft verklaard dat er voor ongeveer tien miljoen roepie aan tapijten is gestolen. 'Ze hebben een goede slag geslagen,' aldus Mr. Shah. 'Ik vermoed dat de dader hulp heeft gekregen van iemand uit de winkel, en vandaag zal ik mijn hele personeel in staat van beschuldiging stellen.' De politie heeft geen aanwijzingen. Ze hebben gezworen dat ze niet zullen rusten voordat de dader is gegrepen en duchtig gestraft.

'Kopij, een Pulitzer-prijs waardig,' grinnikte ik tegen mezelf. In New York zou Mr. Shah inmiddels door zijn personeel met een stuk of tien processen om de oren zijn geslagen.

Ik zou Bombay missen. Maar ik moest een manier bedenken waarop ik kon weggaan zonder mijn familie tegen me in het harnas te jagen. Die hele geschiedenis met Raju had me veel meer pijn gedaan dan ik tegenover mijn ouders of wie dan ook wilde bekennen. Het had me weer eens ingepeperd dat ik, ondanks mijn oprechte bedoelingen en bereidwilligheid, ondanks al mijn opzitten en pootjes geven, ondanks mijn omgang met 'de buitenwereld', nog steeds geen man kon vinden. Mijn jaar in New York had me veranderd, opgemonterd en wijzer gemaakt, en ik had meer van dat soort ervaringen nodig. De goede bedoelingen van mijn ouders waren belangrijk, maar mijn eigen wensen ten aanzien van mijn leven niet minder.

En toen wist ik het opeens.

Ik glipte ongemerkt het huis uit en repte me naar het dichtstbijzijnde telefoonwinkeltje – een van die publieke hokjes naast kraampjes met eetwaren of op willekeurige straathoeken, bestemd voor mensen die thuis geen telefoon hebben. Ik bleef er rustig in de warme zon, waartegen ik mijn ogen afschermde, staan wachten, terwijl de man vóór mij in de zwarte hoorn stond te blaffen en van zijn vrouw in Ahmedabad wilde weten wanneer ze thuiskwam. Toen ik aan de beurt was, veegde ik eerst de hele hoorn zorgvuldig af met mijn zakdoek, voordat ik Sheryls nummer draaide.

Na een gesprek van twintig minuten hing ik op en betaalde het telefoontje. Toen belde ik Udhay, de sterrenwichelaar.

Drie dagen later werd er een pakje bezorgd van Federal Express. Ik sneed de envelop voorzichtig open en trok er een stapeltje papieren uit met het soort informatie dat alleen Sheryl, de schat, voor me had kunnen opdiepen. Het waren fotokopieën van tijdschriftartikelen en statistieken, vergaard uit diverse bronnen, namen en cijfers en leeftijden, die alle één wezenlijk punt onderstreepten: dat ik meer kans had om in Amerika een leuke Indiase man tegen te komen dan in India.

Die middag, zoals afgesproken, belde Udhay op om mijn moeder te spreken.

'Iek heb nog eens naar horoscoop van uw dochter gekeken,' zei hij peinzend. 'Iez iets aan de hand met chronologie. Iek moet u vertellen. Iek heb nu tijd om te komen. U stuurt uw chauffeur?'

Twee uur later zat Udhay naast mijn moeder op de bank in de woonkamer met allerlei astrologische kaarten en almanakken voor zich uitgespreid op het salontafeltje.

'Voordat je begint,' zei mijn moeder rustig. 'Als je het mij vraagt, heb je me jaren alleen maar onzin verkocht. Je hebt me verteld dat ik na haar zesentwintigste een jongen voor mijn dochter zou vinden. Inmiddels is ze bijna achtentwintig. Je hebt me verzekerd dat er, als ze zich hield aan Shiva's vasten en aan haar gebeden, een goede jongen voor haar zou komen. Ze heeft erg haar best gedaan, *behari,* maar er is geen jongen gekomen – goed of niet goed, geen enkele. Ik weet dat je het niet in eigen hand hebt, Udhay ji, maar doe nu eens een correcte voorspelling, goed?'

Udhay zette zijn stekels overeind.

'In de eerste plaats, Leela *mensahib,* iek heb gezegd na zesentwintig jaar, maar niet vanneer daarna, hè? Maar giester iek heb met Gods genade iets gevonden, toen iek toevallig veer naar haar horoscoop keek. Kijk.' En hij wees op een spiraal die hij had getekend, met bosjes getallen in het Sanskriet eromheen.

Mijn moeder schudde haar hoofd.

'Het betekent zij zal de man die God voor haar heeft bestemd alleen vinden vanneer zij deze kusten verlaat. Hij iez van over de zee, maar zij kan hem alleen vinden over de zee. Hij komt niet hierheen. Zij zullen ontmoeten in grote stad met veel auto's en vreemdelingen. Maar hij iez goede jongen, aardige jongen, Indiase jongen. U zult blij zijn met hem. Maar eerst u moet haar laten gaan.'

'Ze zegt steeds dat ze terug wil naar Umrika,' zei mijn moeder nadenkend. 'Maar haar vader en ik geloven daar niet in. We willen haar niet laten gaan. Ze zal daar verwend raken, zo op zichzelf en met zo veel vrijheid. Ze is er al geweest, meer dan een jaar. Maar er is niets gebeurd, geen jongens. Ze kan beter bij ons blijven, hier kunnen we een oogje op haar houden, niet?'

'Zij iez ander meisje,' zei Udhay, en hij leunde achterover. 'Zij heeft ander soort jongen nodig. Die moederskindjes hier zijn niets voor haar. Zij zal haar eigen jongen vinden, en hij zal ook zelfstandig type zijn, net als zij. Iek zie in haar horoscoop dat zij met Gods genade hem snel vindt, als zij gaat daarheen, als zij ontmoet veel mensen, bezoekt Indiase feestjes, maar ook blijft bidden en vasten. Zij moet vooral bidden tot Ganesh. Ja, Ganesh, hij iez nu heel belangrijk in haar horoscoop. Dan, bas, die jongen hij komt,' besloot hij, en hij sloeg zijn handen tegen elkaar.

⚬

Mijn vader en mijn broers kwamen thuis toen Udhay net de deur uit wilde gaan. *'Namaste* ji.' De sterrenwichelaar legde zijn handen tegen elkaar voor mijn vader en schuifelde de deur uit.

'Wat moest die hier?' vroeg mijn vader later aan mijn moeder, terwijl hij zijn sokken uittrok en zijn voeten masseerde.

Ze stelde hem op de hoogte, en hij luisterde rustig, alleen maar zo nu en dan 'Onzin' prevelend.

⚬

Die avond, na het eten, haalde ik mijn documentatie te voorschijn.

'Kijk,' zei ik, terwijl ik mijn ouders de feiten voorlegde. 'Wist u dat er in New York honderden Indiase bankiers wonen? En ingenieurs? En zakenlieden? Niet alleen in New York, maar in het hele land. Moet u zien, ze hebben hun eigen bedrijf. Geslaagde mensen, goed opgeleid. Kijk dan zelf.'

Maar dat deden mijn ouders niet. Nee, ze keken naar elkaar, en mijn vader kwam aandragen met een flauw argument over het 'type' van dat soort mannen, waarschijnlijk uit de verkeerde kaste of het verkeerde milieu. Het was niet genoeg, zei hij belerend, om een Indiase man te vinden, maar hij moest ook van het goede soort zijn. 'Ons soort mensen.'

Mijn moeder zuchtte en porde mijn vader in zijn zij.

'Kom, je moet niet steeds zo veeleisend zijn. Het doet er niet toe als de jongen een andere achtergrond heeft dan wij. Zolang het maar een goede jongen is, niet? En Hindoe. Laten we vertrouwen hebben in Ganesh en haar laten gaan.'

III

Zeventien

Wat was er van de wereld aan het worden toen de kranten
vol stonden met paginagrote advertenties voor fluoresceren-
de damesslipjes?

LISA ARMSTRONG, *Front Row*

'Sluwe slang die je bent,' zei Sheryl. Ze glimlachte hoofd-
schuddend en liet de zweetdruppeltjes van haar voorhoofd over haar gezicht druipen. We hadden onszelf ge-
trakteerd op een sauna na het werk en konden er nog
steeds niet over uit dat ik weer terug was.

'Wat?' riep ik met gespeelde verontwaardiging uit.
'Wat heb ik nou helemaal gedaan? Goed, ik heb een sterrenwichelaar omgekocht en jou gevraagd me te helpen
met ondersteunend bewijsmateriaal – nog bedankt, trouwens. Maar wat had ik dan moeten doen? In Bombay
blijven rondhangen, me volstoppen met *paratha's* en mijn
ouders op mijn blote knieën smeken om me alsjeblieft
weer te laten gaan?'

'Ach, die arme ouders van je. Ze hebben het vermoedelijk niet eens zien aankomen,' zei Sheryl berispend.

'Het heeft me echt niet lekker gezeten. Ik vind het
niet prettig oneerlijk tegen ze te moeten zijn. Maar ik
had die astroloog gevraagd of me iets akeligs zou overkomen als ik terugging, en toen heeft hij mijn horoscoop

erop nagekeken en niets kunnen vinden wat erop tegen was, zei hij.'

Sheryl schoot in de lach. 'Je had hem nota bene betááld om je dat te zeggen. Wat had je dan gedacht? Dat hij opeens een aanval van waarheidsliefde zou krijgen?'

'Hij zag er absoluut geen kwaad in, dat is wat ik je probeer duidelijk te maken,' antwoordde ik onaangedaan.

Ik was vier dagen terug in New York en had me nog nooit zo gelukkig gevoeld.

Nadat ik, om met Sheryl te spreken, mijn naam had gevestigd als 'kampioenbedriegster van India', had ik Marion ertoe weten over te halen me te steunen bij mijn aanvraag voor een H-I-visum – een kreet die inmiddels stevig was verankerd in het spraakgebruik van het subcontinent. Het zou nog wel even duren voordat het allemaal in kannen en kruiken was, en ik zou het merendeel van de kosten zelf moeten dragen, maar, eenmaal in het bezit ervan, zou ik honderd procent legaal deel uitmaken van de New Yorkse werknemerspopulatie.

Na afloop ging ik terug naar mijn studioappartement, dat 's avonds geel en rood oplichtte in het aan en uit flitsende licht van de neonreclame van een stuk pizza aan de overkant van de straat. In een hoek lag een stapel tijdschriften die in mijn afwezigheid waren bezorgd – US Weekly en de National Enquirer – en het enige waar ik 's avonds na mijn werk toe kwam, waren herhalingen van het tv-nieuws van die dag en het lezen van boeken over zelfhulp – ik noemde het mijn 'Oprah-Chopra-uurtjes'.

Maar wat was het heerlijk om weer terug te zijn! Om zeven uur 's ochtends liep mijn wekker af, en dan hoorde ik de schoonmakers op straat de trottoirs vegen, terwijl ik soezerig lag te kijken naar Katie Couric die een geavanceerd gehoorapparaat aanprees. Ik genoot van de douchestralen die als hagelstenen mijn blote lijf striemden, van het wollige van handdoeken waaruit niet door de plaatselijke *dhobi* alle leven was geslagen, van het feit dat ik met een gerust hart naar mijn werk kon in een T-shirt en een kraakheldere broek en op mijn lievelingsschoentjes – die met de witte plastic madeliefjes op de neus. Zalig dat er niets op tegen was kleding met blote mouwen te dragen en soms zelfs met een stuk blote rug. Elke ochtend ging ik langs bij Gabe's, het cafeetje om de hoek, voor een cappuccino en een bagel, die ik in de metro nuttigde onder het lezen van de *New York Times*. Om een uur of negen zat ik achter mijn bureau redactrices te bellen, ideeën te verkopen of fotosessies te organiseren. En ik kon een heel persbericht schrijven zonder één keer mijn toevlucht te nemen tot het cliché 'klassiek met een modern tintje', wat ik een grote stap voorwaarts vond, niet alleen voor mijn eigen carrière, maar ook voor de modepubliciteit in het algemeen.

'Dus je bent weer terug. Ik moet bekennen dat ik er wel eens aan heb getwijfeld,' zei Marion tegen me op een verjaardagslunch voor Erin, een paar dagen na mijn terugkeer. 'Ik was ervan overtuigd dat ze je tegen je zin zouden uithuwelijken en dat je me een kaartje zou sturen vanuit je nieuwe woonplaats in Pakistan of waar dan ook vandaan. Maar ik moet zeggen dat ik blij ben om je weer te zien. Het was hier op kantoor niet helemaal hetzelfde zonder jou.'

Ik straalde. 'Méén je dat?' Wauw! Dat had nog nooit iemand tegen me gezegd, dat ze me hadden gemist, behalve mijn ouders dan misschien, maar dat telt niet.

We zaten mousserende wijn te drinken – Marion beweerde dat ze geheelonthoudster was, maar maakte een uitzondering voor personeelsverjaardagen en andere speciale gelegenheden, die tamelijk frequent waren. Ik voelde de belletjes naar mijn hoofd stijgen en daar uit elkaar spatten. Voordat ik verderging, liet ik stilletjes een boer.

'Ik heb het heel leuk gehad thuis. Ben naar een waanzinnige bruiloft geweest. Vikram, een vriend van mijn broer, en een meisje dat Mira heet. Ze hebben in één week wel tien feestjes gegeven. De vader van de bruid wilde laten zien dat hij geld had. Hij heeft namelijk ook nog een jongere dochter en hoopte dat iemand op haar af zou komen, aangelokt door de bakken geld waarmee hij aan het smijten was.'

'En, is dat ook gebeurd?' vroeg Erin.

'Ik geloof het niet. Ze is nog pas zeventien en heeft een heel lelijk gebit. Volgens mij willen haar ouders haar hierheen sturen voor orthodontie, maar ze zijn bang dat ze nooit meer weg wil. Je weet wel, net als ik.'

Ik giechelde. Thuis had ik zulke dingen nooit kunnen zeggen.

'Je bent vast en zeker een groteske afwijking,' mengde Milo zich ertussen, terwijl hij op een olijf zoog. 'Arm klein meisje. Helemaal alleen in de grote, verdorven stad. Niemand om je 's nachts gezelschap te houden, geen pappie, geen man, alleen pappies poen,' voegde hij eraan toe, valse nicht die hij was.

Marion deed alsof ze hem niet had gehoord en sprak verder tegen mij.

'Nou, we zijn blij dat je weer terug bent. En laat me je er meteen even op wijzen dat het tijd wordt dat je eens afrekent met al dat bijgeloof en die verwachtingen waarmee ze je hebben opgezadeld, en dat je er eens achter komt waarom je werkelijk op aarde bent, wat je spirituele doel in het leven is,' zei ze. Het was nog niet zo lang geleden dat Marion van haar geloof in reïncarnatie was afgestapt, ook al liep ze dan nu rond in een slank afkledend grijs mantelpakje van Jil Sander.

'Je bent jezelf, lieve kind. Een man zal je nooit complementeren, en dat zul je op een goede dag merken. Je zult je eigen plaats in deze wereld vinden, man of geen man. Als je tegen een huwelijk aan loopt, prima. Maar denk niet dat het het enige is waar het in het leven om draait, goed?'

'Héél bemoedigend,' zei Milo snijdend.

Ik keek eens om me heen. Marion had twee scheidingen achter de rug. Erin was op haar tweeëndertigste nog steeds niet getrouwd en had al in een jaar geen vriendje meer gehad. Milo was zo verknipt als maar zijn kon en had lustdromen over tweehonderd-procent-heteroseksuele mannen die hij wilde bekeren. Kris lag in scheiding. En Linda was er vorige week achter gekomen dat haar vriend, met wie ze al tijden samenwoonde, er een verhouding op na hield, en was nu met ziekteverlof vanwege haar zenuwinzinking. Ik zou er moedeloos en treurig van hebben moeten worden, maar dat werd ik niet. Misschien was het de bubbeltjeswijn, maar ik voelde me levenslustiger en steviger in mijn schoenen staan dan ooit.

Sheryl had me ooit gevraagd waardoor ik was wie ik was, en ik had daar toen geen antwoord op geweten. Nu wél: niet door mijn ouders, niet door mijn zoeken naar een man, niet door mijn vreemde religieuze aanvechtingen. Ik wilde zijn wie ik was door het werk dat ik deed, de vrienden met wie ik omging, en de invloed die ik zou uitoefenen op mijn kleine, maar steeds gelukkiger wordende wereld.

'Parijs! Ik! Echt?' riep ik verrukt uit.

Marion had me ontboden op haar kantoortje en me een kans uit duizenden in de schoot geworpen. Onze nieuwe cliënt, de als een komeet omhooggeschoten modeontwerper Len Maverick, had juist een flinke som geld gekregen van een multinational en ging nu de Moeder van Alle Modeshows, het Feest van de Eeuw geven in de Lichtstad. Iemand van het bureau moest erbij zijn en het handjevol Amerikaanse journalisten begeleiden dat hij speciaal liet overkomen met het vliegtuig.

Drie weken later stond ik op JFK bij de incheckbalie van Air France. Ik escorteerde Len Mavericks VIP-gasten: Anastasia, Jil, Penny en Rose, de redactrices van de vier toonaangevende modebladen van New York. Ze waren stuk voor stuk blond, graatmager en gekleed in reisvriendelijk zwart. Ze kusten elkaar heel liefjes toen ze elkaar bij de balie ontmoetten, maar namen elkaar van het hoofd tot de voeten op zodra ze zich onbespied waanden.

'Pepermuntje?' vroeg Jil, die in de wandeling 'Silly Jilly' heette na een berucht optreden in een televisiequiz met beroemde Amerikanen waarin ze had verklaard dat Iwo Jima een trendy nieuw Japans restaurant in SoHo was.

De meisjes hoopten in hun hart dat ze niet naast elkaar zouden komen te zitten. Het overkwam hun per saldo niet elke dag dat ze eersteklas vlogen en ze wilden die gelegenheid beslist niet laten vergallen doordat ze gedwongen zouden worden om tijdens de hele vlucht verplicht met iemand te converseren. Nee, ze wilden zich volop laven aan de gratis champagne en dromen van de dag waarop ze *Vogue* zouden overnemen en elke week met de Concorde zouden kunnen vliegen.

Aan boord nam ik mijn draaiboek nog eens door en de plaatsen die aan iedereen waren toegewezen. Ik had een enorme verantwoordelijkheid: de supervisie over alle Amerikaanse media bij de eerste Parijse modeshow van deze ontwerper. Ik moest de persberichten uitgeven, fotosessies organiseren, interviews coördineren en dat troepje meiden een paar dagen bezighouden. Terwijl het vliegtuig soepel opsteeg, keek ik uit het raam en had ik voor het eerst van mijn leven het gevoel dat ik nu misschien, eindelijk dan, volwassen was.

❧

'Ach, natuurlijk weer de gebruikelijke trammelant bij het inchecken in het hotel. Eén kamer bleek niet beschikbaar, en een andere was kleiner dan de rest. Bovendien waren de meiden chagrijnig omdat ze moe waren en gammel en het gevoel hadden dat ze niet echt met de rode loper werden binnengehaald.'

'Ja, ik weet het, het is een ramp soms,' suste Marion. 'Maar je moet ze een beetje vertroetelen. Ze willen zich speciaal voelen, net als de beroemdheden over wie ze schrijven. Probeer je een beetje in ze te verplaatsen en hun wensen vóór te zijn, oké?'

'Mij best, je kunt het krijgen zoals je het hebben wilt,' zei ik, en ik hing op. Toen stormde ik de badkamer in om me klaar te maken voor mijn afspraak met Len Maverick.

Hij stond me beneden op te wachten, een slungelige man die van elastiek leek gemaakt, geheel in het wit en met zo'n kaalgeschoren schedel, dat het licht van de kristallen luchter erin weerkaatste.

'Heel leuk om kennis met je te maken, schat,' zei hij. 'Goede vlucht gehad?'

Met die zilveren oorringetjes in zijn puntige Mr. Spock-oren en die hagelwitte tanden die je helemaal van de andere kant van de lobby tegemoet flonkerden, had hij iets van een roofdier. Maar volgens Milo, die duidelijk weg van hem was, was hij 'een snoepje'. Je moest alleen weten hoe je hem moest aanpakken, had hij erbij gezegd.

'En, wat zijn je plannen voor de Amerikaanse pers?' vroeg hij, terwijl we neerzegen op een bank in de hoek van de lobby en hij twee Kir Royales bestelde. 'Er staat voor mij enorm veel op het spel, schat, dat weet je,' ging hij verder. 'Ik mag het niet verknallen. Die journalisten moeten in de watten worden gelegd en me totaal de hemel in schrijven, weet je wat ik bedoel? Anders wordt er over een paar dagen iemand op het matje geroepen,' zei hij, en hij keek me strak aan met zijn koele blik.

'Dat begrijp ik, Mr. Maverick, maar stel eens dat ze uw ontwerpen gewoon niet mooi vinden?' vroeg ik.

Hij verstrakte. Toen gleed er een glimlach over zijn magere gezicht. 'Hé, een pr-meisje met gevoel voor humor. Daar houd ik van. Je maakte me even aan het schrikken, schat. Dacht dat Marion me een beginnelingetje op mijn dak had gestuurd.'

'Je zult echt alles uit de kast moeten halen,' ging hij verder. 'Die meisjes kunnen alles krijgen wat ze hebben willen. Als je ziet dat hun ogen gaan glimmen bij een van die prachtige creaties die ik ga tonen, mogen ze die hebben. Weet je wat ik bedoel? Dit is mijn debuut; de nieuwe sponsors zitten met argusogen toe te kijken, en ik ben niet van plan de zaak te verknallen. Ze moeten waanzinnig enthousiaste stukken schrijven, en het is jouw taak ervoor te zorgen dat ze dat doen.'

Ik deed die nacht geen oog dicht. Natuurlijk, ik had een jetlag. En ook had ik vlak voor mijn vertrek uit New York mijn ouders gebeld, en die waren nog meer dan gebruikelijk ontsteld geweest. Deze keer vloog hun dochter in haar eentje naar alweer een vreemd land, waar ze alleen in een hotel sliep, blootgesteld aan God mocht weten wat voor gevaren. Stel dat iemand me daar zag?

'Mam, geen mens die me daar zal zien,' zei ik. 'Ik verwacht niet dat ik een van uw vriendinnen zal ontmoeten op een modeshow in Parijs. Rustig nou maar. Ik blijf er maar een dag of wat, en dan ben ik weer in New York.'

'Moet je dat soort dingen regelmatig gaan doen?' Mijn vader was nu aan de telefoon, en zijn stem klonk bars. 'Want, als dat zo is, moet je je chef maar uit mijn naam zeggen dat het niet doorgaat. Ik sta niet toe dat je helemaal alleen van hot naar her vliegt. Begrepen?'

'Maakt u zich niet druk, Pap, dit is maar voor één keer. Heus.'

Het gesprek bleef door mijn hoofd spoken terwijl ik lag te worstelen met mijn slapeloosheid, die mijn geagiteerdheid alleen maar verergerde. En dan was er ten slotte die eis van Len Maverick – volkomen onredelijk, vond ik. Zelfs ik, met mijn beperkte ervaring met de modejournalistiek, wist dat publiciteitsmensen vrijwel geen greep hebben op wat de journalisten gaan schrijven, tenzij door middel van regelrechte omkooppraktijken – en daarvan zou in dit geval beslist geen sprake zijn. Maar ik wist ook wanneer ik werd bedreigd – en als ik me hier niet goed doorheen sloeg, zou Marion vrijwel zeker de Maverick-account verspelen, en dat zou een ramp zijn. Zeker nu het duidelijk was dat hij op het punt stond internationaal door te breken.

Maar tot nu toe was alles vlekkeloos verlopen. Ik had een rooster opgesteld voor de privé-interviews van elk van de meisjes met Len, en die waren op tijd begonnen en afgelopen – een klein wonder. De meisjes waren allemaal zeer geïmponeerd geweest door Lens suite in het Bristol. In een zijkamertje gezeten, zodat ik geen storende invloed zou uitoefenen op het delicate proces van het interview, hoorde ik de een na de ander idolaat worden over de nieuwe modelijn, waarvan de couturier zich verwaardigde hun nog vóór de show een paar modellen te laten zien, zodat ze het gevoel kregen dat ze toetraden tot een bevoorrechte kring. Ik hoorde ze kirrend lachen wanneer Len weer eens een gemene grap uit de modewereld debiteerde, en na afloop stuk voor stuk grinniken alsof ze er alles van wisten, opgetogen dat ze in het complot werden betrokken. Ik hoorde de gebruikelijke platitudes over en weer gaan – 'Inspiratie... stijl... antimode... romantiek... modernisme... Parijse chic... New Yorks commercialisme... creativiteit...' – tot ik er niet langer meer naar kon luisteren en mezelf een hartversterking inschonk aan de minibar. Elk van hen kreeg tot haar verrukking een kus op de wang en was ervan overtuigd dat haar als enige die ultieme eer te beurt was gevallen. Ze hadden die ochtend elk een bos in volle bloei staande witte rozen op hun kamer bezorgd gekregen – wit was immers zijn handelsmerk – met een handgeschreven kaartje. Ik wist dat ze het kaartje allemaal in hun agenda hadden gestopt om er hun vriendinnen de ogen mee uit te steken. Later op de dag zouden er, dat wisten ze allevier, een paar fantastische cadeautjes op hen liggen te wachten op hun kamer – misschien een grote flacon van zijn nieuwe parfum met bijbehorend badzout en douchegel, of het tasje van witgeverfd krokodillenleer dat het komend seizoen zeker een *must* zou worden voor de beau monde. In elk geval iets extravagants.

Opgelucht dat de eerste fase van Operatie Maverick goed was verlopen, verheugde ik me erop de meiden te ontvangen aan de tafel die ik had gereserveerd bij L'Avenue. Ze hadden de middag vrij – en zouden die besteden aan het gretig gebruikmaken van de dertig procent korting die ze hadden gekregen in de nabijgelegen Maverick-winkel – waarna ze zich zouden moeten gereedmaken voor de modeshow en het *après-defilé*. Ik had inmiddels al een ontmoeting gehad met Javay, Mavericks roodharige Parijse publiciteitsman, en na wat stevig gesteggel mijn vier zitplaatsen in het midden van de voorste rij veilig weten te stellen.

'Luister, Len Maverick is een Amerikaan, en onze vooraanstaande Amerikaanse modejournalisten móeten gewoon op de eerste rij zitten. Het zou net zo gaan als Yves Saint Laurent een modeshow gaf in New York.'

'Dat zou 'ij nooit doen,' protesteerde Javay, die zichtbaar gruwde van het idee. 'Maar, bon, iek geef jou die plaatsen. Maar zorg jullie zijn op tijd, anders iek geef ze aan Madame Figaro.'

⬦

Die meiden zijn best leuk als je ze eenmaal kent, bedacht ik, terwijl ik mezelf nog een glas Cabernet inschonk. Toen ze allemaal twee champagnecocktails op hadden en zaten te wachten op hun biefstuk tartaar   specialiteit van het huis – waren ze zelfs aardig.

'Hé, ben jij vegetariër?' vroeg Anastasia toen ik gekookte worteltjes, broccoli en spinazie bestelde. Niet het meest exotische dat je je kunt indenken, maar behalve pommes frites het enige wat je met een gerust hart in een Frans restaurant kunt bestellen.

'Niet echt. Ik eet wel vis en kip, maar vandaag is het maandag, en dat is voor ons in religieuze zin een speciale dag waarop we geen vlees mogen eten. En eigenlijk ook geen alcohol mogen drinken, maar met dat regeltje neem ik het vandaag niet zo nauw.' Ik giechelde. In feite had ik vandaag moeten vasten, maar ik voelde me een beetje overmoedig, ik had honger en, kom nou, ik was in Parijs!

En zo belandden we in een levendige discussie over mijn religieuze verplichtingen en hoe ik, door me eraan te houden, uiteindelijk de man van mijn ouders' dromen zou vinden.

'O, o, maar dan heb ik iemand voor je!' liet Penny opeens van zich horen. 'Hij moet toch uit India komen? Nou, ik ken een vreselijk aardige Indiase man, woont nog in New York ook.'

'O?' zei ik.

'Ja, hij is echt een schatje. En volgens mij heeft hij me eens verteld dat zijn ouders hem mee terug wilden nemen naar India om daar een vrouw voor hem te zoeken. Dus dat zou perfect kunnen zijn!'

'Hoe ken je hem?' vroeg ik, ervan uitgaande dat de onbekende wel een collega zou zijn van Penny's vriend, die bankier was, wat inderdaad perfect zou zijn.

'Hij is chauffeur bij het autoverhuurbedrijf dat ik altijd bel als ik naar het vliegveld moet.'

Ik keek haar alleen maar aan.

'Hij rijdt heel goed,' liet ze erop volgen, terwijl ze haar eidooier over de berg rood vlees op haar bord roerde.

Later die middag gingen we winkelen. In de boetiek van Manolo Blahnik kon ik niet besluiten tussen de

muiltjes van turkoois suède en de limoengroene naald-
hakken.

'Neem ze allebei,' opperde Penny.

'Eerlijk gezegd kan ik me maar één paar veroorloven,'
antwoordde ik.

'Wat ellendig,' zei Penny. 'Net *Sophie's Choice*.'

❧

Met name Penny was sprakeloos toen ik die avond voor
de modeshow de lobby binnenkwam. Terwijl de meisjes
stuk voor stuk in het zwart gekleed waren – een strakke
broek hier, een haltertopje daar – had ik gekozen voor
een witte, met kralen bestikte en zilveromzoomde sari.
Om mijn hals droeg ik een kraag van kleine, klassiek ge-
slepen diamantjes met bijpassende lange oorbellen. Ik had
de hele middag in dubio verkeerd of ik me al dan niet als
Indiase zou kleden – ik was hier per saldo voor mijn
werk. Het enige wat het team dat verantwoordelijk was
voor Lens imago, me aangaande de kledingvoorschriften
had verteld, was: 'Draag wit, liefst een broekpak, liefst een
van zijn eigen.' Maar ik was pas net aan dat account gezet
en had nog geen tijd gehad er me een te laten aanmeten,
zodat dit maar moest volstaan. Bovendien, hield ik mezelf voor, vertegenwoordigde ik een ontwerper uit New
York en het kosmopolitische karakter van die stad – en
wat was een sprekender voorbeeld van internationale gla-
mour dan 'een sari van een topontwerper'?

'Je ziet er heel mooi uit,' zei Anastasia met een menge
ling van verbazing en afgunst op haar knappe gezichtje.

'En jullie zien er allemaal beeldschoon uit,' antwoordde ik zelfverzekerd. 'Zullen we gaan?'

Ik leidde het viertal als een begrafenisstoet het hotel

uit en de gereedstaande limousine in. Penny, die naast me zat, keek naar het ingewikkelde web van diamantjes dat om mijn hals geweven zat. 'Mooie stenen,' zei ze. 'Goed idee om zo'n sieraad te lenen. Van wie heb je ze – Cartier of Bulgari?'

'Geen van beide,' zei ik, en ik glimlachte fijntjes.

Hoewel ik wat dat betreft wel het een en ander gewend was, betekende het betreden van een Parijse modeshow niettemin een cultuurschok. Het stond in feite gelijk aan het ontvoeren van een stokoude geitenhoeder uit Bihar en hem neerplanten in Disneyland.

Ondanks de pracht en praal waaraan ik gewend was geraakt op bruiloften in India, had ik zoiets toch nog nooit meegemaakt.

In de eerste plaats hadden de mensen achter Len Maverick een reuzenslag geslagen doordat ze toestemming hadden weten te krijgen om het terrein rondom de Eiffeltoren te gebruiken voor de modeshow. Het majestueus verlichte bouwwerk vormde een onovertroffen decor.

De catwalk was nog in het duister gehuld en de bovenverlichting scheen neer op de duizenden stoelen die, rij na rij, aaneen waren geschoven aan de voet van het monument. Ze waren bekleed met witte damast en op elk ervan lag, heel subtiel, een witte tulp. Degenen die op de eerste rijen zaten, kregen bovendien een witte tas met attenties, stuk voor stuk Maverickproducten: een flaconnetje van zijn nieuwe parfum, 'Blanc', een witgelakte ballpoint met het in zilver ingelegde monogram 'lm' en een zonnebril in wit montuur in een hagelwitte koker, alles met een platinakleurige strik eromheen.

Een in het wit geklede ouvreuse wees ons onze plaatsen, die – Javay had woord gehouden – helemaal vooraan in het midden waren, de allerbeste. Jilly, Anastasia, Rose en Penny maten zich de grandeur aan die bij hun positie paste.

Terwijl op een podium achter ons zo'n honderd fotografen hun statieven opzetten en hun camera's richtten, had zich ter zijde van de catwalk een handvol paparazzi verzameld die elkaar elke vierkante centimeter betwistten en als gekken aan het flitsen waren. Het voorwerp van hun aandacht was Tara Night, een verrukkelijke Hollywood-ster die speciaal voor de gelegenheid per privéjet was overgevlogen. Ze was op dat moment zo *hot*, dat je haren verzengden als je te dicht bij haar in de buurt kwam. Ze flirtte met de camera's door haar gazellenbenen nu eens linksom dan weer rechtsom over elkaar te slaan – zonder zich ogenschijnlijk één moment van de aanwezigheid van de fotografen bewust te zijn.

Vanuit mijn positie in het gangpad zag ik dat iedereen die op de eerste rij zat, een verveeld, lichtelijk afwerend gezicht trok. Zo nu en dan, wanneer een van die societyfiguren, halve beroemdheden of machtswellustige modebladredacteuren iemand zag die ze wilden spreken, mompelde hij een snel 'Hallo, hoe gaat het?' zonder het antwoord af te wachten. Het deed me denken aan de sociale pikorde in Bombay.

Om me heen wemelde het van de paladijnen. De producers van de show, herkenbaar aan hun identieke witte pak met baret, wekten de indruk alsof ze waren overrompeld door een nationale ramp: ze renden heen en weer over de gangpaden, raadpleegden klemborden en spraken gejaagd in walkietalkies of microfoontjes die waren bevestigd aan slanke koptelefoons. Muziek van het laatste album van de Red Hot Chili Peppers schalde uit verborgen luidsprekers, terwijl Maverick en zijn lakeien achter de schermen de laatste voorbereidingen troffen. De show had al een halfuur geleden moeten beginnen, maar een oponthoud hoorde nu eenmaal bij de streng geregisseerde dramatiek van dit soort evenementen, opdat de broodnodige spanning kon worden opgevoerd.

Willa Strand stond in een van de gangpaden verwilderd om zich heen te kijken. Ik herkende haar van foto's uit *Vogue* en de *New York Times* – jaren geleden was ze een eerzuchtige en verwaande moderedactrice geweest die inmiddels was uitgerangeerd nadat bekend was geworden dat ze van modehuizen, in ruil voor publiciteit, waardevolle giften placht te vragen. Dientengevolge was ze nu een vijfenzestigjarig modefossiel. Indertijd had de hele modewereld aan haar voeten gelegen. Tegenwoordig spraken ze niet eens meer met haar. Ze kon onmogelijk een uitnodiging hebben gekregen voor dit evenement – ik had Milo eens krengerig horen opmerken dat Willa Strand de postzegel niet waard was op de envelop die naar haar werd gestuurd. Op de een of andere manier had ze zich evenwel toegang weten te verschaffen, al werd ze op dat moment door een van de ouvreuses aan de hand meegevoerd – alsof ze haar grootmoeder door een bomvolle markt loodste – en ergens in een gangpad aan haar lot overgelaten. Ik had met haar te doen.

Ik liep naar haar toe. 'Neemt u me niet kwalijk, Ms. Strand,' zei ik. 'U ziet er een beetje verloren uit. Ik ben een van de publiciteitsmensen voor Mr. Maverick. Kan ik u naar uw plaats brengen?'

'Die heb ik niet,' bitste Willa. 'Niet te geloven, die mensen, jarenlang heb ik ze geholpen, en nu behandelen ze me zo! Weet u dat ik niet eens een uitnodiging heb ontvangen? Die zal wel zoek zijn geraakt in de post – gelukkig was iemand daarbuiten zo vriendelijk om me binnen te laten. Maar, moet u nagaan, hij zei dat ik genoegen moest nemen met een staanplaats! Het affront! Wie is hier verantwoordelijk voor?'

'Dat vind ik heel naar voor u,' zei ik, 'maar ik zal zien wat ik voor u kan doen.'

Eerlijk gezegd had ik hier helemaal niets te vertellen – mijn invloedssfeer beperkte zich strikt tot het viertal meisjes dat ik begeleidde. Maar als Hindoe was ik opgevoed met het schrikbeeld van de vertakkingen van het karma – als je gedoogt dat iemand anders wordt vernederd, kun je zelf net zo'n bejegening verwachten, in dit leven of het volgende.

Maar ik wist niet tot wie ik me moest wenden. De show stond op het punt te beginnen – werklieden waren al bezig het plastic op te rollen dat over de catwalk lag, ten teken dat de maestro zich ten slotte verwaardigde te beginnen. Ik tuurde de eindeloze rijen mensen om me heen af, tot ik opeens één eenzame vrije plaats zag, midden in de vijfde rij. Ik rukte Willa naar me toe.

'Daar' zei ik, terwijl ik de van mijn schouder glijdende pallav omhoogtrok. 'Neemt u die plaats. U verdient beter, maar meer kan ik niet voor u doen,' zei ik, en ik duwde de in ongenade gevallen grande dame voor me uit.

Achterin stonden tegen de hekken zeker nog wel honderd mensen. Dat waren modestudenten, journalisten van regionale krantjes waarvan niemand ooit had gehoord, en vrienden van Mavericks assistenten. Hoe bekaaid ze er ogenschijnlijk ook van af waren gekomen, ze zagen er veel vrolijker en enthousiaster uit dan die redacteuren met hun granieten koppen op de eerste rij. De mensen die al blij zijn met een staanplaats, die bereid zijn om uren in de rij te staan voordat ze worden toegelaten – zíj zijn de echte modeliefhebbers, zíj verdienen de beste plaatsen. Die lui op de eerste rij trokken een gezicht alsof ze de wereld een dienst bewezen met hun loutere komst.

Ik schortte mijn sari op en voegde me bij mijn gezelschap, terwijl de lichten inmiddels dimden.

Op muziek die klonk als een mix van Punjab-bhangra, opzwepend Latijns-Amerikaans en oude-stijl-jazz betrad een slangachtig wezen de catwalk, het donkere haar zo hoog opgetast, dat ze er een paar decimeter langer door leek. Zwart- en zilverglitter omrandde haar fonkelende ogen en op haar glanzende lippen weerkaatste het licht van de schijnwerpers boven haar hoofd. Ze was van top tot teen gehuld in een witleren jas, die er zo zacht uitzag, dat hij wel van spinrag leek gemaakt, en zo lang was, dat hij achter haar aan slierde terwijl ze het plankier af trippelde. Ik wierp een blik in mijn documentatie en las dat het leer was van iets wat 'geplet kalf' werd genoemd.

Ocharm, dacht ik bij mezelf, terwijl ik me een voorstelling maakte van dat door de Hindoes vereerde, gruwelijk mishandelde dier.

Ik richtte mijn ogen weer op de catwalk en zag een processie van mannequins, allemaal zo mager al een riet, en de een nog mooier dan de ander, in een opeenvolging van verrukkelijk sexy kleren. De volgende twintig minuten was er niets behalve de betoverende muziek, het schelle licht dat zich op de catwalk concentreerde alsof die het middelpunt was van het hele universum, en de hemelse toiletten van Len Maverick. Die twintig minuten was ik als beneveld, intens dankbaar dat ik deel uitmaakte van deze wereld waarvan ik vurig hoopte een nog groter deel te gaan uitmaken. Geen wonder dat wie eenmaal in de mode terechtkomt, er nooit meer uit stapt.

Het was voorbij – veel te snel – en Len Maverick betrad de catwalk, moe maar triomfantelijk, met zijn magere arm om de wespentaille van een van zijn mannequins. Iedereen in het publiek was opgestaan en klapte zijn handen stuk. Zelfs ik, met mijn beperkte ervaring in het circuit, wist dat een staande ovatie een zeldzaamheid was – zeker voor een Amerikaanse couturier bij zijn eerste modeshow in Parijs. De kranten zouden er morgen allemaal vol van staan. Ik mocht Maverick wel dankbaar zijn – hij had me vrijwel al mijn werk uit handen genomen.

Toen hij aan het einde van de catwalk was gekomen, wierp hij mij en mijn viertal een kushand toe, en we vielen allemaal schier in zwijm van verrukking dat hij onze inspanningen gewaardeerd en publiekelijk gehonoreerd had. Het was een vervoerend vak, de mode. Als de mensen thuis me nu ook nog hadden kunnen zien!

&

Na een uur, dat we merendeels doorbrachten in onze in het verkeer na de modeshow vastgelopen limousine, kwam ik met de meisjes aan bij Spiro, de trendy, nieuwe nachtclub die was afgehuurd voor het nafeest.

Zodra ik binnen was, wilde ik weer naar buiten. De muziek was zo oorverdovend, dat ik vreesde dat mijn trommelvliezen zouden scheuren. En modemensen mogen dan weinig andere capaciteiten hebben, róken kunnen ze: bijna iedereen had een brandende sigaret in zijn mond of tussen zijn vingers. De rookslierten prikten in mijn ogen en bezorgden me een acuut emfyseem, had ik het gevoel. Dry martini's waren het themadrankje, en in elk glas prijkte een prikker met een zilveruitje eraan in plaats van de gebruikelijke olijf – ongetwijfeld ter ere van

Len Maverick. Het met rood fluweel beklede meubilair was voor die ene avond aan de kant geschoven om plaats te maken voor met witte zijde beklede banken, en de dansvloer was bestrooid met zilverpoeder.

'Ik heb voor even wel genoeg van al dat wit, wat jij?' gilde ik Penny in het oor, maar die was zo geanimeerd in gesprek met een mannelijke mannequin die naar de naam Gustav luisterde, dat mijn woorden niet tot haar doordrongen.

Ik weekte me los van de aan mijn hoede toevertrouwde meiden en vond een rustig hoekje waar amper werd gerookt. Terwijl ik een slok nam van mijn cocktail, moest ik denken aan Bombay, waar het bezoeken van iemands verlovingsfeest – waar ik steevast vermanend werd toegesproken door mijn familieleden – het hoogtepunt was geweest van mijn week. Ik had er nooit van durven dromen dat ik nog eens in het gezelschap zou verkeren van mensen van het kaliber van de gasten van deze avond.

In hun midden voelde ik me trots, een van hen. Ik had het gevoel dat ik een vrije val doormaakte, al wíst ik gewoon dat ik op de juiste plek zou neerkomen.

Ik dronk precies genoeg van mijn cocktail om mezelf een zacht roesje te bezorgen – die paar druppels wodka zouden me die avond in slaap helpen. Toen kuste ik de meiden welterusten, liet hun de limousine, en sprong in een taxi naar mijn hotel.

❧

We zouden de volgende middag terugvliegen naar New York.

De meisjes hadden allemaal wel wat te doen voordat we vertrokken, zodat ik besloot om iets te doen wat ik nog nooit van mijn leven had gedaan: in mijn eentje gaan eten in een restaurant.

Ik koos een café in de buurt en merkte op dat ik niet de enige was die alleen aan een tafeltje zat. Ik bestelde croissants en een café américain met roereieren, pakte de paperback die ik had meegenomen uit mijn tas en begon me een Echt Zelfstandige Vrouw te voelen. Die pocket, moet ik toegeven, diende alleen maar om me iets om handen te geven, zodat ik niet zou worden betrapt op een opgelaten blik of spelen met het peper-en-zout-stel. Maar al snel zat ik heel tevreden om me heen naar de mensen en zonder blikken of blozen naar buiten te kijken.

Aan het tafeltje naast me zaten twee Amerikanen te praten over pijpleidingen, met een vuur alsof ze Steven Spielberg en Tom Hanks waren die het over hun volgende grote productie hadden. Ik probeerde niet naar hun gesprek te luisteren, maar vond het fascinerend. Ik stelde me zo voor dat ze, toen ze jong waren, tegen zichzelf hadden gezegd: 'Ik ga later stalen pijpen verkopen voor mijn brood.' Ze hadden waarschijnlijk een schat van een vrouw in Nebraska of daaromtrent, die al dolblij was met een zijden shawltje en een flesje goedkope parfum als aandenken aan het zakenreisje van hun man naar dat exotische, beruchte Parijs. Ze waren het soort ernstige, fatsoenlijke mannen waar je toch niet naast wilde komen te zitten op een diner, omdat ze op je onvermijdelijke vraag 'Wat doet u voor werk?' het even onvermijdelijke antwoord zouden geven: 'Ik werk in een ballentent.'

Lunchen was voor de verandering een bevrijdende ervaring. Ik voelde me, nou ja, *verankerd* in iets wat er voorheen niet was geweest.

Terwijl ik het laatste van mijn roereieren met een stukje toast op mijn vork schoof, nam het zelfvertrouwen dat ik de vorige avond had gevoeld, vastere vormen aan. Ik kon nog steeds alleen maar bidden dat de man die voor mij was bestemd, ook daadwerkelijk zou komen.

Maar voor het eerst baarde het feit dat hij tot dusverre niet was komen opdagen, me niet de geringste zorgen.

Achttien

Ik keek naar het enorme aantal normale, niet-psychotische vrouwen die hebben leren inzien (en nu tot het inzicht komen) dat niet trouwen niet het einde van de wereld betekent.
LEANNA WOLFE, *Women Who May Never Marry*

De telefoon op mijn nachtkastje ging op een vroege zondagochtend over. Ik wist dat het mijn moeder moest zijn.

'Beti, sliep je nog?' tsjilpte ze over de wereldzeeën heen. 'Het is bij jullie toch ook al, hoe laat, zeker negen uur, niet?'

'Mam, het is zondag,' antwoordde ik slaperig, terwijl ik rechtop ging zitten tegen mijn grote, donzige kussen. Ik had nog steeds een jetlag van mijn wervelwindtrip naar Parijs een week eerder, maar ook nog altijd een nieuw zelfbesef.

'En, hoe gaat het met je? Ga je veel uit? Ben je al iemand tegengekomen? Gebeurt er iets?' Mijn moeder vuurde haar gebruikelijke vragen op me af zonder enige consideratie met mijn nog half comateuze toestand.

'Alleen druk gehad op het werk, Mam, verder niets.'

'Ha, goed. Ik wilde je eigenlijk iets vertellen dat ik net heb gehoord. Herinner je je mijn vriendin Guni? Die naar Londen is verhuisd? Haar dochter Seema is iets jonger dan jij. Weet je nog wel?'

'Ja, Mam,' loog ik. 'Wat is er met haar?'

'Seema woont dus in Londen en ze heeft een heel leuke jongen leren kennen uit Umrika, en weet je hoe? Met com-pu-ter. Iets met e-mail-bemail. Je weet toch wat dat is, hè, beti? Iedereen bij ons heeft het erover. Seema en die jongen hebben elkaar over en weer geschreven op com-pu-ter, en, moet je horen, toen hebben ze elkaar ontmoet op de bruiloft van haar nichtje in Londen, en toen zijn ze binnen een paar weken verloofd, heel snel. Beti, waarom probeer jij com-pu-ter niet?'

'Omdat, Mam, het meestal weirdo's zijn die op inter-net zitten. Het werkt niet. Misschien heeft Seema ge-woon geluk gehad.'

'Probeer het gewoon, niet? Je weet het nooit, misschien dat er op het ogenblik ook een leuke jongen op zijn com-puter naar een meisje op zoek is. Probeer het gewoon.'

'En, hé,' sprong ze opeens van de hak op de tak. 'Vi-kram en Mira, weet je nog wel, die grandioze bruiloft waar je bij bent geweest? Nou, Mira woont weer bij haar ouders, na een paar maanden al. Heel Bombay praat er-over. Ongelofelijk, hè?'

'Hoezo, wat is er gebeurd, Mam?' vroeg ik met een mengeling van nieuwsgierigheid en wraakzuchtige vol-doening.

'Niemand weet wat er precies aan de hand is,' zei mijn moeder, die opeens haar stem dempte. 'Maar ze zeggen dat het, hè, *slaapkamerproblemen* waren.'

Ik zág mijn moeder als het ware blozen, duizenden ki-lometers verderop, alleen al bij de versluierde toespeling op het feit dat een slaapkamer een rol speelt in een hu-welijk. Ik glimlachte, gaf de lieve groeten door aan de rest van het gezin en kroop weer zalig onder mijn dekbed.

Drie dagen later werd mijn lunchafspraak met een nieuwe ontwerper op het laatste moment afgebeld, zodat ik me alleen in het kantoor bevond. Ik had een vruchtbare morgen achter de rug: Len Maverick had gebeld om te zeggen hoe enthousiast hij was geweest over de persreacties na zijn Parijse show, en dat hij net een telefoontje had gekregen van de producer van het tv-programma *Today*. Een tweede cliënt, Be-Bop-Bags, had bloemen gestuurd om ons te bedanken dat we *Women's Wear Daily* zover hadden weten te krijgen dat ze een artikel hadden gepubliceerd over zijn nieuwe collectie. En een gloednieuw schoonheidsmerk had geschreven met de vraag of Marion en ik volgende week eens met hen wilden komen praten over het account.

En het moest nog middag worden.

Tevreden over alles wat ik die ochtend had bereikt, ging ik het internet op en logde in op Desimatch.com, dat zichzelf aanprees als 'de vruchtbaarste huwelijksbemiddelingssite voor verdoolde en eenzame Indiërs in verre landen'.

'*Hai Ram*,' prevelde ik. 'Zelfs in cyberspace is alles theater.'

Ik gaf een geheim e-mailadres op, betrad de domeinen van de site en trof er opzichtige afbeeldingen van *mehendi's* en iconen van vrouwtjes in rood-met-gouden sari's en mannetjes met een tulband om hun hoofd. Dit was de directe aanpak, daar was geen twijfel aan. Dit was niet gewoon even inloggen om een vriend te vinden, desnoods een partner. Nee, dit ging om het vinden van iemand om mee te trouwen, in een paar eenvoudige stappen.

Ik maakte een keuze uit de diverse categorieën en opties en toetste mijn eisen in: Leeftijd: 30-35; lengte: 1,73-

1,80 m; bouw: slank-gemiddeld; huidskleur: licht-matbruin; woonplaats: New York-New Jersey; kaste: Sindhi; godsdienst: hindoe; opleiding: minimaal universitair.

Zo, dacht ik, en ik leunde achterover om nog eens te lezen wat ik had opgegeven. Gespecificeerd, maar flexibel. Doelgericht, maar niet te veeleisend. Precies het soort criteria dat mijn ouders zouden aanleggen.

Ik drukte op 'Enter' en wachtte af.

'*Geen kandidaten gevonden,*' verscheen er als antwoord.

'Ik wist het wel,' zei ik tegen mezelf. 'Ik vraag niet eens naar een specifieke persoonlijkheidsstructuur, en toch bestaat hij niet.'

'*We stellen voor dat u uw eisen verruimt,*' werd er gesuggereerd.

Dus dat deed ik: ik rekte de leeftijd op, legde de lat voor de lengte wat lager, en verving 'matbruin' door 'donker': wat nou, die jongens konden toch ook Promise of Fairness gaan gebruiken? Onder 'woonplaats' vulde ik 'vs' in, want echte liefde was wel een reisje waard, bedacht ik. Maar wat betreft kaste en godsdienst gaf ik geen krimp — zoveel was ik nu ook weer niet veranderd.

'*11 kandidaten gevonden,*' meldde mijn scherm enthousiast, en ik werd er warempel een beetje opgewonden van. Dat kon nog leuk worden!

Ik scrollde naar beneden.

'*Hallo, jullie Indiase schatjes,*' kweelde iemand die zich 'delhistud' noemde. '*Als jullie mijn zout willen zijn, kan ik jullie peper zijn. Laten we samen wat smaak geven aan het leven.*'

Ik scrollde nog wat verder naar beneden.

De volgende kandidaat had er een foto van zichzelf bij gedaan. Hij was helemaal in het zwart gekleed, droeg een zware gouden ketting om zijn nek en leunde achterover op een bankje in een park, omgeven door bloemen en struiken. Het resultaat was van een verbijsterende absurditeit, alsof je Tony Soprano door een wei zag dartelen.

'Hallo, dame, denk jij dat je de ware bent voor mij? Ik ben een mannelijke man, maar ik houd van romantische strandwandelingen bij zonsondergang. Ik houd van bloemen en ik wil graag een van die prachtige rozen plukken om aan jou te geven! Maar dat kan niet, als je zo ver weg bent. Stuur me dus een mailtje en stort je hart bij me uit, dan kom ik je halen om al je gebeden te verhoren!'

Ik was blij dat ik mijn lunch had moeten missen.

Ik bleef doorscrollen.

'Ik ben gescheiden man buiten schuld. Ik ben eerder getrouwd met stapelgekke blanke vrouw, alleen voor green card. Zoek vrouw nummer twee. Ik ben eerlijke, goede man. Stuur alsjeblieft per omgaande e-mail.'

Ik schoot in de lach. Hier kon geen lunch tegenop.

❦

Wanneer ik daarna weer eens vrije tijd had, exploreerde ik het cyberspace-pad verder. Ik was nu sinds meer dan een jaar, met korte onderbrekingen, de facto New Yorkse en was nog amper met een man uit eten gegaan. En ik woonde in een stad – zo redeneerde ik althans – die tot aan de nok van zijn wolkenkrabbers gevuld was met gehaaide bankiers, mondaine advocaten en slimme computerjongens, allemaal afkomstig uit India en allemaal, net als ik, eropuit een stukje van hun vaderland terug te vinden in het hart van een landgenoot. Mijn oom en tante waren inmiddels min of meer uit beeld: ook zij leken het te hebben opgegeven. En wat de kansen om via mijn werk mannen te ontmoeten betreft, dat waren over het algemeen verrukkelijke, doch homoseksuele mannen, met zo nu en dan een Italiaan ertussendoor met een kaal hoofd, een zorgvuldig door de coiffeur bijgeschoren stoppelbaardje en een strak pak. Leuk, maar niet echt om thuis mee aan te komen.

'Sheryl, heb jij wel eens iets gedaan met contactadvertenties via het internet?' vroeg ik op een avond aan mijn vriendin terwijl we aan de wodka met *blini's* zaten in de Russian Tea Room.

'Ik wil dolgraag iemand leren kennen, maar zó wanhopig ben ik nu ook weer niet,' reageerde Sheryl kattig, terwijl ze nog wat kaviaar op haar flensje lepelde. God zegene de onkostenrekening.

'O,' zei ik lam en ik beet op mijn lip. Opeens voelde ik me, nou ja, wanhopig.

'Geloof mij maar, alleen zielenpieten gaan on line.'

'Ik weet niet in hoeverre je gelijk hebt – ik ben zelf on line, en ik ben geen zielenpiet. Er zijn op het ogenblik heel wat Indiase huwelijksbemiddelingssites, logisch, gezien de grote aantallen Indiërs in andere delen van de wereld die geen partner blijken te kunnen vinden. Het is een goed idee. Versnelt het kennismakingsproces.'

Sheryl leunde achterover tegen de rugleuning van haar bankje en zuchtte.

'Lieve Anju, er is één manier om een man tegen te komen, en dat is uitgaan. Ga naar feestjes, naar het café, naar etentjes. Vraag je vriendinnen of ze je uitnodigen. Strek je stapbenen eens. Het enige wat jij de hele dag doet, is persberichten schrijven en met Mams bellen in Bombay. Wat schiet je ermee op? Goed, misschien ontmoet je niet meteen een Indiase prins, maar hoe weet je wat er los rondloopt als je niet eens gaat kijken? Neem het er eens van, ga een weekend weg, onderzoek de dingen, maak wat mee. Dat is het waarom vrouwen een relatie aangaan – niet om meteen bij het eerste afspraakje een man te vinden.'

Ik wist wat Sheryl me duidelijk wilde maken, en ik was haar zelfs gaan geloven. Er viel heel wat te zeggen voor onze traditionele Indiase aanpak – uiteindelijk had mijn moeder die ooit gehanteerd en zij was volmáákt gelukkig.

Maar ik was mijn moeder niet, zodat ik het duidelijk eens over een andere boeg moest gaan gooien.

❧

Nadat ik een paar weken drie verschillende Indiase huwelijksbemiddelingssites had geraadpleegd, stuitte ik eindelijk op iets wat ik de moeite waard vond om op in te gaan. Een tweeëndertigjarige zakenman uit Houston. Ik was zeer ingenomen met zijn serieuze, oprechte aanpak.

Ik had nooit gedacht dat ik dit nog eens zou doen, maar ik weet dat het tijd wordt om iets anders te proberen, omdat ik met de ouderwetse methodes niets opschiet. Ik ben met mijn familie in Texas beland toen ik nog heel jong was en ik woon er sindsdien nog steeds. Ik werk als salesmanager in de kantoorartikelenbranche. Ik woon bij mijn ouders, maar wil verhuizen zodra ik getrouwd ben. Ik ben makkelijk in de omgang; iemand die graag plezier heeft in het leven, een perfecte mix van Oost en West, en op zoek naar een vrouw met vergelijkbare eigenschappen – iemand die het goed kan vinden met Amerikanen, maar zich nog steeds thuis voelt in een sari. Als je denkt dat jij die iemand zou kunnen zijn, stuur me dan een mailtje. Lengte, gewicht, huidskleur, etc. kunnen me niet schelen. Ik wil gewoon weten wat voor iemand je bent.

Ik deed wat ik altijd deed in zulke situaties en belde naar huis, voordat ik verdere stappen ondernam.

'Maar wat weet je van zijn familie, beti?' vroeg mijn moeder.

'Niets, maar ik kom ook niets te weten als ik geen contact met hem opneem. Het kan geen kwaad. Ik geef hem mijn telefoonnummer niet, of zo.'

Mijn vader nam de telefoon over.

'Wat doet die jongen?' vroeg hij bars.

'In zijn e-mail staat dat hij salesmanager is voor een bedrijf in kantoorartikelen. Dat klinkt goed, niet?'

'Hm, vertegenwoordiger zeker? Hoeveel denk je dat hij verdient? Genoeg om je te onderhouden?'

'Pap, ik heb nog niet eens teruggemaild! Ik wilde jullie alleen van tevoren laten weten waar ik mee bezig ben. Ai, als u zo pietluttig blijft, vind ik nóóit iemand. U verwijt mij dat ik kieskeurig ben, maar kijk eens naar uzelf!'

'Beti,' suste mijn vader, 'wíj zijn in ieder geval kieskeurig in de belangrijke dingen. Jij hebt kritiek als de jongen de verkeerde sokken draagt. Maar, ha, het doet er niet toe, stuur hem zo'n e-mail-bemail, en vraag om wat meer bijzonderheden. Verder alles goed met je, beti?'

Nadat we hadden opgehangen, stelde ik een aantal e-mailantwoorden op, het laatste telkens weer slechter dan het vorige, vond ik. Als dat zo doorging, had Mr. Tex-Mex een vrouw en twee kinderen voordat ik met hem in contact was gekomen.

Uiteindelijk besloot ik tot het volgende:

Hallo. Ik heb je e-mail gelezen en vond dat die interessant klonk. Ik woon in New York en werk in de media. Ik ben in mijn hart een echte Indiase, maar veel van mijn vrienden komen uit een andere cultuur. Ik ben 29 en aangezien je niet veel belang lijkt te hechten aan lichaamsmaten en dergelijke, laat ik die voorlopig onvermeld. Maar als je verder contact op prijs stelt, hoor ik graag van je.

Een uur later kwam het antwoord:

Hallo. Ik heet Kumar. En jij? Zullen we over de telefoon verder met elkaar praten? Kun je me een foto sturen van jezelf?

Ik voelde me overdonderd. Dit was het cyberspace-equivalent van na een eerste kopje koffie meteen versierd worden.

Ik toetste in:

Hallo. Voordat we elkaar over de telefoon spreken of ik je een foto stuur, wil ik je eerst op deze manier wat beter leren kennen. Daar voel ik me prettiger bij. Hoop dat je daarmee akkoord gaat.

Voordat ik wist wat me overkwam, waren we aan het *chatten*. Het was maar goed dat Marion de hele dag weg was en het die middag rustig was op kantoor. Kumar leek een echte persoonlijkheid te hebben en hij spelde in elk geval correct. Het wemelde op die site van de mensen die 'ik wordt' en dat soort gruwelijkheden schreven, en dat leek me een veeg teken.

Maar Kumar had een solide opleiding en kon goed

met zijn taal uit de voeten – hij was afgestudeerd aan de Universiteit van Texas, bekleedde een managersfunctie in een bedrijf met vestigingen door het hele land en leidde een bestaan waarin plaats leek te zijn voor veel vrienden, weekendbarbecues en bezoekjes aan comedyclubs en jazzcafés. Fatsoenlijk. Leuk. Een manier van leven waar ik me wel in kon vinden. En Kumar worstelde duidelijk met dezelfde dilemma's – Amerikaans of Indiaas, vrouw of speeltje, *beendi* of hamburgers.

Na een uur chatten besloten we onze communicatie telefonisch voort te zetten. We zouden elkaar de volgende dag bellen en, als alles goed ging, elkaar over twee weekends treffen.

'Misschien dat dit het is,' zei ik die avond opgewonden tegen Sheryl over de telefoon. 'Hij klonk zo áárdig. Misschien is dit hem dan eindelijk.'

'Je hebt hem nog niet eens gesproken,' reageerde Sheryl korzelig. 'Misschien is het wel een serieverkrachter. Jezus, ik wed dat de mensen toen ze Jeffrey Dahmer voor het eerst hoorden, ook vonden dat hij zo'n áárdige stem had. Maak je toch niet meteen allerlei illusies.'

Ik ging in het defensief. Ik wist dat ik soms naïef was, maar had het gevoel dat dat een van mijn vertederende trekjes was.

'Laat maar,' zei ik. Ik had geen zin om erover door te gaan voordat ik Kumar had ontmoet en hij inderdaad de ware was gebleken. 'Wat doe jij de laatste tijd zoal?'

'O, ik ben gisteren sushi gaan eten met een knul van jiujitsu. Ik had al weken een oogje op hem, echt een bink. Rijdt in een oude Morgan, te gek. Maar hij bleef maar pikken van mijn wasabi. Het irriteerde me gewoon. En hij at veel meer van de zalm dan ik, nog afgezien van het feit dat hij de ene sake na de andere achteroversloeg en toen ook nog wilde dat ik de helft van de rekening betaalde. Hij heeft me vanochtend gebeld, maar ik hoef hem niet meer te zien,' zei Sheryl, en ik hoorde haar aan de andere kant haar nagels vijlen.

'Maar je vond hem toch aardig?' zei ik. 'Waarom geef je hem niet op zijn minst nog een kans? Het verbaast me niks dat iedereen in New York alleen is en zich ellendig voelt. Ze laten je hier om de kleinste kleinigheid vallen. Mijn moeder zegt altijd dat het net is als verhuizen omdat je ergens een kakkerlak ziet rondkruipen. Volkomen overdreven reactie, niet?'

Ik moest een heleboel doen vóór mijn telefoongesprek met Kumar. Ik dreunde eindeloos een van mijn vele mantra's op en voltrok een korte puja voor Ganesj. Ik besteedde tien minuten aan een geestelijke reiniging die, naar men zei, alle negatieve aspecten uit mijn aura zou spoelen. Ik stak twee roze kaarsen aan het symbool van romantiek en eenheid – en ik wreef met mijn vingers over een stuk roze kwarts – een steen die het pad naar de liefde heet te effenen. Ik zette een cd op van Luther Vandross en draaide alle lampen lager.

Dit was namaakverleiding, in plaats van het echte werk. Ik prentte me in dat ik charmant, intelligent, ad rem, warm en een heel klein beetje flirterig moest zijn. Ik overtuigde mezelf ervan dat ik hem met mijn woorden moest zien te winnen.

Op de afgesproken tijd belde ik hem en hij nam meteen op. Hij zei dat het leuk was om me te 'ontmoeten', en daar moesten we allebei om lachen. Hij vertelde me het een en ander over zijn werk, zijn familie, zijn vrienden, over al die belangrijke stukjes die tezamen iemands leven vormen. Hij vroeg me honderduit naar het mijne. Hij leek gefascineerd door het werk dat ik deed, de mensen die ik dagelijks tegenkwam. Hij vond het spannend klinken, heel anders dan het 'letterlijk heen en weer schuiven met papieren' dat hij deed. Het klikte tussen ons, en we voelden het allebei.

Toen we wilden afspreken wanneer we elkaar weer zouden bellen, waarna we het eens over een ontmoeting moesten hebben, vroeg hij me opeens of ik mijn ouders had verteld over ons e-mailcontact. Ja, zei ik, ik had ze gebeld.

'O, je woont dus niet bij ze?' vroeg hij. 'Daar was ik van uitgegaan.'

'Nee, ze wonen nog steeds in Bombay. Alleen ik woon hier.'

'Bij wie ben je dan in huis?'

'Niemand. Ik woon op mezelf.'

Stilte.

'Eh, goed,' hakkelde hij. 'Ik moet ophangen. Je hebt mijn nummer en ik heb het jouwe. We moeten elkaar snel weer eens spreken, hè? Goed, tot de volgende keer dan.'

Ik hoorde een klik.

Ik probeerde mezelf wijs te maken dat hij waarschijnlijk echt had moeten ophangen, dat hij een belangrijk telefoontje verwachtte. Maar ik wist wel beter, natuurlijk. Hij was ervan uitgegaan dat ik een typisch Indiaas meisje was, dat bij haar ouders blijft wonen tot ze een bruidegom heeft gevonden. Hij woonde zelf per saldo nog bij de zijne. Ik wist zeker dat ik gelijk had toen hij, ondanks twee neutraal geformuleerde e-mails waarin ik schreef dat ik ons gesprek heel plezierig had gevonden en dat ik het graag wilde voortzetten, niets meer van zich liet horen. Sheryl had het mis gehad: Kumar mocht dan zijn toevlucht hebben genomen tot het internet om een vrouw te vinden, hij was geen zielenpiet. Hij was gewoon net als elke andere man die ik had leren kennen: doodsbang en bekrompen.

Veel later zou een van mijn meer meelevende familieleden me een hart onder de riem proberen te steken met de woorden waarmee ze elke alleenstaande Indiase vrouw, waar ook ter wereld, plegen te troosten: 'De man die voor jou is bestemd, is al geboren. Je moet hem alleen nog zien te vinden.'

Na al die jaren van rondkijken in de echte wereld was het me duidelijk dat hij ook niet te vinden was in cyberspace.

Negentien

*En nu komen we aan de Grote Weg... de Grote Weg die
de ruggengraat is van heel Hind... een Levensrivier zoals
er geen tweede bestaat op de hele wereld.*

RUDYARD KIPLING, *Kim*

Daarna verviel ik in een met fluweel beklede sleur. Marion trok zich terug uit de pr-wereld en droeg het bedrijf
eigenlijk aan mij over. We werden twee keer zo groot en
ontwikkelden ons tot een van de vooraanstaande evenementen- en publiciteitsbureaus van de stad. Dat reisje
naar Parijs werd er een van vele, met als hoogtepunten
bezoekjes aan Cannes en Capri, Milaan en München.
Moest er ergens een feestje worden georganiseerd, een
parfum gelanceerd, een ontwerper in de schijnwerpers
gezet, wij regelden het. Ik was drieëndertig jaar en juist
terug in New York na alweer een uitgelopen bezoek aan
Bombay, het bezoek tijdens hetwelk ik mijn nichtje Nina
had zien trouwen. Ik had met de gedachte gespeeld om
in Accra te gaan wonen. Ik was gevallen voor een man
uit Madrid – van wie ik alleen een foto had gezien. Ik
had mijn ouders beloofd dat ik zou blijven, nog een tijdje, totdat – om met mijn vader te spreken – we 'de klus
hadden geklaard'. Twee weken later had ik het opgegeven
en het vliegtuig naar New York genomen.

Mijn ouders konden onderhand weinig anders dan de teugels laten vieren. Mijn moeder bleef bidden en vasten en haar mantra's afdreunen, tegen beter weten in hopend dat het allemaal op den duur goed zou komen. Het constante reizen dat ik deed, maakte eenzelfde geestelijke inbreng van mijn kant vrijwel onmogelijk: het heeft nogal wat voeten in de aarde om op het vliegveld van Frankfurt een puja te voltrekken bij volle maan als je tegelijkertijd moet overstappen.

Ik had Sheryls raad ter harte genomen en me in het uitgaansleven gestort, maar het had niets uitgemaakt. Ik had me erbij neergelegd dat er in dit soort aangelegenheden sprake was van een goddelijke dienstregeling. Of, zoals een medium in Dubai het eens voor me onder woorden had gebracht: 'Wanneer het je tijd is, kun je onder een rotsblok liggen en dan weet hij je nóg te vinden.'

Mijn broer Anil schoof geleidelijk aan dichter op naar de huwelijkse staat. Ik verwachtte elke dag een telefoontje van mijn moeder met de aankondiging van zijn verloving, waarop ze snikkend zou zeggen: 'Ach, Heer, voordat ik deze wereld verlaat, geef dat ik mijn dochter ook getrouwd mag zien!'

Anil echter stelde zo zijn eigen eisen aan zijn aanstaande. Hij was een verbluffend conservatieve jongen en wist ook zonder dat het hem werd verteld, dat een schoondochter een huishouden kan maken of breken. Evenmin als Anand was hij van plan ooit de ouderlijke woning te verlaten. Allebei zouden ze er met hun vrouw intrekken en er hun kinderen opvoeden, in dat huis waarin ze ooit zelf waren geboren en waarin ze voor onze ouders zouden zorgen wanneer die oud werden.

Dus was Anil op zoek naar een heel bijzonder meisje, dat zich zou aanpassen aan de regels van het huis, fantastisch overweg zou kunnen met iedereen die er woonde, en ook nog eens humor en charme en persoonlijkheid bezat. Het regende aanzoeken voor hem, maar bij elk ervan stelde hij zich de vraag: 'Zal ze even goed zijn voor mijn ouders als voor mij?'

In het Westen zouden ze hem een zacht ei hebben gevonden.

In onze ogen was hij een plichtsgetrouwe, liefhebbende zoon, die de zegeningen die over hem werden uitgestort, ten volle verdiende.

Maar hij had zijn nukken. Hij moest niets hebben van meisjes die ook maar een beetje allure vertoonden; zo had hij er eens een afgewezen omdat ze op een gearrangeerde ontmoeting was verschenen in een kort topje en met een over haar voorhoofd omhooggeschoven zonnebril. Als het meisje in de Verenigde Staten woonde, werd ik er wel eens bij geroepen om mijn veto over haar uit te spreken. Eén mocht ik niet omdat ze een tamelijk onthullend en nogal smoezelig topje van turkoois kant droeg en vanwege een spraakremming: al haar antwoorden op mijn zorgvuldig doordachte vragen bleven steken bij 'Ja', 'Nee', of 'Ha, misschien'. Dan had je dat meisje dat bij de hele familie erg hoge ogen gooide, maar minder bij mijn broer, omdat hij zich niet eens kon herinneren dat hij haar ooit had ontmoet. Mijn ouders haalden hem over om 'gewoon opnieuw kennis met haar te maken', wat hij deed, onderweg Sai Baba biddend om 'een teken'.

Ze kwam binnenslenteren met een tot op de haargrens opgeduwde Ray Ban-zonnebril (kennelijk in het Bombay van omstreeks 1999 een heel gedurfd modestatement), en dat was genoeg: hij nam gillend de benen naar de heuvels van Malabar.

Niet dat ik zelf ooit de moed opgaf. Goedbedoelende familieleden rieden me wel eens aan om 'mijn verwachtingen wat minder hoog te stellen'.

'Lieverd, je bent Cindy Crawford niet,' zei een van mijn ooms. 'Op een gegeven moment moet je gewoon pakken wat je pakken kunt.'

Hoewel ik van tijd tot tijd wel droevig zat te mijmeren over mijn levenseinde in een oude-vrijsterskolonie in Puna, gehuld in polyester jurken en dikke panty's om mijn behaarde benen aan het gezicht te onttrekken, liet ik me op een soiree in Parijs toch van mijn tafeltje meetronen door de directeur van een modebedrijf die me zei dat hij me wilde voorstellen aan 'een echte Indiase prins, en nog vrijgezel ook'. Het vorstelijke personage in kwestie, klein, bebrild en met vissenlippen, wendde zijn hoofd van me af zodra ik hem een verwachtingsvolle, vrolijke glimlach zond.

Ik had inmiddels een internationale vriendenkring die zich had aaneengesloten in hun pogingen om mij de huwelijkse staat te bezorgen. Hun bedoelingen waren zo vertederend, dat mijn hart ervan brak. De man van mijn vriendin Ava werkte op een advocatenkantoor en had een collega, 'uit India, geslaagd, erudiet. Perfect voor jou,' aldus Ava.

'We nodigen hem te eten uit en dan kom jij ook, maar we vertellen hem niet dat het gearrangeerd is,' zei ze. 'Anders wordt het zo'n gedwongen sfeer.'

'Natuurlijk, ik kom heel graag bij jullie eten,' had hij gezegd. 'Mag ik een vriendin meenemen?'

❧

Soms gingen die dingen nogal omslachtig in hun werk. Een vriendin van me in Monte Carlo had een ex-collega in Boston, wier man zo nu en dan tenniste met iemand in New York.

'Hij komt uit India,' jubelde mijn vriendin. 'En hij moet heel knap zijn. Perfect voor jou!'

Hoe perfect een potentiële partner echter ook mag zijn, als hij niet 'op die manier' voor je voelt, is er weinig aan te doen. Er waren een paar van die mannen – het type lang-blanke teint-knap-rijk waarvoor mijn ouders in zwijm zouden zijn gevallen. Juiste familie, juiste milieu, juiste noem-maar-op. Charmant en geacheveerd, intelligent en integer, met BMW en een door een binnenhuisarchitect ingericht penthouse. In alle opzichten perfect; alleen was ik dat niet voor hén.

Uiteindelijk was ik gewoon mezelf. Mijn eigen ambitieuze, enthousiaste, theatrale zelf. Er was die briljante Indiër, afgestudeerd aan Stanford, die was uitgenodigd voor een dineetje in New York. Erin bezwóer me dat ik erheen moest gaan.

'Dat weekend zit ik in Londen,' zei ik, na mijn Palm Pilot te hebben geraadpleegd.

'Dan vlieg je terug,' hield ze aan.

Dus dat deed ik – maar de enige manier om op tijd te zijn, was als ik de Concorde nam. Ik schafte me een kaartje met toeslag aan en landde een paar uur voor de aanvang van het etentje in New York, zodat ik nog genoeg tijd had om te douchen en me op te tutten en op te peppen (zelfde mantra, ander objectief). Ik las ook *De Regels*, dat boek waar iedereen de mond vol van had, en besloot ze allemaal te volgen.

Op het feestje werden we vluchtig aan elkaar voorgesteld, en toen liep hij de tuin in, waar hij zich onder de overige gasten begaf. Ik ging aan de keukentafel zitten en begon een karaf met margarita's door elkaar te roeren.

'Wat doe jij hier?' vroeg Erin op hoge toon. 'Naar buiten! Kan me niet schelen wat je doet, hang de vamp uit, ga flirten, maar zég in ieder geval iets tegen hem!'

'Dat mag niet,' zei ik kalm. 'In *De Regels* staat dat een vrouw niet achter een man aan loopt. Als hij vond dat ik er aardig uitzag, dan gaat hij straks zelf wel naar me op zoek.'

Een uur later pakte de man zijn bul en zijn biezen en verliet het feestje, terwijl ik nog steeds in de keuken met die glazen karaf zat te spelen. Later slenterde ik de tuin in en nam plaats op een omgehakte boomstam, waar ik in gesprek raakte met een aardige joodse man die naast me was komen zitten.

'En, wat heb jij zoal te vertellen?' vroeg hij.

'Ik? O, niks. Ben de stad uit geweest. Vanmiddag pas teruggekomen.'

'O, dus jij bent het meisje van de Concorde!' riep hij uit. 'Die uit Londen is komen terugvliegen om die knaap te ontmoeten die net weg is.'

'Weet je daarvan?' vroeg ik ontsteld.

'Of ik ervan weet? Lieve kind, er is een hele website gewijd aan al je inspanningen,' plaagde hij. 'De mensen sluiten er weddenschappen op af. Ze maken prognoses. Ze maken analyses. Ze komen met raadgevingen.' Hij lachte er hartelijk om – maar in veel opzichten had hij gelijk. Ik stond inmiddels bekend als die vrouw die een man zocht en er openlijk voor uitkwam.

Ze zeggen dat je de liefde vindt, zodra je ophoudt ernaar te zoeken. Ze zeggen dat, zodra je je op je werk stort, je vrienden, of wat dan ook dat niets te maken heeft met romantiek, de man of de vrouw van je dromen vanzelf je leven binnen komt slenteren.

Ik zeg dat ze zich vergissen.

Het is namelijk zo dat je, als je op zoek bent naar de liefde, er nooit mee kunt ophouden. De mogelijkheid bezwangert elke uitnodiging voor een dineetje, elke cocktailparty, elke reis met de bus, de trein of het vliegtuig. Zij hangt in de lucht telkens wanneer je een bruiloft bezoekt, een talencursus volgt, aan een tafeltje gaat zitten in je lievelingsrestaurant. De geur ervan wenkt je de volgende hoek om. Het kan morgen gebeuren. Het kan ook vandaag gebeuren.

Ze zeggen dat die dingen voorbestemd zijn. Ze zeggen dat ze in de sterren staan geschreven, dat de liefde zich in allerlei gedaanten voordoet, en dat de ervaring van het volstrekt unieke ervan het ware geluk is.

Ik zeg dat ze gelijk hebben.

Het overkwam mij door een kleine, hechte aaneenschakeling van gebeurtenissen die begonnen bij Madonna. De superster had haar naam geleend aan een spetterend benefietevenement in Los Angeles, waarvan ik een van de organisatoren was. Ik droeg een sari van lila zijde en stond mijn ogen uit te kijken naar gebeeldhouwde vrouwen in zwarte bikinitopjes en strings, die op de maat van onbestemde muziek over het toneel kronkelden. Ik vroeg mezelf juist af wat mijn moeder wel zou zeggen als ze wist wat ik aan het doen was, toen ik iemand achter me hoorde opmerken:

'Zo zouden alle vrouwen zich moeten kleden.' Hij had het niet over hen, maar over mij. Hij heette Jason en hij was acteur. We raakten aan de praat, bleven dat de rest van de avond en werden goede vrienden.

Op een middag belde Jason me op.

'Ik heb je soul mate ontmoet,' zei hij. 'Ik heb de man ontmoet met wie je gaat trouwen.'

Ik sloeg mijn ogen ten hemel. 'Heel aardig van je, Jason,' zei ik. 'Maar er zijn er meer geweest die dat hebben geprobeerd, zonder succes, dus neem me niet kwalijk als ik niet echt kapot ben van wat je me vertelt.'

'Nee, nee, nee,' hield Jason vol. 'Echt. Hij is geweldig. Komt ook nog uit India. Een aardige, ruimdenkende man. Geloof mij maar.'

Het bleek dat Jason en Rohan elkaar een paar dagen eerder hadden leren kennen op een liefdadigheidsvolleybaltoernooi in Venice Beach. Na afloop waren ze een biertje gaan drinken, en toen was Jason over zijn verloofde begonnen.

'Ik wou dat ik ook iemand had,' had Rohan gezegd. 'Er is niks aan om alleen te zijn als je negenendertig bent.'

'Waarom ga je dan niet naar India om een vrouw te zoeken?' had Jason geopperd, onze vele gesprekken indachtig. 'Een vriendin van me, Anju, die haar ouders...'

En opeens was hij midden in zijn zin stilgevallen. 'God-allemachtig, Anju, ze is het helemáál voor jou!'

Jason vertelde me dat allemaal over de telefoon terwijl ik dia's aan het uitzoeken was om naar een tijdschrift te sturen.

'Wat wil je dat ik doe, lieve jongen?' vroeg ik hem. 'Ik woon in New York. Hij woont in LA. Het wordt gewoon weer verspilling van tijd en geld.'

'Jij hebt je nog nooit iets aangetrokken van afstanden,' bracht Jason naar voren. 'Je bent nota bene bijna getrouwd met een vent in West-Afrika.'

Twee dagen later kreeg ik een e-mail. 'Jason heeft in gloedvolle bewoordingen over je gesproken,' las ik op mijn scherm. 'Kunnen we in contact komen met elkaar?'

De e-mails vlogen over en weer, eerst oppervlakkig (geboorteplaats, beroep, hobby's), vervolgens dieper, warmer, serieuzer. Hij was in Californië geboren en had er zijn hele leven gewoond. Zijn ouders woonden een uur rijden van zijn huis in LA, en ik schoot in de lach toen ik las dat ze hem 'zestig miljoen keer per dag' opbelden. Het kon hem geen zier schelen dat ik in New York op mezelf woonde, met een oceaan tussen mij en mijn ouders.

'Fantastisch,' had hij geschreven. 'Wat een prestatie. Je mag best trots zijn op jezelf.'

We besloten om de volgende dag over de telefoon met elkaar te praten. Deze keer voltrok ik geen speciale rituelen, stak ik geen kaarsen aan en zei ik geen gebeden op. Wat hier ook van mocht komen, het moest er maar van komen.

We belden elkaar twee weken lang elke dag (mijn telefoonrekening moest met een oplegger worden bezorgd) en besloten toen dat het tijd werd om elkaar eens te ontmoeten. Maar eerst had hij een vraag.

'Ik praat hier met geen woord over tegen mijn ouders,' zei hij. 'En ik vraag hetzelfde van jou.'

'Waarom?' had ik gevraagd. Ik wist het antwoord: dat we het als we het aan een van onze families zouden vertellen, evengoed via CNN hadden kunnen laten uitzenden. Binnen een paar minuten zou er door heel India heen worden opgebeld, met vertakkingen over de hele aardbol, details zouden worden opgevraagd, rapporten rondgefaxt, astrologen geraadpleegd. Mijn ouders zouden álles over hem willen weten, de zijne over mij. Het zou een 'familiegestuurde relatie' worden — en daar wilde Rohan niets van weten.

'We moeten dit helemaal zelfstandig afhandelen,' had

hij gezegd. 'Dat is de enige manier om uit te vinden of het tussen ons iets kan worden.'

Het deed me heel veel pijn, maar ik moest me bij zijn eis neerleggen. Ik had alleen mijn moeder zo graag wat hoop willen geven tijdens een van onze zondagochtend-telefoongesprekken: 'Jawel, Mam, er ís iemand!' Ik had haar zo graag gerustgesteld dat ik van mijn kant ook mijn best deed. Dat soort dingen in mijn leven voor mijn ouders achterhouden was ongewoon – en ongewoon moeilijk.

Maar de serendipiteit wilde dat Marion me naar Los Angeles wilde sturen om de mogelijkheid te onderzoeken van het openen van een tweede vestiging daar. (Ze was enigszins in die richting gestimuleerd door de wetenschap dat er, eindelijk dan, een man in beeld was.) Ik vertelde het aan Rohan, en hij was dolenthousiast.

'Fantastisch. Dan kom ik je van het vliegveld halen!' had hij uitgeroepen.

'Eh, nou, nee. Ik wou eigenlijk liever meteen naar mijn hotel, en dan kunnen we elkaar daar toch ontmoeten?'

Ik had het allemaal heel zorgvuldig gepland: ik zou in mijn hotel aankomen, wat rusten, een douche nemen en me omkleden, zodat ik zo fris als een hoentje was wanneer ik hem eindelijk onder ogen kwam. Toen ik hem dat vertelde, begon hij te lachen. Hij zei dat hij stond te popelen om mij te ontmoeten, en dat hij de eerste wilde zijn die mij zag wanneer ik het vliegtuig uit kwam. Het vergde heel veel moed en zelfvertrouwen van mijn kant om te doen wat daarvóór ronduit ondenkbaar zou zijn geweest: een 'blind date' aangaan met iemand, pal na een martelende vlucht van zes uur.

De eerste keer dat we elkaar zagen, was dus op LAX. Ik was gekleed in het rood toen ik uit het vliegtuig stapte.

Hij liep op me af en sloeg zijn armen om me heen, terwijl hij zei dat hij meteen had gedacht dat ik het was, maar dat hij even had geaarzeld omdat hij – gezien mijn leven in de modebranche – had verwacht dat ik meer bagage bij me zou hebben.

Hij deed een stapje achteruit en ik nam hem eens goed op, die lange man met zijn donkere haar, zijn armen vol bloemen en zijn aarzelende glimlach.

Ik had meteen een goed gevoel. We *zagen ernaar uit* dat we bij elkaar pasten. Hij was het soort man dat ik zou hebben opgemerkt bij een familiebruiloft en waarover ik navraag zou hebben gedaan bij Maharaj Girdhar. Hij was het soort man over wie mijn moeder haar zuster zou hebben opgebeld, voor wie gouden munten zouden zijn besteld en Indiase zoetigheid, gewikkeld in zilverpapier en geraspte pistachenoten.

En ik had hem helemaal zelf gevonden. Nou ja, Jason had natuurlijk een handje geholpen.

Rohan was een in mensenrechten gespecialiseerde jurist, die gedichten schreef en piano speelde. Hij was creatief, warm en door en door menselijk. Bij hem kon het me niet schelen wat ik aanhad en of mijn schoenen wel pasten bij mijn handtas.

Gedurende de vijf dagen van mijn verblijf in LA gingen we uit eten en naar de film of we zaten uren aan één stuk rustig met elkaar te praten. We vonden een bruggetje over een beekje, gingen erop zitten, lieten onze voeten vlak boven het water bungelen en sabbelden op zoete, rode watermeloen. Het was, op zichzelf, de gelukkigste dag van mijn leven, de stralendste en de meest tastbare.

Toen ik weer terug was in New York, vroeg Marion me naar de haalbaarheid van een vestiging aan de Westkust.

'O, dat,' antwoordde ik vaag. 'Ja, eh, prima, denk ik. Massa's potentiële cliënten.'

'Dus zó aardig vind je hem?' vroeg ze, en haar paranormale trekjes kwamen weer boven.

'Ja, Marion,' antwoordde ik rustig. 'Zó aardig.'

Rohan en ik spraken elkaar die avond over de telefoon, en ik vertelde hem dat ik een tijdje in New York zou moeten blijven, omdat er een heel stel nieuwe cliënten en projecten bij was gekomen.

'Maar, luister,' stelde ik hem gerust. 'Ik kom elke maand of zo naar je toe. We kunnen er echt iets van maken.'

'Eens in de zoveel weken op het vliegtuig stappen – dat is niet het soort relatie dat ik wil. Dan wordt het níks.'

Hij zei dat in dezelfde stad wonen voor hem een conditio sine qua non was. Dus deed ik wat elke andere alleenstaande, geslaagde carrièrevrouw in deze stad zou hebben gedaan: ik stelde hem voor naar New York te verhuizen.

'Kom dan hier wonen,' zei ik. 'Werk genoeg, je hebt hier zo iets anders.'

Hij zei nee. Het ging niet goed met zijn vader, en als enige zoon wilde hij in de buurt blijven.

Marion wist wat er aan de hand was zonder dat het haar werd verteld.

'Moet je luisteren, Anju,' koerde ze. 'Volgens mij heeft een vestiging in Los Angeles toekomstmogelijkheden, en zou jij de aangewezen persoon zijn om die te gaan leiden.'

Ik zuchtte en overwoog mijn verschillende mogelijkheden. Ofwel ik bleef hier werken en regelmatig de website raadplegen die was ontworpen om mijn huwelijkskansen te bevorderen, ofwel ik kon een tijd in Los Angeles gaan wonen, in de buurt van de man die zonder enige twijfel dichter bij 'de ware' kwam dan wie dan ook. Als hij het

niet was, wist ik, kon ik de boel er net zo goed bij neer-
gooien en zendingszuster worden.

Niettemin zat het mij dwars dat ik van alles moest
doen en laten ten behoeve van een relatie en niet – zoals
eigenlijk zou móeten – van een huwelijk. Ik vond dat er
niets verhevens school in dat 'uitproberen'. We hadden al
vijf verrukkelijke dagen met elkaar doorgebracht – wat
wilde hij nog meer?

Maar Rohan wist me ervan te overtuigen dat ik, als ik
dit wilde doorzetten, de kans die Marion me bood, in
overweging moest nemen.

En zo kwam ik, een maand na mijn eerste ontmoeting
met Rohan, aan in Los Angeles om mijn nieuwe positie
te gaan bekleden als 'Vice-President – Westkustdivisie'
van Marions bedrijf, een heel dure functieomschrijving
voor iemand die in haar eentje werkte in een gehuurd
kantoortje in een zijstraat van Sepulveda Boulevard.

Nadat Rohan me had helpen uitpakken, gingen we
die avond sushi eten.

'Je zult het hier naar je zin hebben,' had hij me verzekerd. 'Je weet dat ik alles zal doen om het je gemakkelijk
te maken.'

'Ach, het is een kwestie van tijd, nietwaar?' zei ik, terwijl ik wat van mijn wasabi in een plat schaaltje soja-
saus rondroerde. 'Ik bedoel, we moeten binnenkort onze
ouders toch íets vertellen, en dan kunnen we het evengoed officieel maken.'

Rohan legde zijn eetstokjes neer en keek me aan.

'Anju, lieverd, ik vind je geweldig!'

Mijn hart bleef stilstaan. Hing er een breuk in de
lucht? Hij had me net hierheen gelokt, de schoft!

'Je bent geweldig en lief en leuk,' ging hij verder, 'en
ik voel me verrast vereerd met een vrouw als jij in mijn

leven. Maar je vergist je als je denkt dat ik dit ga afhandelen zoals ze dat in ons dierbare vaderland doen. Geen denken aan! Deze relatie zal zich in haar eigen tempo ontwikkelen. Ik laat me niet de wet voorschrijven door mijn ouders, noch door de jouwe.'

De hete, groene mosterd had zich via mijn neusholte een weg gebrand naar mijn ogen, waar de tranen nu in stonden. Ik knipperde ze weg en veegde kleverige rijstkorrels van mijn vingers. Wat betekenden zijn woorden? Dat ik me in zo'n westerse relatie moest begeven, informeel en zonder structuur? Ik wilde geen *vriend*, had ik hem toe willen schreeuwen. Ik wilde een *man*!

'Mijn ouders maken zich zorgen om mij,' zei ik rustig. 'Eerst New York en nu LA. Ze weten niet wat ik van plan ben. Ik kan ze dit niet aandoen.' Ik begon te huilen.

Rohan stak zijn hand uit over de tafel, waarbij hij een paar porseleinen schaaltjes omstootte, en legde hem op de mijne.

'Anju, vertel me eens iets,' zei hij zacht. 'Als het je ouders echt niet kon schelen wanneer of met wie je trouwde, zou je dan nu hier met mij zitten? Als ik niet aan al jouw criteria voldeed, zouden we dan nu dit gesprek hebben? Vertel me eens, waar houdt je moeder op, en waar begin jij?'

Nu kon ik mijn tranen niet meer inhouden en ik rommelde in mijn tas naar een papieren zakdoekje.

'Breng me thuis,' zei ik zacht, de hysterie die in me opsteeg, onderdrukkend. Ik omklemde de met diamantjes bezette talisman van de godin Durga die aan mijn nek hing, en wreef over de koraal aan de ring om mijn vinger, alsof ik zodoende alle pijn kon wegmasseren.

'Breng me thuis, nu.'

De volgende dag belden er twee nieuwe klanten, maar ik liet ze afhandelen door mijn antwoordapparaat. Rohan belde drie keer, maar ik nam zijn telefoontjes ook niet aan.

Ik was helemaal kapot. En ik was bang. Rohan had me meer dan genoeg te bieden, maar hij kon me niet geven wat een gearrangeerd huwelijk me zou hebben geschonken: een garantie, een ring op een vaste datum. En hij sloot ondertussen mijn ouders buiten – ook al wist hij dat het nieuws dat ik ging trouwen het begin van het einde van hun zorgen zou inluiden. Ik had hem dat de avond tevoren verteld, in de hoop zijn medeleven te wekken. Ik had hem verteld hoeveel ik van mijn ouders hield en dat ik wílde trouwen – en liefst snel. Ik had de angst op zijn gezicht gezien toen ik dat zei. Hij zei dat hij het begreep – hij had per saldo een jongere zuster – maar daarmee was het voor mij niet in orde. En het zou hem zeker niet overtuigen.

Ik wilde mijn moeder bellen en haar dat allemaal vertellen, in de hoop dat mijn vader en zij er een mouw aan zouden kunnen passen, dat ze een familielid wat druk zouden kunnen laten uitoefenen op zijn ouders, en die weer op hun beurt op Rohan. Zo gingen die dingen uiteindelijk in hun werk.

Maar dat was natuurlijk uitgesloten – niet alleen omdat mijn ouders niets van hem wisten, maar ook omdat Rohan dat niet verdiende.

Ik nam drie dagen de telefoon niet aan en ging het huis niet uit. Dit was niet iets waarmee een van mijn vriendinnen of Marion me kon helpen. Dit was iets waar ik helemaal alleen uit moest zien te komen.

Gedurende die drie dagen zat ik uren te mediteren, psalmodiëren, huilen en schrijven. Ik zat met gekruiste benen voor een granieten beeldje van Shiva en ik herhaalde die mantra eindeloos en steeds luider: '*Om Namah Shivaya, Om Namah Shivaya.*' Ik wilde me door die woorden naar een vredig oord laten vervoeren.

Maar met die mantra zou het nog wel eens heel lang kunnen duren. Ik smeekte de hemel – deze keer om troost in plaats van om een echtgenoot. Terwijl ik me meer en meer liet meedrijven op de resonantie van de litanie, voelde ik me licht in mijn hoofd worden, en werd ik overspoeld door golven van tranen, met snikken die zo heftig waren, dat ze de enige manier waren waarop ik adem binnen kon krijgen.

En toen zag ik het, mijn allesbeheersende probleem, zo helder als het daglicht. Ik zag wat me al die jaren had voortgedreven en voortgedreven, waar mijn wanhoop uit voortkwam.

Als ik een 'perfecte' levensgezel vond, zou daarmee een einde komen aan de verdrietige ongerustheid en eeuwige teleurstelling waarmee mijn ouders mij volgens mij bezagen. Eindelijk zou ik dan eens iets doen waardoor ze van me zouden gaan houden. En ik moest het snel doen: mijn meest zwaarwegende angst, de angst van het kleine meisje dat nog steeds in me leefde, was dat een van mijn ouders zou sterven, zodoende de ander achterlatend met de dan ongedeelde last van mijn ongetrouwde staat. Alleen al bij de gedachte daaraan wentelde ik me in het schuldgevoel.

Rohan had dat allemaal in mij gelezen, en toch hield hij van me.

Eindelijk belde ik hem terug.

'Hé, ik heb me ongerust gemaakt over je,' zei hij. Ik had hem nog net te pakken gekregen voordat hij de deur uit ging naar zijn werk. 'Ik heb overwogen om bij je langs te gaan om te kijken hoe je het maakte, maar ik had zo'n idee dat je eigenlijk liever met rust gelaten wilde worden.'

'Dat wilde ik ook,' antwoordde ik. 'Ik had wat tijd nodig om na te denken. Het spijt me als ik je onder druk heb gezet. Dat is nooit mijn bedoeling geweest. Alleen... eh... nou ja... je weet hoe het is.'

'Ik weet het,' zei hij. 'Ik heb óók Indiase ouders, weet je nog wel? Die worden zo langzamerhand ook gek van mij. Ik ben bijna veertig. Maar als we dit willen doen, moeten we het op onze eigen manier doen en in ons eigen tempo. En we moeten een helder beeld van elkaar krijgen en dat niet laten vertroebelen door wat onze ouders voor ons willen. Begrijp je dat?'

Ik begreep het, eindelijk.

Ik besloot ook nog een keer naar Bombay te gaan.

⟡

'Zijn er niet voortdurend aardbevingen in LA?' vroeg mijn vader toen we van het vliegveld naar huis reden. Hij had een vage voorstelling van mijn nieuwe baan als manager van een vestiging in Los Angeles, maar kon er nog steeds niet goed bij. Doordat hij maar heel kort in de VS was geweest, had hij nog steeds het vertederende idee dat ik overdag in LA mijn werk kon doen en dan toch nog op tijd in New York kon zijn voor het avondeten.

'Ach, dat valt wel mee,' stelde ik hem gerust. 'Tot nu toe heb ik er niets van gemerkt.'

Mijn moeder zat thuis met een hoofd vol krulspelden op ons te wachten.

'Beti!' jubelde ze toen ze me zag. 'Je bent terug! Ai, wat ben je mager! Eet wat! Eet wat!' zei ze, en ze stopte me een stuk notentaart in mijn mond.

Ik omhelsde haar en we gingen allemaal zitten, terwijl Chotu binnenkwam met een blad met thee.

Eindelijk vroeg ze eens hoe het met me ging. Of het goed ging op mijn werk. Of mijn appartement in LA me beviel, en of ik daar goede vrienden had. Ik vroeg me af of ze soms een toverdrankje had geslikt waardoor ze was vergeten dat ik nog steeds geen man had, maar ik stelde het niettemin erg op prijs.

Maar lang zou het niet duren. Later, nadat Anil en Anand thuis waren gekomen van hun werk en we allemaal aan tafel waren gegaan, werd de onvermijdelijke vraag natuurlijk toch gesteld. Deze keer had ik echter een nieuwtje – en een wáár nieuwtje – voor ze in petto.

'Eerlijk gezegd, Mam, Pap, ís er iemand,' zei ik, zonder de berg rijst met linzen op mijn bord aan te raken.

Iedereen aan tafel zweeg en keek me aan. Ze konden aan mijn gezicht zien dat ik het meende, dat ik volkomen oprecht en doodserieus was.

'Ik ben iemand tegengekomen, en we houden van elkaar. Ik denk dat het echt iets wordt.'

Mijn moeder liet haar servet vallen en uitte een jubelkreet. 'Een Indiër, het is toch een Indiër, niet, beti? Alsjeblieft, zeg dat het zo is!'

'Ja, Mam. Een Indiër. Zoals wij. In alles zoals wij. U zult blij met hem zijn,' zei ik.

Toen zweeg ik even.

'Maar dat is niet waarom ik van hem houd,' vervolgde ik na een tijdje. Als hij een andere huidskleur had, zou ik ook van hem houden. Hij is heel lief en intelligent en hij houdt van me.'

Mijn moeder sloeg haar handen in elkaar, sloot haar ogen en prevelde een dankgebed. Mijn vader stak zijn hand uit naar een warme chapati, en mijn broers bewaarden het zwijgen en keken me aan.

'Nou,' zei mijn vader. 'Gefeliciteerd.'

'U hoort nog van me wat we beslissen, wanneer het zover is,' zei ik. 'Vraagt u me er nu niets meer over, en zet me alstublieft niet onder druk. Als het geschreven staat dat het iets tussen ons moet worden, zal het vanzelf gebeuren. Hij heet Rohan, en meer vertel ik niet.'

Er volgde een korte stilte waarin mijn ouders elkaar aankeken. Uiteindelijk was het mijn vader die het woord nam.

'Het is goed, beti, we hebben vertrouwen in je.'

Maar mijn moeder kon zich natuurlijk niet inhouden.

'Rohan, zei je? En verder?' vroeg ze. 'Is hij lang?'

⚜

Rohan belde die avond heel laat en we bleven uren met elkaar praten. Ik vertelde hem over het gesprek aan tafel, hoe *vastbesloten* ik me had gevoeld, hoe helder. Ik zei hem ook dat ik de zuiverheid van onze verbintenis, die tussen hem en mij, zag en respecteerde. En toen vertelde ik hem iets wat hem ervan moest overtuigen dat ik klaar was voor hem. Ik vertelde hem dat ik, ook al zouden mijn ouders hem om wat voor reden dan ook afwijzen, toch met hem zou trouwen.

'Dan moesten we dat maar doen,' zei hij rustig, met een stem die beurtelings wegzakte en weer doorkwam over de oceaan. Hij zweeg even alsof hij zijn woorden heroverwoog.

'Mijn allerliefste Anju,' zei hij toen, 'zou je mij de onuitsprekelijke en kolossale eer willen aandoen om mijn vrouw te worden?'

Ik begon over al mijn leden te beven en barstte toen in huilen uit.

'Ja,' snikte ik, mijn ogen strak gericht op het knipperende rode lampje van de digitale wekker voor me. 'Ik kan me niets anders voorstellen dan je vrouw te zijn.'

Toen ik het mijn ouders een paar uur later vertelde, zat ik nog steeds te huilen. Mijn moeder streelde mijn wang en zei: 'Moge God je altijd zegenen.' Ze was zo aangedaan, dat ze niet eens de fut had om Tante Jyoti te bellen.

Mijn broer Anil verloofde zich een week later, met de mooie Lavina. Hij had dus al die tijd op me gewacht, zoals ik al had vermoed. We waren allemaal zo uitgelaten, dat ik dacht dat we zouden barsten. Alsof mijn moeder nog niet genoeg aan haar hoofd had, kon ze niet nalaten iedereen te vertellen dat Anand binnenkort eveneens 'zover' zou zijn.

De eerste keer dat mijn ouders Rohan ontmoetten, was aan het begin van de feestweek voor het huwelijk van Anil en Lavina. Hij kwam ons huis binnen wapperen in een zijden pak van Indiase snit en boog zich voorover om mijn vaders voeten aan te raken. Mijn vader omhelsde hem en zei: 'Mijn dank dat je onze dochter van ons overneemt.' Rohan keek hem stralend aan en zei: 'Papa, de dank en het genoegen zijn geheel aan mijn kant. En, als ik zo vrij mag zijn op te merken, het verlies is geheel aan de uwe.'

Mijn broer had net als al zijn neven en nichten die hem waren voorgegaan, een klassieke Bombayse bruiloft. Honderden mensen in de balzaal van een hotel, een week van feestelijkheden, een wervelwind van anonieme gasten.

Toen het de beurt aan Rohan en mij was om plannen te maken voor onze bruiloft, wilden we het sentimentele verenigen met het ceremoniële. Ik had gehoord over het kort tevoren gerestaureerde paleis van een maharadja, Ananda-in-de-Himalaya, een prachtig oud gebouw omgeven door schitterend natuurschoon. Als we een huwelijk wilden dat gevoelvol en spiritueel zou worden ingezegend, was dat de enige plek die in aanmerking kwam.

⚜

Wanneer een vrouw trouwt, doet het er niet toe of ze twintig of veertig is. Ik voelde me even licht in het hoofd en opgewonden als wanneer ik een tienerbruidje was geweest. Zozeer zelfs, dat een vriendin van me, met wie ik de gastenlijst stond door te nemen, me erop attendeerde dat ik had vergeten de naam van mijn verloofde erop te schrijven.

'Lijkt me handig als hij er ook bij is,' merkte ze droog op.

Ik moest een maand verlof nemen van mijn werk om de bruiloft te organiseren. (Het is volkomen uitgesloten dat een Indiase bruid door kan blijven werken en tegelijkertijd haar eigen bruiloft regisseren.) Het kon Marion niet veel schelen, te minder daar ze wist dat ze erbij zou zijn, getuige van iets waarover ze jarenlang alleen maar fragmentarische verhalen had gehoord.

Alles moest worden aangevoerd uit Delhi, zeven uur rijden verderop. De vrouw die de bruid zou opmaken, kwam uit Dehradun, een plattelandsdorpje in de buurt.

'Maakt u zich geen zorgen, madam,' zei ze terwijl ze iets wat 'glitterrouge' heette uit haar make-uptas opdiepte.

'We verzorgen alle societyhuwelijken in Dehradun.'

Er waren karrenvrachten met bloemen, zware, met zilver beslagen meubelstukken, godenbeelden, duizenden lampionnetjes en dikke rollen zijde. Honderden kussens, kilometers linnengoed, dozen met zilveren bestek. Er waren meibomen, ottomanes en piëdestals. Genoeg om een stuk bergland ter grootte van een voetbalveld om te toveren in het decor voor een feestelijke Hindoebruiloft. Het leek op de set voor een film, een spektakelstuk waarmee vergeleken een Spielbergproductie niet meer was dan het kerstspel van een kleuterschool.

De heilige Ganges volgde in de diepte zijn kronkelige loop, en we waren zo dicht bij de hemel, dat ik mijn hand had kunnen uitsteken om Shiva's hand aan te raken.

Ik moest hem uiteindelijk toch bedanken.

Epiloog

Schaars als goud en uit jadeland,
Komt zijn lief naar hem toe.
Oost en West is zijn domein –
Anju zijn kroonjuweel.

Had zij paarlen en robijn
Tevrêe zou zij niet zijn
Waar, o waar, ging Rohan heen –
Harten aaneengesmeed.

Met alle schatten op deez' aard
Waren zij niet tevrêe –
Kom, mijn lief, word één met mij –
En leef in harmonie.

MERILKA SHAMASH

Niet lang na mijn zesendertigste verjaardag stonden Rohan en ik onder een stralende, volle maan omgeven door flakkerende vlammen en duizenden goudsbloemen. Ik was gehuld in de sari die mijn moeder veertig jaar eerder op haar eigen bruiloft had gedragen, bleekroze en met opgestikt zilverdraad, waarin de herinneringen van een hele generatie waren geweven. Rohan schreed voor me uit rond het huwelijksvuur en ik liep achter hem aan, terwijl ons karma werd gelouterd door de warmte van de vlammen en ons leven een nieuw begin kreeg. Onze ouders zegenden ons door hun hand op ons hoofd te leggen, en ik schreide de tranen van een wedergeboren vrouw.

Hij was precies wat iedereen voor me in gedachten had gehad.

Maar inmiddels deed dat er niet eens meer toe.